에니어그램 계발가이드
The Enneagram Development Guide

진저 라피드 보그다 _{Ginger Lapid-Bogda} 지음

송재흥 • 김경희 • 김세경 옮김

에니어그램 계발가이드

The Enneagram Development Guide

목차

저자의 말

에니어그램은 인간의 9가지 유형에 대해 설명을 해주며, 모든 문화의 사람들을 이해하기 위한 심오한 방법입니다. 에니어그램은 종종 성격의 체계와 기질의 구조라는 의미로 보지만 그것보다 더 깊은 의미가 있습니다. 성격과 기질은 모두 인간의 특정 행동과 특성을 의미합니다. 에니어그램의 9가지 유형은 인간의 자아에 대한 아홉 유형의 뚜렷한 측면들을 대표하며, 그것은 위조된 현실, 세계관, 방어 체계, 반복적인 생각과 정서적 패턴들, 그리고 '이상적인 자아'라고 불리면서 끊임없이 보강하려는 이상화된 자아상을 포함합니다.

에니어그램을 개인적이고 전문적인 계발과 변화를 위해 사용하기 위해서 당신의 에니어그램 유형을 정확하게 아는 것이 중요합니다. 그 이유는 다음과 같습니다.

유형을 발견하는 것은 정확한 자기관찰을 도와줍니다.
유형을 잘못 분석하면 불필요한 것들에 집중할 수 있습니다.

심리적, 정신적으로 깊이 있는 계발은 유형과 직결됩니다.
유형을 잘못 파악하면 잘못된 계발방법을 따르게 됩니다.

다른 사람들과의 상호교류는 다른 이들뿐만 아니라 자신의 유형을 파악하는 데 도움이 됩니다.

　유형을 잘못 분석한 사람들은 자신이 다른 이들에게 주는 영향에 대해 잘못 이해하고 잘못 설명합니다.

　자신의 유형을 정확하게 분석하고 난 다음에는 무엇을 해야 할까요?

　에니어그램은 유형에 따라서 심리적, 정신적 계발 활동들을 상세하게 제공하기 때문에 그 여정을 훨씬 쉽게 만들어주며 그것이 바로 이 책에 담긴 내용입니다.

　대한민국의 가능한 많은 사람들이 에니어그램을 접할 수 있도록 수년 동안 노력해준 모든 이들에게 나의 찬사를 보냅니다. 저의 바람은 이 책이 모든 이들의 노력에 도움이 되며 시스템을 존중하고 개개인을 존중하는 데 사용되는 것입니다.

진저 라피드 보그다 Ginger Lapid-Bogda

머리말

에니어그램 계발가이드는 큰 성장을 위한 여정에 발을 내딛는 분들을 위해 만들어졌습니다.

성장하지 않고 머물러 있겠다는 선택은 누구나 할 수 있습니다. 선택을 하지 않는 것 또한 선택이라는 측면에서, 성장을 하지 않겠다는 선택을 하면 그들은 곧 조직 구성원들과 동료들이 자신보다 앞서 나가있다는 것을 발견하게 됩니다.

자신만의 속도에 맞추어 스스로를 편안하게 만드는, 즉 적당한 성장을 선택한 사람들은 잠시 동안은 괜찮을 것입니다. 하지만 그들의 조직, 동료들, 그리고 뒤따라오던 이들이 (이 사람이 리더라는 가정하에) 자신을 앞지르기 시작할 것입니다.

어렵더라도 성장을 하겠다는 선택을 한 사람들은, 자신이 지니고 있는 역량과 자기성장에 헌신한 데서 오는 생명력을 발견하고 놀라게 될 것입니다. 개인의 성장률과 조직의 성장률은 나란히 가며 동시에 나타납니다. 때문에 개인이 발전하는 것을 통해 자신이 속해 있는 조직이 발전하는 것을 보게 된다면 이보다 더 좋은 경험은 없습니다.

이 책은 10장으로 나누어져 있습니다. 각각 9개의 에니어그램 유형에 하나씩, 각 유형에 맞춰진 계발 활동도 포함하여, 마지막 열 번째 장은 모든 이들을 위해 만들어진 추가적인 계발 활동입니다. 각 장의 활동들은 다음과 같은 주제들을 다루고 있습니다.

➤ 자기완성
➤ 의사소통
➤ 피드백
➤ 갈등관리
➤ 팀 계발
➤ 리더십
➤ 성과 창출
➤ 전략 계발
➤ 의사결정
➤ 조직 변화
➤ 변형

계발 활동을 쉽게 찾기 위해서 다음의 방법들을 활용할 수 있습니다.

• 자신의 에니어그램 유형에 해당하는 '장'을 활용합니다.

• 각 장 시작 부분에 위치한 목차를 활용하여 관심 분야를 찾습니다.

• 각 유형별 장에 대한 더 많은 자료와 정보는 이 책의 부록 '에니어그램 성격유형별
계발 전략을 위한 추가정보'에 제시하였습니다.

자, 이제 성공적인 자기완성의 계발을 위한 여정을 힘차게 내딛기를 바랍니다.

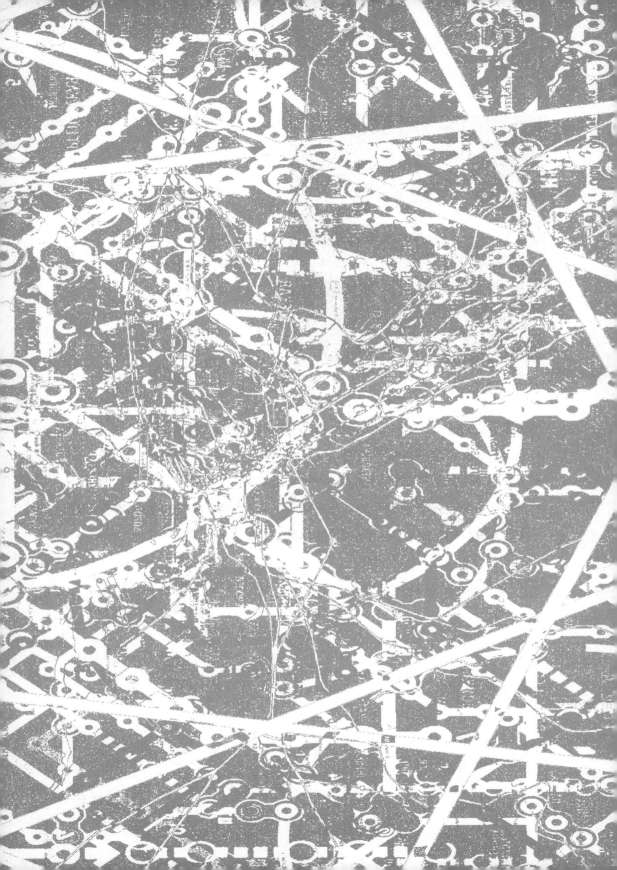

ONE

에니어그램
1유형의 계발전략

에니어그램 1유형
완벽함 추구와 실수 회피

1유형은 통찰력과 판단력 그리고 모든 것에 있어 질을 중요시합니다. 이들은 책임감 있고, 정돈되어 있으면서도 때때로 분개합니다. 완벽한 기준과 정밀하고 정제된 이상을 가지고, 본인과 주변 사람들 그리고 환경을 최대한 근접하게 일치시키려고 자신의 세계를 구조화하며 자제력을 발휘합니다. 이들은 진정한 완벽함이 가능하다고 믿지는 않지만, 이런 이상을 향하여 끊임없이 노력하는 과정이 가장 중요하다고 생각합니다.

모든 1유형은 내재된 높은 기준들이 있으며, 본인과 다른 사람들의 행동뿐만 아니라 활동들이 어떻게 구조화되고 이행되어야 하는지에 대한 일련의 기대가 있습니다. 하지만 모든 1유형이 정확히 일치하는 기준을 공유하지는 않습니다. 추가적으로, 어떤 1유형은 자신의 기준에 도달하는 것과 모든 것을 올바르게 만들려고 하는 것에 대해 미리 걱정을 합니다. 어떤 1유형은 자신이 다른 이들에 비해 완벽함에 가깝다고 믿으며 자신이 완벽함의 롤모델이라 여깁니다. 그리고 또 다른 1유형은 자기 자신을 끊임없이 발전시킴으로써 다른 이들에게 완벽함의 기준을 가르치고 있습니다.

1유형의 대인관계는 보통 분명하며, 정확하고, 직접적입니다. 또한, 정밀하고 신중하게 선택한 단어들과 구절들을 예의바르게 보이도록 표현합니다. 그들은 자제력이 있음과 동시에 즉흥적으로 반응하며, 재미있어하며 회의적이고, 장난기가 많으며 진지하고, 품위 있지만 짜증을 내기가 쉬우며 가끔 분노를 폭발하는 경향이 있습니다.

우리는 때때로 높은 기준치를 가지며 자신과 동시에 남을 비판하는 경향을 가짐으로써 완벽주의자가 되기도 합니다. 그렇지만, 특히 1유형은 완벽을 추구하고 실수를 회피하고자 하는 것이 그들의 주요하고 강력한 내적동기입니다.

▶ 에니어그램 1유형을 위한 계발 전략

1유형은 완벽한 세상을 추구하고 자기 자신뿐만 아니라 모든 이들과 주변 모든 것들을 개선하기 위해 부지런히 일하는 사람들입니다.

▶ 목차

부지런함diligence

자기완성self-mastery을 위한 계발 전략

자기완성은 모든 개인적이고 직업적인 계발의 기초가 됩니다. 이것은 매일 마주하게 되는 새로운 도전이 성장을 위한 기회라고 인식하는 것을 바탕으로 자신의 생각과 느낌, 행동을 이해하고 수용하며 변형시킬 수 있는 능력을 말합니다. 자기완성은 자기인식으로부터 시작되고, 그림에서 보이는 요소들을 포함하면서 확장됩니다.

자기완성의 장은 다음과 같은 내용으로 구성되어 있습니다.

➤ 자기완성에 관련된 1유형의 세 가지 공통 이슈

➤ 1유형의 핵심 이슈를 다루기 위한 세 가지 계발 전략(각 전략별로 기본 활동과 심화 활동을 하나씩 포함)

➤ 1유형의 날개와 화살(스트레스 - 안정) 유형을 통합하는 세 가지 계발 전략

자기완성에 관련된 1유형의 공통 이슈

모든 것을 완벽하게 하려고 하기보다는 수용적이고 침착하며 고요함을 찾으려는 것	모든 것을 통제하려 하고 세세한 것에 주의를 기울이려는 마음을 놓아주는 것	더 유연해지고 여유를 찾고, 비판하는 것과 즉각적으로 반응하는 것을 줄이는 것

1유형의 핵심 이슈를 다루기 위한 계발 전략

1. 자신이 옳고 그름을 구분하는 생각의 패턴에 주의를 기울이십시오

기초 활동 자신을 바꾸려 하지 말고, 물건, 사람들, 상황, 그리고 자기 자신을 스스로 어떻게 판단하고 평가하며 비판하는지에 대해 모두 쓰십시오. 자신의 언어 패턴(생각, 글로 쓰거나 말로 사용했던 언어)과 비언어적 행동들을 포함하여 쓰고, 어떤 것이 이러한 반응을 야기하는지 찾으십시오. 역설적으로, 자신의 이러한 행동들을 의식적으로 고치려고 하지 않으면서 머리로 깨닫게 되면 될수록 서서히 자신의 반응들이 변화되기 시작할 것입니다.

심화 활동 매일 노트를 들고 다니면서 자신의 판단, 의견, 비판이나 옳고 그름을 구분하는 생각과 행동들을 쓰십시오.

매 주말, 노트에 적은 패턴을 검토하십시오. 예를 들면 하루 혹은 한 주 동안 이 행동들이 나타나는 빈도수, 그 당시에 당신이 실제로 생각한 것과 말한 것, 그리고 그와 동반된 감정, 신체의 감각, 그리고 비언어적 행동, 그러한 반응을 야기한 내부 혹은 외부의 상황을 검토하십시오.

이 노트를 4주 동안 쓰고 검토한 후에, 당신이 발견한 전반적인 패턴에 대해 쓰십시오. 자기 자신에게 다음과 같은 질문들을 던져보십시오.

➤ 당신의 행동들이 하루 혹은 일주일 동안 일관되게 나타나는가, 혹은 옳고 그르다는 생각을 뒤늦게 하는가 아니면 자신이 피곤함을 느낄 때 하는가? 이러한 행동들을 내가 잘 아는 사람 혹은 잘 모르는 사람을 통해 발견하는가?

➤ 당신은 모든 근육을 경직시키는가, 아니면 주로 얼굴과 턱의 근육을 경직시키는가?

➤ 당신은 비판을 받을 때, 혹은 누군가 너무 느리게 답을 한다고 느낄 때, 또는 어떤 환경에 처했을 때 가장 격렬하게 반응을 하는가?

옳고 그름에 대한 생각과 관련된 패턴을 의식하게 되면, 자신의 일반적인 반응이 나타나는 과정에서 미리 막을 수 있는 지점을 찾아내십시오.

예를 들면, 미리 나타나는 신체적 느낌(예를 들어 목 뒤를 당기는 것), 아니면 특정한 관점(예를 들어 다른 사람이 너무 느리다는 생각 혹은 한 아이디어가 효과가 없을 거라는 생각). 이렇게 막을 수 있는 지점은 선택 지점이라고도 부를 수 있습니다. 자신의 선택 지점을 깨닫게 되고 나면, 당신은 다른 방식으로 반응하는 것을 스스로 선택할 수 있습니다.

그 순간이 오면, 당신은 자신에게 이렇게 말할 수 있습니다. 나는 지금 일상적인 반응 패턴으로 들어가기 직전이야. 정말 그렇게 하고 싶어? 당신의 대답이 '아니'라면, 다른 행동으로 대체하십시오.

예를 들어서 숨을 깊게 쉬면서 다른 것에 대해 생각을 집중한다든지, 특히 긍정적인 것이면 좋습니다. 새로운 생각들은 다른 사람에 대한 긍정적인 생각이 될 수도 있고, 가까운 미래에 있을 상황, 혹은 당신이 좋아하는 것에 대한 생각이 될 수도 있습니다. 예를 들면, 가장 좋아하는 취미나 음식 같은 것입니다. 당신의 선택 지점이 나타날 때마다 대체할 수 있는 행동을 찾으십시오. 아마 당신에게 가장 효과가 좋은 대체 행동을 찾기 위해서는 실험이 필요할 것입니다.

2. 당신의 분개를 마음 깊이 자리 잡고 있는 분노에 대한 단서로 사용하십시오

기초 활동 당신이 짜증이나 분노를 느낄 때마다, 스스로에게 이런 질문들을 해보십시오. 나는 이 상황이나 사람과는 상관없이 정말 다른 것에 대해 분노를 느끼고 있는가? 내가 가지고 있는 핵심적 가치가 침해된 것이 있는가? 내가 알고 있는 모습이나 바라는 이상적인 모습이 위협당했나?

심화 활동 1유형은 격분 혹은 격노와 같은 깊은 형태보다는, 분노의 가벼운 형태인 분개에 더 익숙합니다. 하지만 더욱 깊고 억압된 분노가 주로 1유형의 분개라는 감정에 깔려 있습니다. 이러한 분노의 감정은 표면 아래 자리 잡고 있으며 누적되어 끓어오르고 있습니다. 1유형의 감정을 상하게 하거나 괴로워하게 하는 일이 일어나면, 표출되지 않은 채 해결되지 않은 잠재된 감정들이 분개에 기름을 붓는 격이 됩니다. 만약 1유형이 자신의 분개라는 감정이 더 깊은 내면에 잠재하고 있는 분노의 단서로 보기를 원한다면, 분개가 일어날 때 그 감정을 알아차려야 합니다.

이를 위하여 메모지를 준비하고 분개, 혹은 분개보다는 덜한 불쾌감, 짜증 혹은 고충을 느낄 때마다 종이에 쓰십시오. 당신 몸의 신호, 생각의 과정, 감정적 반응에 대해 특별한 관심을 기울이고 이 반응들에 대해 종이에 쓰십시오.

2주 뒤에 종이에 쓴 것을 검토하고 당신의 반응 패턴을 찾으십시오. 이것은 당신이 분개하고 있다는 것을 알아차리지 못하는 상황에서 당신의 반응을 깨달을 수 있도록 도와줄 것입니다. 우리가 자주 느끼는 이 감정과 반응을 알아차리지 못하는 것은 흔한 일입니다. 그 이유는 우리가 이 감정에 굉장히 익숙하기 때문입니다. 이 활동을 하고 나면 당신이 분개를 느낄 때 더 쉽게 알아차릴 수 있을 것입니다.

이제 당신이 분개라는 감정을 알아차릴 수 있게 되었으니, 이번에는 분개가 일어날 때마다 스스로에게 물어보십시오. 나는 지금 일어난 일에 대해서만 화가 나는가, 아니면 그 뒤에 무엇이 더 있는가?

당신이 느끼는 분개에 관련되거나 기여하며, 당신을 방해하는 모든 것들에 대해 쓰십시오. 깊게 들어갈 수 있을 만큼, 그리고 멀리 갈 수 있을 만큼 넓은 범위까지 포함하여 최대한 길게 목록을 작성하십시오. 예를 들어, 직장에서 당신이 상당한 기여를 한 업적에 대해 다른 사람이 모든 공로를 차지할 수도 있습니다. 이 사람이 지금까지 당신을 언짢게 한 모든 일에 대해 쓰고 왜 그런지에 대해서도 쓰십시오. 그런 다음에, 또 다른 사람들이 나의 공로를 뺏어갔다거나 받아야 마땅한 인정을 받지 못했던 상황에 대해 쓰십시오.

마지막으로, 당신이 소중히 여기는 가치들의 목록을 작성한 다음에 다른 사람들이 이 가치들을 침해했던 상황에 대해 항목별로 작성하십시오. 위 과정들을 내면에 잠재되어 있는 깊은 분노의 원인이 뚜렷해질 때까지 반복하십시오. 이 감정들은 아주 깊이 묻혀있을 수 있기 때문에 이 과정이 몇 개월이 걸리더라도 의욕을 잃지 마십시오.

3. 모든 것(사건, 사물, 타인의 행동들)의 긍정적인 면을 인식하도록 노력하십시오

기초 활동 부정적인 반응이 일어날 때마다, 그 수와 동등한 긍정적인 반응들을 더해 보십시오. 당신이 만약 부정적인 감정이나 생각들을 지우거나 눌러버리면, 그것들은 더 강력해지거나 잠시 동안은 수면 아래로 숨겨지지만, 나중에 더 강렬하게 나타날 것입니다. 하지만 그 대신 긍정적인 반응들을 더한다면, 일부 부정적인 성향을 중화하기 시작하며 긍정적인 것을 찾는 능력을 키울 수 있게 됩니다.

심화 활동 이 활동을 시작하는 첫날, 매시간마다 세상의 올바른 것들을 찾는 보물찾기 놀이를 해보십시오.

이 활동을 매시간 2~3분 동안 해보세요. 그래도 아직까지는 오류가 있는 것들이나 내 기준에 맞지 않는 행동들을 발견할 것입니다. 하지만 그 대신 당신이 관찰하고 있는 대상의 고상함, 아름다움, 혹은 긍정적인 측면에 집중하도록 노력해보십시오. 예를 들어서 당신이 이메일이나 편지를 읽다가 오타를 발견한다면 편지의 내용과 탁월한 단어의 선택들에 집중해 보십시오. 비슷한 경우로, 참석한 미팅이 순조롭게 진행되고 있지 않다면 그 미팅에 긍정적인 무언가를 발견하고 감사함을 가져보십시오. 예를 들면, 모든 참석자의 참여를 끌어내려고 하는 리더의 노력과 같은 것이 될 수 있습니다.

이 활동을 3주, 혹은 더 길게 매일 반복해보십시오. 특히 당신이 부정적인 것들에 지나치게 집중하고 있을 때 말입니다. 생각의 과정에서 긍정적인 면들을 보는 것이 익숙해졌다고 느껴지면, 계속해서 이 활동을 직장에 나가기 전에 5분 동안 해보십시오. 뿐만 아니라, 자신이 어느 순간부터 긍정적인 것들을 찾기보다는 오로지 흠만 잡는 패턴으로 되돌아가고 있다는 것을 느끼면, 이 활동을 사용할 수 있습니다. 이런 경우에는 5분 동안 '긍정적인 측면 보물찾기'를 하면 다시 균형을 잡는 데 도움이 됩니다.

1유형의 날개 및 화살(스트레스 – 안정) 유형을 통합하는 계발 전략

날개는 자신의 핵심 에니어그램 유형의 양 옆에 있는 에니어그램 유형을 말합니다. 화살은 자신의 핵심 에니어그램 유형에서 뻗어 나온 화살표가 가리키는 에니어그램 유형과, 자신의 에니어그램 유형을 가리키는 화살표가 시작되는 곳의 에니어그램 유형을 의미합니다. 날개 및 화살 유형은 자신의 핵심 에니어그램 유형을 변화시키는 것이 아니라, 생각과 감정의 방식을 넓히고 풍부하게 하며 행동을 강화하는 정보를 제공합니다. 날개 및 화살 유형은 한 사람 한 사람을 보다 복합적이고 다양하게 만들며, 자기계발에 필요한 도구로써 개인의 성격에 더 많은 특성을 제공합니다.

1. 9유형 날개를 통합하십시오

▶ 다양한 관점을 받아들이십시오

9유형은 보통 다양한 관점을 인지하지만, 1유형은 자신의 의견과 관점에 집중하는 경향이 있습니다. 당신의 관점을 표현할 때 공격적으로 변한다면, 스스로에게 질문을 해보십시오.

나의 관점뿐만 아니라, 사람들이 귀를 기울여야 하는 타당한 또 다른 관점으로는 무엇이 있을까?

다른 대체적 관점들을 판단 없이 생각해보십시오. 또한 9유형은 논쟁을 용이하게 하며 중재하기도 하지만, 1유형은 이런 상황에서 자신의 위치를 단호하게 고수합니다. 만약 논쟁이 일어나고 당신이 그 주제에 대해 강력한 입장을 취하기 시작하면, 다른 사람들의 의견을 물어보고 그 이유에 대해서도 물어보십시오.

▶ 관용을 실천하십시오

9유형은 상황이나 다른 사람들을 평가하지 않고 그대로 받아들이는 경향이 있습니다. 반면 1유형은 자신의 안목과 판단력에 의지합니다. 당신이 무언가 혹은 누군가를 바꾸고 싶다는 생각이 들면, 9유형의 판단 없이 받아들이는 성향에 다가가십시오. 만약 이것이 힘들다면, 두 가지 기술이 도움이 될 것입니다. 자신에게 다음과 같이 질문하십시오. 이 상황에서 9유형은 어떻게 반응할까? 이 질문에 대한 답변이 당신을 지도하도록 하십시오.

두 번째 기술은 인간이 얼마나 완벽할 정도로 불완전한지에 대해 인정하도록 하십시오. 이러한 접근은 옳은 것과 더불어 그른 것에 대한 수용과 통합이 인간의 한 부분이라는 것을 깨닫게 할 것입니다.

▶ 긴장을 푸는 법을 배우십시오

상황이 힘들어질 때면, 9유형은 과거의 즐거웠던 때를 떠올리며 긴장을 풀고 자신만의 시간을 가지지만, 비슷한 상황에서 1유형은 자신을 더 밀어붙이며 자아성찰과 자기비난을 합니다. 만약 당신이 상당한 압박을 받고 있다면, 15분에서 30분 동안 즐겁고 편안함을 주는 무언가를 해보십시오. 이 활동을 할 때 시간에 제한을 둔다면 더 쉬울 것입니다. 그 시간 동안만큼이라도 스스로 충분히 즐길 수 있도록 허용하십시오.

2. 2유형 날개를 통합하십시오

▶ 사람에게 집중하십시오

2유형은 일반적으로 먼저 다른 사람들에게 집중하지만, 1유형은 완수해야 할 임무에 집중합니다. 다른 사람들과 관련된 과업이 주어지면, 먼저 사람에게 집중하고 일은 그 다음에 집중하도록 하십시오. 바로 일에 뛰어들기보다는 먼저 사람들과 사회적 의사소통을 나누는 데에 시간을 보내십시오. 업무를 정리하는 방법을 제공하기보다는 먼저 다른 사람들에게 그들의 생각을 물어보십시오.

▶ 다른 사람들에게 동기를 부여하십시오

2유형은 다른 사람들이 과업을 달성할 수 있도록 동기를 유발하는 경향이 있습니다. 하지만 1유형은 혼자서 일을 다 해내려고 하다가 도를 지나치게 됩니다. 당신이 책임을 지고 있는 과업에 대해 파악한 후 자신에게 물어보십시오.

이 업무의 일부분을 대신할 수 있는 다른 누군가가 있을까? 그리고 그들이 열의를 갖고 일을 할 수 있도록 내가 무엇을 도울 수 있을까?

▶ 당신의 마음으로부터 우러나오게 하십시오

2유형은 공감과 동정을 하지만, 1유형은 판단하고 분석을 하는 경향이 있습니다. 당신이 누군가를 판단하고 분석하고 있다는 생각이 든다면, 생각을 바꿔서 그들이 그 순간 무슨 감정을 느끼고 있을지에 대해 집중해보십시오. 비언어적 행동에 더 특별한 관심을 가지도록 해보십시오. 그 사람이 당신으로부터 무엇이 필요한지에 대해 생각해보고, 가능하다면 그 사람이 필요로 하는 것에 부응하도록 어떤 말이나 행동을 해보십시오.

3. 스트레스 지점인 4유형 화살을 통합하십시오

▶ 당신을 창의적으로 표현하십시오

많은 1유형은 창의적이고, 분석 기술을 사용하여 창조를 합니다. 예를 들어 글을 쓰거나 그림을 그릴 때 1유형은 창조물을 규칙적인 간격을 두고 분석하는 경향이 있습니다. 반면에 4유형은 감정의 즉흥성을 가지고 창조하며 대체로 하고 싶은 말이나 보여주고 싶은 것을 충분히

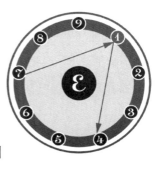

표현을 하고 난 후에 검토를 합니다. 이러한 뒤늦은 평가는 창작자로 하여금 표현에 자유를 주고 범위를 더 넓혀줍니다. 1유형은 창조활동을 마치고 난 후에 판단을 함으로써 스스로에게 자유를 줄 수 있습니다.

또한 4유형은 창조적인 과정을 통하여 자신의 감정을 표출하며, 이것은 복잡한 감정들을 발산하는 수단이 됩니다. 1유형 또한 자신의 감정을 창의적인 시도의 기반으로 사용할 수 있습니다. 글쓰기, 몸의 움직임, 그리고 시각적 예술들은 1유형의 통제된 외부 안에 잠재되어 있을 수 있는 감정의 일부를 들여다 볼 수 있게 해줍니다. 미술 수업을 듣는다거나, 자신이 재능이 있다고 생각하는 창조적 행위를 하고, 현재 깊게 느끼고 있는 감정을 선택하십시오. 그 감정의 복잡한 뉘앙스와 강렬함과 미묘함을 예술을 통해 표현해보도록 하십시오. 자기표현을 우선순위로 두십시오.

▶ 다른 사람들과 깊은 연결을 계발하십시오

다른 사람들과 깊은 관계를 맺을 때, 1유형이 그들을 평가하려는 경향은 관계의 발달을 방해할 수 있습니다. 다른 사람들은 자신이 평가되고 있다는 느낌을 받으면 멀리하려는 경향이 있습니다. 반면 4유형은 깊은 대인관계를 쉽게 맺습니다. 깊은 관계를 만드는 데 필요한 것은 다른 사람에게 집중하는 동시에 자기 자신과 연결되어 있는 것입니다.

1유형은 상대방의 생각과 감정에 집중하는 동시에 자신에게도 집중하며 다른 사람들과 교류하는 법을 연습할 수 있습니다. 이를 위해 대화가 이루어지고 있을 때 깊게 숨을 들이쉰 다음에 3분 간격으로 자신에게 물어보십시오. 내가 지금 무엇을 느끼고 있지? 이 질문에 대한 답은 생각이 아니라 감정이어야 한다는 것을 명심하십시오.

이 질문에 대한 답을 하고 나면, 즉시 다른 질문을 해보십시오. 다른 사람들이 지금 느끼는 감정을 무엇이라고 나는 생각하지? 상대방의 비언어적 행동이나 말투, 그리고 선택된 단어들에 주의를 기울이십시오.

▶ 더 유동적인 업무스타일을 만드십시오

1유형은 직장과 가정에서의 삶을 논리적이고 일렬로 늘어선 형태의 정돈된 스타일로 정리합니다. 반면에 4유형은 보통 유기적이고 유동적인 형태의 일상을 선호합니다. 이것을 가능하게 하는 4유형의 방법 중 하나가 자신에게 규칙적인 간격을 두고 다음과 같은 질문을 하는 것입니다. 내가 지금 느끼는 감정은 무엇이지? 여기서의 나의 깊은 경험은 무엇이고 거기에 어떻게 반응을 하고 있지? 나에게 의미를 주는 것은 무엇일까?

이와 같은 동일한 질문을 1유형이 스스로 하게 되면, 꼭 해야만 하는 것으로부터 해방을 주며, 삶을 덜 구조화하고 더 즉흥적인 방법으로 생활을 꾸려갈 수 있게 됩니다.

4. 안정 지점인 7유형 화살을 통합하십시오

▶ 더 즉흥적이 되십시오

7유형은 즉흥적이며 충동을 따르는 경향이 있는 반면, 1유형은 절제되어 있으며 자기 통제적입니다. 7유형은 스스로가 즐거운 일을 하며 생각을 떠올리는 즉시 표현합니다. 반면에 1유형은 책임감 있게 행동하며 말을 하기 전에 검토합니다. 1유형은 매일 완전히 계획되지 않은 무언가를 실행해 봄으로써 더 즉흥적으로 변할 수 있습니다. 두 가지 방법 중 하나를 통해 실현할 수 있습니다.

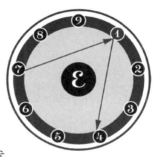

먼저, 스스로에게 질문을 해보십시오. 지금 나는 무엇을 하고 싶은가? 그런 다음에 그것을 바로 행동으로 옮기십시오. 지금 하고 있던 모든 것을 내버려두고, 단순히 이 즉흥적인 활동에만 집중하십시오.

또 다른 방법으로는 충동적인 활동에 누군가 초대를 하면 그것에 응하는 것입니다. 예를 들어, 산책을 한다든지 점심을 먹으러 나가는 것입니다.

당신의 즉흥성을 키우는 마지막 제안은 자신의 말에 대한 검열을 줄이는 것입니다. 매일 5분 동안 머릿속에 생각나는 말을 다 하십시오. 이것이 수월해진다면, 그 다음에는 시간을 10분으로 늘리십시오. 물론 후자의 활동은 당신을 이해하고 지지하는 사람이 있는 곳에서 해야 합니다.

▶ 일과 재미를 통합하십시오

대부분의 1유형은 재미를 추구할 줄 알지만, 일을 재미로부터 분리시키려고 합니다. 일을 할 때는 일만 하며, 일을 하고 있지 않거나 책임을 지고 있는 것들을 완수하려고 하지 않을 때 비로소 즐기는 시간을 자신에게 허락합니다. 반면에 7유형은 자신들이 하고 있는 일을 포함한 모든 것에서 재미를 찾습니다. 1유형은 의식적으로 재미와 일을 통합해서 직장에서 재미를 찾는 방법을 배울 수 있습니다.

예를 들어서, 직원 회의시간에 음식을 가지고 온다든지, 일을 하는 도중에 좋아하는 음악을 튼다든지, 보이는 곳에 가장 좋아하는 그림을 놓는다든지와 같은 행동들입니다.

또한 1유형은 사람마다 갖고 있는 흥미로운 점과 매혹적인 점을 찾는 것을 통해 동료들과 즐거운 시간을 보낼 수 있습니다. 그리고 휴가나 일상 업무환경에서 벗어난 시간뿐만 아니라, 일상생활에서도 재미를 우선순위로 두는 법을 배울 수 있습니다.

즐거움을 연습하기 위하여 당신에게 기쁨을 주는 20가지의 목록을 작성하십시오. 매주 이 목록에서 적어도 한 가지는 꼭 실천하십시오. 만약 오로지 즐기기 위한 시간을 갖는 것에 죄책감을 느낀다면, 이러한 생각을 통해서 자신에게 확신을 줄 수 있습니다. 매일 자신을 즐길 수 있는 시간을 갖는다면, 당신의 건강은 물론이며 업무도 향상시킬 수 있습니다.

▶ 가능성을 탐험하십시오

7유형은 유연하며 긍정적인 반면, 1유형은 조금 더 구조적이고 현실적인 경향이 있습니다. 만약 당신이 업무를 완수하는 데 딱 하나의 최상의 방법이 있다고 생각하고 다른 아이디어나 대안들이 비현실적이라고 여기고 걸러낸다면, 다음과 같은 것을 따라해 보십시오.

동일한 과업을 수행하는 데 아주 다른 세 가지 방법에 대해 생각해 본 다음, 표면상으로는 비현실적으로 보이는 이 방법의 가치에 대해 분명히 하십시오. 더 나아가서 이 업무를 어떻게 수행할 수 있는지에 대해 다른 사람들에게 물어보고, 최대한 많은 아이디어를 이끌어내도록 하십시오.

의사소통 계발 전략

　다른 사람과 의사소통을 할 때 세 종류의 의도하지 않은 왜곡, 즉 말하는 방식, 신체언어, 맹점이 발생할 수 있습니다. 말하는 방식이란 전반적인 말하는 패턴을 의미합니다. 신체언어에는 자세, 얼굴표정, 손짓, 몸의 움직임, 에너지 수준, 그 외 수백 가지의 비언어적 메시지가 포함됩니다. 맹점이란 자신은 인식하지 못하지만 다른 사람에게는 매우 잘 보이는 의사소통의 요소로서, 자신에 대한 정보를 포함하고 있습니다. 우리 모두는 말하는 방식과 신체언어, 그리고 다른 추론적 자료를 통하여 무의식적으로 정보를 전달합니다.

　메시지를 수신하는 사람도 자신의 왜곡 필터로 듣는 내용을 왜곡합니다. 왜곡 필터는 수신자의 에니어그램 유형을 토대로 다른 사람의 말을 바꾸어 듣게 하는 무의식적인 관심과 가정들입니다.

말하는 방식　　　신체언어　　　맹점　　　　　　　　　　　　　　왜곡
　　　　　　　　　　　　　　　　　　　　　　　　　　　　　　　필터

한 번에 한 가지씩 의사소통 방식을 변화시키십시오

가능하면 다음의 순서대로 한 번에 한 가지의 행동을 변화시키는 것이 가장 효과적입니다. 말하는 방식, 신체언어, 맹점, 경청 시 왜곡필터의 순서로 변화시키는 것이 바람직합니다. 우리가 잘 인식하고 있는 행동을 변화시키는 것이 가장 쉽습니다. 그리고 이것은 가장 잘 인식하고 있는 것부터 가장 인식하기 어려운 것으로의 변화가 일반적인 순서입니다.

1유형의 말하는 방식

➤ 정밀한, 직접적인, 까다로운, 간결한, 그리고 세밀한
➤ 업무와 관련된 이야기를 공유
➤ 꼭 해야만 하는, 고치는, 완벽한, 좋은, 틀린, 옳은과 같은 단어를 많이 씀
➤ 아이디어에 즉각적으로 반응
➤ 비판을 받으면 방어적임

1유형의 신체언어

➤ 직립된 자세
➤ 긴장된 근육
➤ 고정된 시선
➤ 비언어적 행동이 부정적인 반응으로 나타날 수 있음
➤ 잘 다려지고 배열된 옷차림

1유형의 경청시 왜곡 필터

➤ 상대방으로부터 비판받는다고 느낌
➤ 자신의 아이디어에 집착함
➤ 당신의 시각에서 상대방이 올바르고 책임감 있게 행동을 하는지에 집중

1유형의 맹점

➤ 비판적이고 참을성 없고 화가 나 보임
➤ 자신의 의견에 집요함

※ 이러한 특징들은 긍정적일 수도 있고 몇몇은 부정적일 수도 있으며 중립이거나 혼합된 것일 수도 있습니다. 이 목록은 당신이 선택할 수 있는 것들에 대하여 전체적인 아이디어를 주기 위하여 만들어진 것입니다.

당신의 언어 패턴을 확장하고 변화하기 위하여 문자나 이메일을 사용하십시오

➤ 문자나 이메일을 보내기 전에 자신의 언어와 말투를 검토하십시오.

➤ 문자나 이메일을 보내기 전에 '꼭 해야만 한다, 옳다, 틀리다'와 같은 단어들을 삭제하고 바꾸십시오.

➤ 단정적이고 단호한 생각을 나타내는 것보다는 유연하고 수용적인 의미를 지닌 단어들을 사용하십시오.

➤ 다양한 관점을 인정하고 격려하는 언어와 조언, 반응들을 나타내십시오.

피드백 계발 전략

정직하고 긍정적이며 건설적인 피드백은 다른 사람들의 행동에 대해 직접적이고 객관적이며 단순하고 정중한 관찰을 의미합니다. 이러한 피드백은 인간관계와 직무 수행 모두를 향상시킵니다. 피드백을 할 때, 에니어그램의 통찰이 결합된 피드백 공식을 사용하면 원하는 성과를 내는 데 도움이 됩니다. 상대방이 당신에게 피드백을 할 때, 상대가 말하고자 하는 내용을 당신이 수용적으로 받아들일수록 새로운 시각을 얻으며, 더 나은 해결 방법을 활용할 수 있습니다.

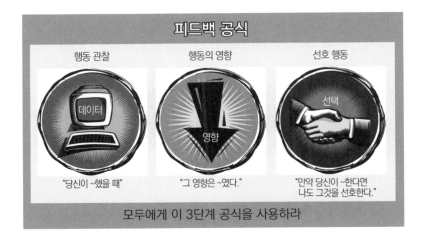

1유형의 피드백 전달 능력 향상 방법

다른 사람에게 피드백할 때에는 당신이 먼저 준비되어 있어야 하고, 피드백을 받는 사람도 가능한 수용적인 자세여야 바람직합니다. 피드백을 전달하는 방법과 시점이 실제로 말하는 내용만큼이나 중요하다는 점을 기억하십시오.

피드백을 계획하고 전달하려면 피드백 공식의 3가지 요소와 함께 다음의 제안을 활용하십시오.

➤ 당신의 구체화하는 능력을 사용하되, 너무 세부적이거나 지나치게 작은 것들을 선택하는 것은 피하십시오.

➤ 다른 사람이 개선할 수 있도록 당신의 역량은 자제하되, 당신의 분명하거나 암시적으로 판단하는 언어를 조절할 수 있도록 많은 노력을 기울이십시오.

➤ 당신의 정직함을 유지하되, 비언어적 행동에 감정이 나타나지 않게 피드백 대화를 하기 전에 남아있는 분노 혹은 분개를 해결하십시오.

➤ 부정적인 피드백만큼 긍정적인 피드백도 제공하십시오. 뛰어나진 않더라도 잘한 일에 대해서는 인정이 필요합니다.

➤ 당신이 스스로 태도를 완벽하게 만들려고 노력하는 것처럼, 피드백을 받는 상대방도 완벽해지는 데 있어 당신의 도움을 받고 싶지 않을 수도 있다는 점을 기억하십시오.

1유형이 피드백을 좀 더 수용적으로 받는 방법

➤ 누군가에게 부정적인 피드백을 받으면, 자기비판을 하려는 경향이 나타날 수 있습니다. 그때는 스스로에게 다음과 같이 말하십시오. 내가 동의하는지에 대한 여부는 나중에 결정할 수 있어, 지금은 열린 생각으로 들어보자.

➤ 당신이 긍정적이거나 부정적인 피드백을 받을 때, 최대한 열린 마음을 갖기 위해서 몸을 최대한 이완시키세요. 숨을 깊게 마시는 것이 도움이 될 것입니다.

➤ 만약 당신이 누군가를 존중하거나 존경하지 않는다 하더라도, 긍정적이거나 부정적인 피드백을 순순히 받아들이십시오. 그 안에 당신이 배울만한 유용한 정보가 있을 수 있습니다.

갈등관리 전략

직장과 가정에서 인간관계는 어느 정도의 갈등을 포함하고 있습니다. 갈등은 다양한 요인 때문에 발생하며, 일반적으로 다음과 같은 핀치(분노유발)-크런치(충돌 상황) 사이클을 따라갑니다.

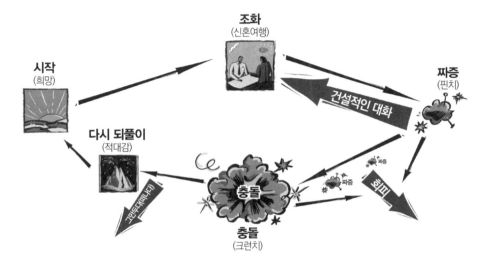

갈등의 근본 원인이 무엇이든지 간에 개입된 핵심 당사자의 에니어그램 유형은 갈등의 역동성 및 해결에 있어서 중요한 요소가 됩니다. 에니어그램을 사용하면 당사자 모두가 파괴적인 경험이 아니라 건설적으로 갈등을 해결할 수 있습니다. 자신에 대해 잘 알고, 갈등상황에서 자신의 책임에 대해 잘 이해하며, 건설적으로 자기관리를 할수록, 그리고 에니어그램 지식을 통해 타인에게 접근하는 최선의 방법을 잘 아는 만큼, 신속하고 효과적인 결과를 얻을 수 있는 기회가 커집니다.

모든 에니어그램 유형에는 독특한 핀치(분노 유발자)가 존재합니다. 즉 어떤 유형의 사람에게는 항상 분노를 유발하는 특정 상황이 다른 유형의 사람에게는 영향을 미치지 않을 수 있습니다. 1유형의 경우 다음과 같은 상황이 핀치가 됩니다.

나를 화나게 하는 것들

비판을 받는 것. 다른 이의 수행 능력 부족.
계획에 대한 다른 이의 비협력적인 변화. 속았다는 느낌.
다른 사람의 마감기한 준수 부족.

분노를 성장의 기회로 변화시킬 수 있는 계발 전략

1. 업무 관계가 시작될 때 나를 화나게 하는 것이 무엇인지 공유하십시오

당신의 핀치에 대해서 다른 사람들이 정확히 이해할 수 있도록 세부적인 설명과 구체적인 의미를 공유하십시오. 예를 들어, '다른 이의 수행 능력 부족'은 다양한 것들을 의미할 수 있습니다. 예를 들어, 기간 안에 업무를 마치지 못했을 때, 할 일을 제때 하지 않을 때, 혹은 24시간 이내에 전화를 다시 주지 않을 때가 있습니다.

2. 핀치를 느끼거나 화가 나는 것을 느끼는 즉시 말하십시오

1유형은 자신들이 핀치의 느낌을 인지하지는 못하더라도 핀치에 의해 일어나는 행동들을 드러내 보일 수 있습니다. 예를 들어 퉁명스럽게 말을 한다든지, 다른 문제에 대해 비난을 한다든지, 분노는 느끼지만 아무 말도 하지 않는 등의 행동들이 있습니다. 이와 같은 행동들 중 하나라도 나타난다면 스스로에게 질문해보십시오. 나를 진짜 기분 상하도록 만든 것이 무엇일까?

덧붙여서 1유형은 자신의 비판적인 반응들을 비언어적인 행동으로 표현하는 경향이 있으므로, 다른 사람들과 당신의 핀치를 공유할 때 신체언어를 자제하려고 노력하면 상대방이 당신의 비언어적 신호보다는 말에 집중할 수 있을 것입니다.

3. 핀치나 스트레스로 인한 행동이 나타나면 운동이나 산책 등 신체 활동을 하십시오

1유형에게 이 활동은 신체 감각과 감정을 다시 느끼게 해주는 것이기 때문에 특히 더 중요합니다. 이를 통해서 1유형은 분노를 야기한 더 심층적인 원인을 쉽게 발견할 수 있으며, 그 중 몇몇은 방금 경험한 핀치와는 거의 상관이 없는 것일 수도 있습니다.

4. 부정적인 반응이나 핀치를 느낀다면 자신에게 질문하십시오

1유형으로서의 나에 대해 말하는 상대방의 행동은 무엇인가? 이 상황에 대한 나의 반응은 무엇인가? 그리고 여기서 내가 계발할 수 있는 영역은 무엇인가?에 대해 질문해 보십시오.
핀치와 크런치에 대해 심도 있게 탐구하는 것을 통해 어떻게 내 안에서 최상의 것을 끌어낼 수 있을까요?

자신의 행동에 대한 탐색은 1유형으로 하여금 자기비판을 하도록 만들기도 합니다. 결과적으로, 자신에게 질문을 할 때는 제약이 없는 탐구를 통해서 하는 것이 가장 효과적입니다. 당신이 압력을 느꼈던 상황에 대해 숙고하는 여러 방법을 생각해보십시오. 또한 다양한 관점을 사용하십시오. 예를 들어, 스스로에게 다음과 같은 연속적인 질문을 할 수 있습니다.
내가 알고 있고 존경하는 사람들 중 너무나 특성이 다른 세 사람을 생각할 때, 그 세 사람은 이 상황을 어떻게 받아들일까? 각각의 세 사람에게서 나는 무엇을 배울 수 있을까?

1유형은 자신의 분노를 억누르는 경향이 있기 때문에, 그것은 보통 숨겨져 있으며 상대적으로 덜 심각한 상황에서 폭발할 수가 있습니다. 당신의 분노에 대해 특별한 관심을 기울이고 스스로에게 질문을 해보십시오. 내가 정말 화가 난 이유가 무엇일까?

더 나아가서, 1유형의 분노는 더 깊은 주제와 연결될 수 있습니다. 예를 들면 "충분히 완벽하지 않아"라고 평가되는 감정이나 다른 사람들이 일을 잘하거나 열심히 하지 않고 그것에 책임을 지지 않는 것들입니다. 다른 사람과 경쟁하거나 상황을 통제하려는 1유형의 욕구는 생각해보아야 할 다른 영역의 더 깊은 문제들로 연결됩니다. 예를 들어 옳은 대답을 아는 것, 모범적인 행동을 보여주는 것, 혹은 가장 지적이거나 가장 완벽한 사람이 되려고 하는 것이 여기에 해당됩니다. 경쟁에서 지는 근본적인 감각은 가끔 1유형의 분노의 깊은 원천입니다. 이것을 이해하는 것은 보통 자기성찰의 깊은 수준을 요구합니다.

팀 계발 전략

집단과 팀 간에는 차이가 있습니다. 집단은 공통 관심사가 있는 개인들의 집합을 말합니다. 팀은 하나 이상의 목표를 공유하는 구성원으로 구성된 특정 유형의 그룹입니다.

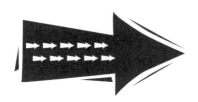

팀 구성원 간 상호의존성이 최적일 때에만 팀의 해당 목표를 달성할 수 있습니다. 또한 팀 구성원에게는 각각의 역할이 있습니다. 이 역할은 자신의 에니어그램 유형과 연관되어 예상 가능한 행동 패턴에 의한 경우가 많습니다.

과업 역할에는 과업 자체에 초점이 맞추어진 행동이 포함됩니다. 관계 역할에는 감정, 관계 및 의사결정과 갈등 해결 등의 팀 프로세스에 초점을 맞춘 행동이 포함됩니다. 그리고 팀은 형성기, 혼동기, 규범기, 성취기로 이루어진 4개의 연속 발달 단계를 거치기 때문에 독특하면서도 예측 가능한 역동이 존재합니다. 각 단계마다 다음 단계로 이동하기 전에 해결해야 하는 다음의 질문들이 있습니다.

팀 발달 단계	질 문
형성기	우리는 누구인가, 우리는 어디로 가는가, 우리 모두 함께 그곳으로 갈 것인가?
혼동기	건설적이고 생산적인 방식으로 서로의 의견을 달리할 수 있는가?
규범기	최상의 팀을 조직하고 함께 일을 잘할 수 있는 방법은 무엇인가?
성취기	소진되지 않고 높은 수준에서 지속적으로 성과를 창출할 수 있는 방법은 무엇인가?

1유형 팀원과 팀 리더들을 위한 계발 전략

1. 팀 목표

당신은 굉장히 분명하고, 결단력 있고, 현실적이며, 실현가능한 목표를 선호할 수 있습니다. 그러나 당신의 팀원들은 포용적이며, 이상적이고, 완벽한 의견일치를 통해 정해진 매우 높은 목표를 원할 수도 있습니다. 스스로가 열려있고 포용적인 사람이 되도록 노력하고, 팀의 목표를 개발하고 정하는 것에 다른 사람이 관여하는 것을 지지하십시오.

2. 팀 상호의존성

당신은 낮거나 적당한 수준의 상호의존을 하며, 모호하지 않은 역할을 갖고 있고, 아주 능숙하고 책임 있는 팀과 일을 하고 싶을 수 있습니다. 하지만 어떤 팀들은 효과를 내기 위해선 아주 높은 수준의 상호의존도가 필요하다는 것을 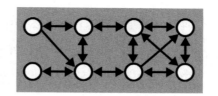 기억하십시오. 너무 분명한 역할을 구분하는 것은 창의성과 혁신을 방해할 수 있으며, 모든 팀원이 당신의 완벽한 기준에 항상 도달하는 것은 불가능합니다. 팀이 필요한 만큼 상호의존도를 지지하도록 노력하고, 다른 팀원들에게 수용적이고 유연한 태도로 대하십시오.

3. 팀 역할

당신의 업무관련의 대표적인 팀 역할은 일을 어떻게 체계화할 것인지에 대해 제안을 하여 팀을 위한 업무 구조화를 하려는 것입니다. 관계 관련의 팀 역할은, 팀이 더 효과적으로 운영될 수 있는 방법에 대한 아이디어를 줌으로써, 팀의 규범을 제안하는 것일 수 있습니다. 이런 기본적인 역할을 넘어서 다음과 같은 추가적인 팀 과제와 관계 역할을 적용해보세요.

과업 역할

▶ 새로운 과업 역할

다른 팀원들에게서 정보 구하기, 업무의 주제와 관련된 아이디어 찾기

▶ 새로운 관계 역할

관계 역할

다른 사람의 감정과 관점을 끄집어내고 문제의 해결책을 용이하게 하여 갈등의 긍정적 해결을 촉진

4. 팀 역동

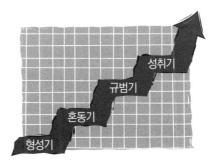

4개로 구성된 팀 발달 단계(형성기, 혼동기, 규범기, 성취기)에서 다음의 방법을 통하여 당신의 행동 목록을 계발하도록 시도하십시오.

형성기	강한 유대감을 위해서 팀원들에게 각자 소개를 하도록 제안하고 서로에 대해 알아가십시오.
혼동기	팀 내 갈등상황에서는 더 인내하도록 하며, 나와 다른 팀원들이 건설적인 태도로 자신의 감정을 표현하도록 북돋우십시오.
규범기	새로운 과업의 합의점을 제안하고, 다른 사람들의 의견을 격려하여 의견일치를 만드십시오.
성취기	스스로를 돌보십시오. 일을 지나치게 열심히 하여 지치지 않도록 하십시오.

1유형 리더를 위한 추가적인 팀 계발 전략

1. 전술적인 일들을 위임하십시오

팀 관련 업무들을 나열한 목록을 작성하십시오. 각 항목 옆에, 전술적 업무에는 tactical work를 나타내는 T, 혹은 전략적 업무에는 strategic work의 S를 쓰세요. 당신이 '업무 감독관'이 아닌 이상(실무의 일부분을 직접 하는 사람) 당신의 팀원들에게 전술적 업무를 최대한 많이 위임해야 합니다. 전략적 업무는 항상 팀 리더의 책임입니다. 위임될 수 있는 모든 전술적 업무에 당신이 특정 업무를 맡겨도 된다고 믿는 사람들의 이름을 적고 그들에게 위임하십시오.

▶ 휴식을 취할 수 있는 자신만의 시간을 갖고 즐기십시오
1유형은 장시간 동안 많은 업무를 소화하면 퉁명스럽고 과민해지며, 화를 낼 수도 있습니다. 휴가가 주어지면 휴식을 취할 수 있지만, 그렇지 않다면 휴식을 취하기가 어렵습니다. 매일 자신에게 30분의 휴식시간을 주십시오. 좋아하는 음악을 듣고, 일과 관련 없는 잡지를 보고, 혼자 산책을 하며 일의 부담감에서 벗어나는 경험을 해보십시오.

▶ 팀에서 당신의 행동 때문에 나타난 의도치 않은 결과에 주의를 기울이십시오
당신이 팀원들과 갖고 있는 각각의 관계가 긍정적이든 부정적이든 간에, 다른 팀원들 혹은 팀 전체에 의도하지 않은 결과를 낳을 수 있음에 주의하십시오. 예를 들어서 능력은 있지만 받아주기 힘든 대인행동을 하는 팀원의 행동을 보고도 당신이 그냥 참는다면, 다른 팀원들은 그 사람에 대한 당신의 영향력이 적으며 그의 행동을 용납한다고 인지할 수 있습니다.

리더십 계발 전략

리더십 계발을 위한 치열한 도전들은 복잡하면서 힘들고 예측 불가능하지만 흥미진진하면서도 충분한 보상이 따르는 일입니다. 그 도전에는 유쾌한 상황이나 스트레스 상황에서도 수백 명의 사람들과 효과적으로 상호작용하고, 자신을 관리할 수 있는 능력이 요구됩니다.

이러한 이유로 리더들은 정직한 자기성찰의 시간을 반드시 가져야 합니다. 비범한 리더가 되는 사람은 미래를 예상할 수 없더라도 도전에 직면함으로써 진취적이고 혁명적인 방법으로 성장할 수 있습니다.

탁월한 리더십은 여러 가지 형태로 나타나며 특정한 에니어그램 유형의 전유물은 아닙니다. 당신의 에니어그램 유형은 리더로서의 강점이 있지만, 성공으로 가는 길에 장애물을 만들어내곤 합니다.

1유형의 리더는 완벽함을 추구하는 재능을 보입니다. 그러나 가장 뛰어난 장점은 또한 가장 취약한 약점이 될 수도 있습니다. 높은 수준과 완벽함을 위해 부지런히 노력함에 있어서, 1유형은 자신의 몸이 아플 때까지 스스로를 지치게 하며 다른 이들로 하여금 부족함과 질책을 받는다는 느낌을 주고, 세심한 부분까지 관리를 당한다는 생각을 심어줍니다.

리더십 향상을 위한 계발 전략

1. 옳아야 한다는 생각을 효율적이어야 한다는 생각으로 바꾸십시오

당신이 다른 누군가를 비판적으로 본다고 느끼거나, 강력한 의견을 갖고 있거나, 특정 행동방침이 무조건 옳다고 믿는다면, 다음의 질문을 자신에게 해보십시오.
나는 옳은 사람이 될 것인가, 효율적인 사람이 될 것인가?

2. 더 많이 위임하십시오

업무를 다른 사람들에게 더 많이 할당하고 다음을 기억하십시오. 프로젝트의 일부분이 아닌 '전체 업무'를 위임하십시오. 목표, 기간, 산출물, 그리고 과정에 대한 토론을 하며 주기적으로 확인을 하고 긍정적인 보강을 충분히 해주십시오.

3. 직장에서 더 즐거운 시간을 보내십시오

당신의 업무를 덜 심각하고 더 재미있게 만드십시오. 당신의 책상에 만화책을 두거나, 다른 동료들이 맛볼 수 있게 가장 좋아하는 차를 가져가십시오. 당신이 무겁지만은 않다는 것을 보여주기 위해 직장에서 유머러스한 면도 보여주십시오. 재미있는 기사를 동료들과 공유하십시오.

성과창출 전략

지속적으로 높은 품질의 성과를 보이고, 성과를 위해 매진하며, 자신의 잠재력에 도달함으로써 고객에게 신뢰를 얻는 것은 중요한 일입니다. 이를 통해 생산성이 증가되고, 신제품 개발 분야의 한계가 넓어지며, 자신의 분야에서 리더로서 조직을 지원하게 됩니다.

1. 설득력 있는 강한 비전으로 일하십시오

당신이 만약 팀의 리더라면, 당신이 이끌고 있는 프로젝트의 비전을 만드십시오. 그리고 프로젝트를 계획하고 추진하는 일정을 짜기 전에 나머지 팀원들이 그것에 동의하는지 확인하십시오. 만약 당신이 팀의 구성원이라면, 팀의 비전을 확실히 이해하고 당신의 업무가 비전과 일치하는지 확인하십시오.

만약 현재 확실한 비전이 존재하지 않는다면, 다음의 질문을 던져보십시오. 우리가 하는 일이 왜 중요할까? 당신의 생각이 업무와 제품에 국한되지 않게 하십시오.

설득력 있는 비전을 만드는 데에는 다양한 방법이 있지만, 다음과 같은 과정이 시작하기에 실용적인 방법입니다. (비전을 만드는 것이 목적인) 팀 회의에서, 각 팀원들이 이 프로젝트에 관한 자신의 가장 중요한 목표나 가치를 세 가지씩 나열하게 하십시오.

그런 다음 모든 항목을 차트에 적고, 떼어낼 수 있는 빨간색 점을 4개씩 각 멤버들에게 배부하십시오. 팀원들은 자기가 생각하기에 프로젝트를 성공시킬 수 있는 가장 중요한 각 4가지 항목 옆에 빨간 점을 붙이도록 하십시오.

이 단계가 끝난 후, 빨간 점이 가장 많이 붙여진 항목 5가지를 선정하고 각 항목과 관련하여 다음과 같은 질문에 대답을 해보십시오. 만약 우리의 일상적인 업무의 가치와 목표가 이것이 된다면, 이 프로젝트를 어떻게 진행해야 할까?

2. 사람들에게 집중하십시오

당신이 모든 프로젝트와 관련된 업무에 관심을 기울이는 것처럼 다른 사람들의 감정과 동기에도 많은 관심을 기울이십시오. 특히나 프로젝트 초반과 핵심 단계에서 그렇게 해야 합니다. 그리고 프로젝트 성공의 잠재적 방해물이 될 수 있는 요소가 나타나는 시기에는 더 관심을 두도록 하십시오. 그들의 안부에 대해 묻고, 그들을 돕기 위해 당신이 무엇을 할 수 있는지 찾아보십시오. 업무를 수행하는 것을 즐기는 것처럼 사람들도 즐기십시오.

3. 실수보다는 성공에 더 집중하십시오

당신의 옳고 그름에 대한 생각과 비판적 언어 그리고 프로젝트와 관련된 사람들과 교류를 할 때 실수에 초점을 두는 것에 각별한 주의를 기울이십시오. 그 생각은 당신으로 하여금 부족한 것보다는 긍정적인 것부터 생각하도록 합니다. 덧붙여, 누군가에게 직접적인 칭찬을 제외한 다른 내용이 담긴 이메일을 보낼 때 전송하기 전에 편지를 여러 번 재검토하고 다른 에니어그램 유형의 사람에게 내용과 표현을 검토하게 하십시오.

전략 계발

  팀과 조직이 최상의 성취도와 효율성에 도달하려면, 리더들과 각 공헌자들은 조직의 진정한 비즈니스가 무엇인가를 이해하고 다방면으로 생각해서 전략적으로 행동해야 합니다.

  '비즈니스 파악하기'와 '전략적으로 사고하고 행동하기'는 서로 밀접하게 연관되어 있습니다. 비즈니스를 이해하지 않고, 전략적으로 사고하고 행동하기란 있을 수 없습니다. 이 사실을 알고 있다면, 이것을 전략적인 방법으로 사용할 필요가 있습니다. 그 방법으로는 공통의 강력한 비전을 갖고 일하기, 고객에게 초점을 맞춘 미션, 훌륭한 전략, 그리고 그 전략과 일치되는 효과적인 목표와 전술이 있습니다.

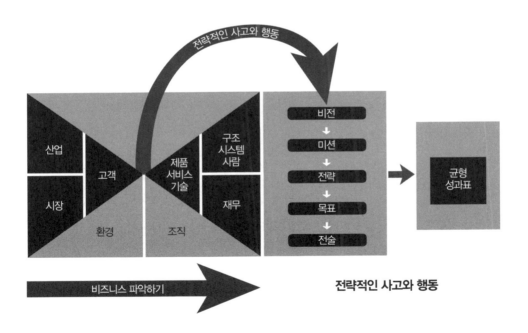

1. 큰 그림을 최우선으로 두십시오

당신이 팀의 리더든 멤버든 넓은 시각을 가지고 나무가 아닌 숲을 보아야 합니다. 당신이 리더라면, 당신을 위해 일하는 사람들에게 세심한 부분의 업무를 맡겨줘야 합니다. 당신이 책임지고 있는 모든 프로젝트를 수행하면서, 스스로에게 주기적으로 이러한 질문을 해보십시오.

내가 지금 하고 있는 일이 전술적인 수준이 아니라 전략적인 수준(비전, 미션, 전략)인가? 나는 전술적인 업무를 위임하였는가, 아니면 나는 아직도 작은 수준의 업무에 관여하고 있는가?

당신이 팀원이라면, 당신이 업무를 할 때마다 스스로에게 물어보십시오.

이 업무가 우리 팀의 전략과 어떻게 일치하지? 우리의 비전, 미션, 그리고 전략과 관련하여 나의 시간을 최상으로 사용하고 있는가, 아니면 내가 해야 할 더 중요한 일이 있는가?

2. 당신의 모든 일을 비전과 연결하십시오

스스로에게 질문하십시오. 내 앞에 있는 업무, 그리고 나의 팀 앞에 주어진 업무의 더 큰 목적이 무엇인가? 우리가 3-5년 안에 이루려는 것이 무엇인가?(단순히 목표가 아니라 더 큰 꿈과 갈망) 이 비전에 중요한 노력을 뒷받침하는 가치가 무엇인가?

당신이 리더라면, 같이 일하는 사람들의 생각을 모으려고 노력하며, 그 사람들과 최종 비전을 공유하는 것을 잊지 마십시오. 비전에 대해 소통할 때 양방향의 대화를 하며, 필요하다면 조율을 하십시오.

3. 고도의 전략 수준에서 전략적으로 일하십시오

당신이 리더라면, 당신이 만든 전략들이 진짜 전략적인지 스스로 질문해보고, 그것이 사실은 목표나 전술은 아닌지 확인해보십시오. 때때로 굉장히 중요한 목표와 전술은 사실상 전략이 될 수 있습니다(그것은 성공에 있어 필수적입니다).

하지만 그럼에도 불구하고 그것들은 전략이 아닐 수 있으며, 미션과 비전을 달성하는 데 전략은 꼭 필요하고 굉장히 중요합니다.

당신이 신중히 고른 전술들을 관찰하고 스스로에게 다음과 같은 질문을 함으로써 전략으로 되돌아갈 수 있습니다. 나의 전술들을 자세히 보니, 비슷한 것끼리 묶을 수 있지 않을까? 비슷한 전술끼리 묶은 그룹을 분석하면 공통된 요소가 뭘까? 후자의 질문에 대한 대답은 '암묵적 전략'에 대한 통찰력을 줄 것입니다. 암묵적 전략을 명확히하면, 당신과 다른 사람들이 행동으로 옮기기 쉬워집니다.

당신이 팀원이라면, 팀의 전략을 이해하고 있는지 확인하고, 당신이 하는 모든 업무와 프로젝트가 이 전략 영역 중 하나와 연결될 수 있는지 확인하십시오. 당신의 권한 안에서 결정을 내리고, 여러 선택지들 중 하나를 고르고 있다면, 다음 질문을 스스로에게 하십시오. 이 선택지들 중 우리의 전략과 가장 일치하는 것은 무엇일까? 만약 아무것도 연결되지 않는다면 다른 대안들을 고려해보십시오.

의사결정 계발 전략

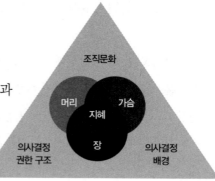

사람들은 매일매일 의사결정을 하지만 의사결정 과정에 대해서 생각하는 일은 드뭅니다. 가장 현명한 결정은 머리(논리적인 분석과 계획), 가슴(가치, 감정, 사람에게 미치는 영향), 장(행동을 취함)의 세 가지가 통합된 방식으로 사용되었을 때 이루어집니다. 직장에서의 의사결정은 다음과 같은 세 가지 요인, 즉 조직 문화, 조직의 의사결정 권한 구조, 결정 자체의 배경을 고려해야 합니다.

다음의 표는 1유형의 현명한 의사결정을 위한 지능의 중심(머리, 가슴, 장)을 계발시키는 방법을 나타냅니다.

1유형의 의사결정 계발활동			
지능의 중심	머리	객관적 분석	어떤 사람에 대한 긍정적 혹은 부정적 의견이 객관적 정보를 가리지 않도록 하십시오. 당신의 결정에 너무 많은 생각을 하지 마십시오.
		예리한 통찰력	사실 그 자체에 머무르지 말고, 사실 속에 내포된 패턴을 찾으십시오. 이 패턴에서 얻은 주제를 이해하십시오.
		생산적 계획	결정을 과도하게 계획하지 말고 지나치게 실행하려 하지 마십시오. 새로운 정보와 활동이 나타날 수 있게 공간을 주십시오.
	가슴	공감	당신과 다른 사람의 감정을 깊이 고려하십시오.
		진정한 관계	대화를 할 때 자기의 깊은 감정을 공유하십시오.
		연민	어려운 결정을 내릴 때 지나치게 감정적으로 힘들어하지도 너무 이성적이 되지도 마십시오.
	장	효과적인 행동 취하기	의사결정을 예술의 형태로 만드십시오. 원하는 결과를 위한 적당한 행동만 하십시오.
		흔들리지 않는 견고함	당신의 결정을 고수하십시오. 그렇지만 이것은 경직된 것과는 다릅니다.
		본능적 이해	내가 깊이 알고있는 진실이 무엇인지에 대한 스스로의 질문을 통해 장 중심의 반응을 존중하는 법을 배우십시오. 지나치게 빨리 반응하는 것을 조심하십시오.

조직변화 계발 전략

현대의 조직에서 변화는 하나의 생활방식이 되었습니다. 기업은 늘어나는 경쟁, 줄어드는 자원, 부족한 마케팅 시간, 높아지는 고객의 기대 수준, 증가하는 법 규정, 수많은 과학 기술, 커지는 불확실성 등으로 이루어진 점점 더 복잡한 환경에 존재하고 있습니다. 조직은 성공을 위해 유연하고, 헌신적이며, 비용에 민감하고, 빠르게 대응해야 합니다. 그 결과 예측하지 못한 방향으로 전환해야만 하는 경우에, 모든 계층의 직원이 팀 내에서 유연하고 효과적으로 변화를 수용하며 역할을 다할 수 있어야 합니다.

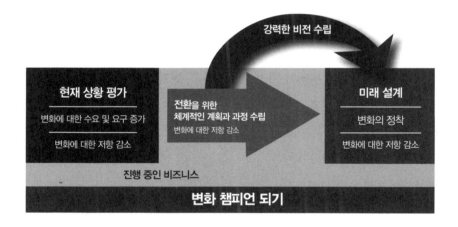

1. 도움을 요청하고 협동적으로 일을 하십시오

당신은 대부분의 일을 혼자 하고 싶어 하지만, 상당한 양의 업무가 수반되면 그것은 불가능합니다. 당신이 리더라면, 평소 할당하는 업무의 양보다 다른 이에게 50퍼센트 더 할당하십시오. 당신이 팀원이라면, 다른 팀원들에게 도움을 받도록 하십시오. 변화를 받아들이고 책임지는 것은, 다른 이들과 협동하는 것을 뜻하며, 세부적인 것을 혼자 짊어지고 가는 것이 아닙니다.

2. 당신의 반응이 저항의 의미로 보여질 수도 있습니다

당신은 강력한 의견을 갖고 있고 대부분은 당신이 옳다고 믿으며 다른 사람의 의견에 즉각적으로 반응을 하기 때문에, 당신은 그저 질문을 하거나 아주 작은 부분에 동의하지 않은 것일지라도 다른 사람들은 당신이 변화를 저항한다고 오해할 수 있습니다. 전체 이야기를 다 들은 후 당신의 의견을 전달하면, 당신은 저항자보다는 효과적인 문제해결사로 보일 것입니다.

3. 변화의 모든 측면을 비전과 관련지으십시오

당신이 리더라면 변화를 위해서 비전을 계발하고, 변화의 모든 측면을 비전에 연결하십시오. 예를 들어 평가, 변경된 계획 및 절차, 그리고 변화의 결과와 관련된 세부 사항들이 해당됩니다. 당신이 팀원이라면, 오로지 핵심만 이해하는 것이 아니라 변화를 위한 전략과 비전을 충분히 이해하고 있는지 확인하십시오. 이것을 실천하면, 당신과 다른 사람들이 업무에 집중하고 헌신할 수 있도록 도움을 줄 것입니다.

변형 전략

1유형은 완벽한 세상을 추구하기 위해 나 자신과 모든 사람들 그리고 주변의 모든 것들을 발전시키기 위해 성실히 노력하는 사람들입니다. 여기에서 벗어나기 위해 모든 것에는 고유의 완벽함이 존재한다는 이해가 있어야 합니다. 이러한 이해를 바탕으로 1유형은 다음과 같은 변형을 향해 앞으로 한 발짝 나아갈 수 있게 됩니다.

1. 정신적 변형

분개(흠에 집중하여 모든 것이 충분하지 않다고 보는 것)의 정신적 패턴을 변화하여 완벽(모든 것이 그러하듯 불완전함도 완벽하다는 통찰)에 대한 더 높은 차원의 신념으로 변형하십시오.

▶ 정신적 활동

흠과 오류를 끊임없이 찾고 있다는 것을 느낀다면, 완벽하지 않고 원래의 상태에 있는 것을 받아들일 수 있었던 순간에 대해 기억해 보십시오. 그 순간들을 기억하고, 그때 내 안에 일어나던 것을 떠올려보십시오. 당신이 완벽히 편안해지고 수용적으로 느껴질 때까지 그 기억들을 유지하도록 하십시오.

2. 감정적 변형

분노(만성적인 불만족)의 정서적 습관으로부터 평정(모든 것을 수용하는 열린 마음)에 대한 더 높은 차원의 인식으로 변형하십시오.

▶ 감정적 활동

어떤 상황 혹은 누군가의 행동에 화가 난다면, 처음에는 화가 났지만 그 상황을 내가 원하는 것이 아닌 있는 그대로 받아들임으로써 평화와 평온을 찾은 순간을 기억해보십시오. 그런 상황이 기억이 나지 않는다면, 자신의 인생에서 일어나는 일들을 바꾸려하지 않고 있는 그대로 평온하게 받아들일 때 어떤 느낌일지 상상해보십시오. 당신이 편안함을 느끼고 감사함을 느낄 때까지 그 느낌을 최대한 오래 간직하십시오.

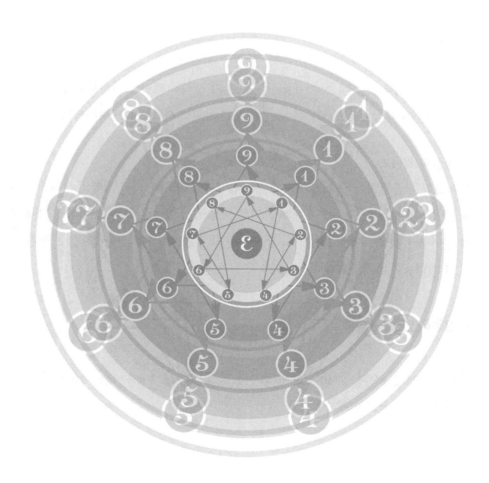

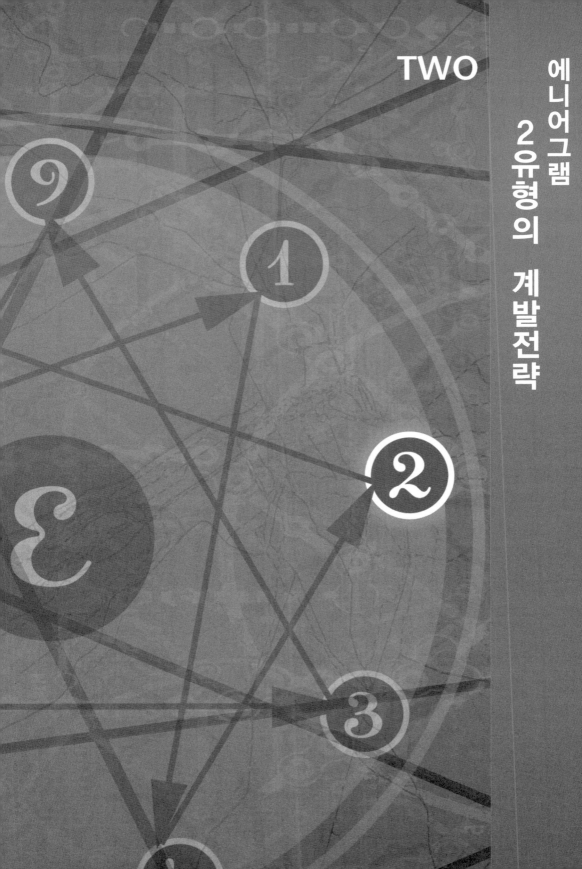

에니어그램 2유형의 계발전략

에니어그램 2유형
감사 추구, 무가치한 느낌 회피

에니어그램 2유형은 낙관적이고, 관대하며 동정심이 있습니다. 그들은 자신의 필요와 욕구보다는 타인의 행동과 필요에 주의를 기울입니다. 또한, 2유형은 다른 사람들이 꿈을 실현하도록 혹은 타인의 고통을 최소화하기 위해 지원하는 데 필요한 직관력을 계발시킵니다. 2유형은 자신이 좋아하는 사람들은 호의적으로 반응해주기를 기대하지만, 자신이 싫어하는 사람들은 도움을 요청하더라도 덜 보살피려고 합니다. 대부분의 2유형은 자신이 아끼고 존중하는 상대가 자신을 부정적으로 여기면 매우 고통스러워합니다.

대부분의 2유형은 따스함을 보이며, 다른 사람의 이야기에 경청해주고, 다른 사람들이 얻기를 바라고 기대하는 충고를 제공합니다. 어떤 2유형은 마치 보호가 필요한 아이처럼 연약함을 보이기도 합니다. 또 다른 2유형은 좀 더 자기 주장적으로 나타납니다. 그들은 기관이나 그룹이 앞으로 나아가도록 돕거나 움직이도록 노력하는 데 주의를 기울입니다. 어떤 2유형은 자신의 삶에 있어 특별한 사람에게 가치 있고 필수불가결한 존재가 됨으로써 자신의 가치와 중요성을 추구합니다.

2유형은 자신에 대해 이야기하기보다는 보통 타인에게 질문함으로써, 한결 같이 따뜻한 방식으로 타인과 연결되기를 원합니다. 2유형은 대인관계 기술이 잘 발달되어 있습니다. 반면에 주목받게 될 때는 불편해하거나 자기를 내세우지 않게 될 수 있습니다.

모든 사람은 배려 받고 타인으로부터 가치 있게 여겨지기를 바랍니다. 하지만 특히 2유형의 경우에는 감사를 받기 원하고, 가치 없는 느낌을 회피하는 것이 주요하고 강력한 내적동기입니다.

▶ 에니어그램 2유형을 위한 계발 전략

2유형은 다른 사람들에게 호감을 얻기 원하고, 다른 사람들의 필요를 충족시키려 노력합니다. 이들은 자신의 삶에서 사람들과 사건들의 조화를 추구합니다.

베풂giving

▶ 목차

자기완성self-mastery을 위한 계발 전략

자기완성은 모든 개인적이고 직업적인 계발의 기초가 됩니다. 이것은 매일 마주하게 되는 새로운 도전이 성장을 위한 기회라고 인식하는 것을 바탕으로 자신의 생각과 느낌, 행동을 이해하고 수용하며 변형시킬 수 있는 능력을 말합니다. 자기완성은 자기인식으로부터 시작되고, 그림에서 보이는 요소들을 포함하면서 확장됩니다.

자기완성의 장은 다음과 같은 내용으로 구성되어 있습니다.

➤ 자기완성에 관련된 2유형의 세 가지 공통 이슈
➤ 2유형의 핵심 이슈를 다루기 위한 세 가지 계발 전략(각 전략별로 기본 활동과 심화 활동을 하나씩 포함)
➤ 2유형의 날개와 화살(스트레스 - 안정) 유형을 통합하는 세 가지 계발 전략

자기완성에 관련된 2유형의 공통 이슈

자신에게도 필요와 욕구가 있다는 것을 인식하기 자신을 돌보는 것에 더 많은 관심을 두면서 타인의 필요는 더 적게 돌보기	다른 사람의 반응에 따라 자기 가치를 만들기보다는 자기 존중을 위한 내적 기준 찾기	자신의 사적인 것과 직업적인 관계 모두에서 의존성과 자율성을 통합하기

2유형의 핵심 이슈를 다루기 위한 계발 전략

1. 혼자만의 시간을 갖도록 하십시오

기초 활동 자신을 성찰하고 혼자 하는 활동을 하십시오. 자신에게 즐거운 일을 할 수 있어야 합니다. 2유형은 혼자 있을 때도 SNS나 전화를 통해 다른 사람과의 관계를 유지하려는 경향이 있습니다. 당신의 주의를 지속적으로 타인에게 돌리는 대신에, 진정으로 혼자만의 시간을 보내는 것은 내면의 경험에 더욱 집중할 수 있도록 합니다.

심화 활동 혼자만의 시간을 가질 때, 자신이 얼마나 타인에게 의존하고 있는지를 이해하게 됩니다. 이 활동은 타인이 자신에게 의존한다고 믿어왔던 2유형에게 깨달음을 줄 것입니다. 여기에는 양면이 존재합니다. 2유형이 끊임없이 주는 행위는 타인이 자신에게 의존하도록 합니다. 동시에, 타인에게 필요한 존재가 됨으로써 2유형 스스로도 배후에서 끼치는 영향력과 인정에 매달리도록 만듭니다.

혼자만의 시간을 갖는 것은 2유형에게 타인의 반응이나 인식에 영향을 받지 않고 자신이 진정 누구인지를 깨닫게 해줍니다. 이러한 새로운 독립된 느낌은 2유형에게 해방과도 같을 수 있습니다.

혼자만의 시간을 갖도록 훈련할 때는 목적을 잊지 마십시오. 혼자만의 시간은 전화, 문자, 이메일뿐 아니라 SNS 등을 포함하여 타인과의 연결이 완전히 끊어진 상태를 의미합니다. 하루에 한 시간은 온전히 혼자서 시간을 보내도록 하십시오. 그 시간 동안은 다른 사람과의 어떠한 상호작용도 있어서는 안 됩니다. 주말에는 진정으로 자신이 원하는 시간을 보내기 위해서 2~3시간 정도 혼자만의 시간을 보내도록 하십시오. 그러나 이 활동의 선택은 오직 당신에게만 집중하는 것이어야 함을 분명히 하십시오. 예를 들어 신체적 활동을 선택하였다면 개인 활동이 가능한 조깅이나 산책, 또는 정원 가꾸기 등을 선택하십시오. 만약 당신이 박물관에 가기를 선택하였다면 그렇게 하되 혼자 가도록 하고 그곳에서 다른 사람과의 대화에 끼어들지 않도록 하십시오. 이때 반드시 당신의 핸드폰은 꺼두십시오.

2. 스스로에게 질문하십시오. 나에게 진정으로 필요한 것은 무엇인가?

기초 활동 자신의 감정을 보다 확실하게 인지하면 당신이 진정으로 무엇을 필요로 하는지가 명확해집니다. 당신의 대답이 깊은 곳에 다다를 때까지 반복적으로 당신이 필요한 것이 무엇인지 자신에게 질문하십시오. 다음과 같은 간단한 질문을 하십시오. 나는 지금 어떠한 감정을 느끼는가? 그리고 깊이 있게 대답을 탐색하십시오. 2유형은 자신의 감정을 억누르려는 경향이 있기 때문에 이 질문을 하는 것은 중요합니다. 그들은 감정 자체를 알아차리지 못하거나 혹은 감정의 깊이나 강렬함을 과소평가하기 때문입니다.

심화 활동 2유형은 대개 감정의 안테나를 타인의 필요를 알아보기 위해 사용합니다. 그러나 타인의 필요에 대한 지속적인 초점은 대개 자기 자신의 실질적인 필요에 대한 인식의 결핍으로 나타납니다. 결과적으로, 대부분의 2유형은 타인과의 관계에서 부당한 대우를 받는다고 느낍니다. 그들은 타인을 위하여 많은 노력을 하지만 마지막에는 '그럼 나는 뭐지?'라는 감정만 남게 됩니다.

2유형 또한 요구사항들이 있지만, 그러한 요구는 무의식적이거나 드러나지 않기 때문에, 대부분 그 요구를 직접적으로 채우는 데 어려움을 겪습니다. 결국 간접적인 방법을 사용하고, 이 때문에 2유형은 무의식적으로 다른 사람을 조종하거나 다루려고 합니다. 자신의 요구를 확실히 알게 되면 직접적으로 행동하며 더 만족합니다. 예를 들어 매일 야근을 하지 않거나 큰 프로젝트를 할 때 타인에게 도움을 청하는 등 자신을 생각할 수 있게 됩니다.

일을 마치고 집으로 돌아와서 다음과 같이 해보십시오. 종이 한 장을 준비하고 네 칸으로 나눠 각 칸에 다음의 제목을 써넣도록 하십시오.

➤ 오늘의 요구사항들
➤ 요구사항은 채워졌는가? (예/아니요/부분적으로)
➤ '예'라고 답했다면, 내가 원하는 것을 어떻게 알렸는가?
➤ '아니요'라고 답했다면, 그 외의 어떤 선택이 있었나?

그 후에 다음의 질문들에 대한 답들을 알맞은 제목 아래 기입하도록 하십시오. 첫 번째 칸에는 오늘 나는 무엇이 필요했는가?를 적고, 두 번째 칸에는 이 요구사항을 충족했는가? 라고 쓴 다음, 세 번째 칸에는 '예'라고 대답한 질문에 대해 원하는 걸 이루기 위해 무엇을 했는지 정확하게 기술하십시오. 마지막으로 네 번째 칸에는 '아니요'라고 대답한 질문에 당신이 요구를 충족시키기 위해서 무엇을 할 수 있었는지 적어보십시오.

목록을 작성한 뒤에 다음과 같이 분석해 보십시오.
➤ 우선 당신의 요구사항이 3가지 이하로 매우 적었는지, 아니면 15가지 이상으로 매우 많았는지 숫자에 대해서 분석하십시오.
➤ 그 요구사항의 유형을 보면 떠오르는 주제가 있는지 여부를 살펴보십시오.
➤ 또한 그 요구가 자신을 위한 시간에 대한 것이었는가 아니면 다른 사람을 위한 지원이었는가?
➤ 대부분의 요구사항이 이루어졌는가?
➤ 대부분의 요구가 자기 자신의 힘으로 이룰 수 있었던 것인가 아니면 타인에게 의지해야 했던 것인가?
➤ 당신의 요구사항을 다른 사람에게 표현할 때 대부분 직접적으로 나타냈는가 아니면 간접적으로 나타냈는가?

이와 같은 행동을 2주간 하십시오. 마지막 날에 당신의 목록을 순차적으로 검토하도록 하십시오. 당신은 아마 자신의 요구를 채우기 위해 흥미로운 패턴을 발견하게 될 것입니다. 그리고 더 큰 통찰을 계발하는 데 도움을 줄 것입니다.

자신의 요구사항은 시간이 지남에 따라 양이나 필요의 타입에 있어서 변하였습니까? 예를 들어, 당신은 요구를 채우는 데 더 나아졌습니까? 당신의 요구를 채우는 데 있어 더 직접적이 되었습니까?

당신이 일궈낸 성취를 자축하십시오. 그리고 좀 더 직접적일 필요가 있거나 자신의 욕구를 맞추기 위해 분발하는 데 어려움을 겪고 있는 다른 분야에 전념해보십시오. 이것을 2주간 더 해보십시오. 그 뒤에 달라진 자신의 모습을 볼 수 있을 것입니다.

3. 보답받기 위해 베푸는 방법을 관찰하십시오

`기초 활동` 지난주에 당신이 타인을 위해 했던 일을 전부 목록으로 써보십시오. 누군가를 병원에서 집으로 데려다 주었다거나 당신이 예상했던 시간보다 길게 누군가의 말에 귀 기울여주었던 것도 괜찮습니다. 각 목록 옆에 보답으로 당신이 원했던 것을 써보십시오. 이러한 목록을 몇 주간 계속 작성해 보십시오. 당신이 얻기 위해 준 것을 더 많이 인식하는 것만으로도 당신의 행동이 변하는 것을 발견하게 될 것입니다. 만약 그렇게 하지 않는다면, 이러한 행동을 지속하게 될 때 치러야 될 대가에 대해 생각해보십시오.

`심화 활동` 2유형은 많이 주지만, 베풂의 이면에는 상대가 무언가 대가를 줄 것이라는 기대가 숨어 있습니다. 일반적으로 이들의 보편적인 바람은 자신이 타인에게 중요한 사람이 되고, 다른 사람이 자신을 필요로 하며, 가치 있는 사람으로 여겨지는 것입니다.

2유형이 베푸는 행동은 타인에게 감사를 받기도 하지만 반대로 문제의 원인이 되기도 합니다. 예를 들어 이들은 다른 사람이 바라지 않는 것을 줄 수 있습니다. 이러한 경우에 상대가 화를 내거나 혹은 바라는 만큼 감사하지 않게 되면, 이러한 반응에 상처를 받거나 고민할 수 있습니다. 또한 타인이 감사하게 생각할 수는 있어도 보답으로 무엇 인가에 대한 기대가 있다는 것은 모를 수 있습니다. 이 때문에 2유형이 아무 조건 없이 베풀었다고 생각했던 사람은 상처를 받거나 화를 낼 수 있습니다. 또한 어떤 사람은 무의식적으로 이들에게 의존할 수도 있습니다. 이러한 상황은 양쪽 모두 갈등이 내포된 좋지 못한 현상입니다.

다음의 질문을 통해 대가를 기대하며 베푸는 행동을 변화시키는 훈련을 할 수 있습니다. 당신이 다른 사람을 위해 무엇인가를 하려고 하거나 또는 시도하려고 생각할 때마다 자신에게 질문하십시오.

➤ 이 일의 대가로 내가 진짜로 바라는 것은 무엇인가? 다른 사람이 나를 인정하도록 하는 것인가? (의존성)
➤ 내가 타인보다 이 일을 잘 처리했다는 것에 자부심을 느끼기 위해 이 일을 하는가? (열정적 자부심)
➤ 내가 가치 있는 사람이라고 느끼기 위해 이 일을 하는가?(개인적 확인 필요)

매일 하루를 마무리하면서 당신이 다른 사람을 위해 했던 것과 하려고 생각했던 것의 목록을 작성하십시오. 그리고 당신의 진정한 동기가 무엇이었는지 목록에 포함시키십시오. 이 질문에 정직하게 답한 뒤에 당신이 베푸는 행동이 정말로 다른 사람을 위해서였는지 아니면 자신의 인정과 겉모습을 위한 것이었는지에 대하여 다시 숙고하도록 하십시오. 2주간 이 활동을 실행한다면 놀라운 발견을 경험할 것입니다.

2유형의 날개 및 화살(스트레스 - 안정) 유형을 통합하는 계발 전략

날개는 자신의 핵심 에니어그램 유형의 양 옆에 있는 에니어그램 유형을 말합니다. 화살은 자신의 핵심 에니어그램 유형에서 뻗어 나온 화살표가 가리키는 에니어그램 유형과, 자신의 에니어그램 유형을 가리키는 화살표가 시작되는 곳의 에니어그램 유형을 의미합니다. 날개 및 화살 유형은 자신의 핵심 에니어그램 유형을 변화시키는 것이 아니라, 생각과 감정의 방식을 넓히고 풍부하게 하며 행동을 강화하는 정보를 제공합니다. 날개 및 화살 유형은 한 사람 한 사람을 보다 복합적이고 다양하게 만들며, 자기계발에 필요한 도구로써 개인의 성격에 더 많은 특성을 제공합니다.

1. 1유형 날개를 통합하십시오

1 2 3
2유형의 날개

▶ **일의 우선순위를 구별하십시오**

　1유형은 탁월한 업무와 수준 이하의 업무 간의 차이를 쉽게 구별할 수 있는 반면에 2유형은 업무에 대한 사람의 감정과 반응에 좀 더 초점을 맞춥니다. 어려운 결정을 하느라 애쓰고 있을 때, 당신은 무엇이 바른 결정인지 알지만, 당신이 걱정하는 사람에게 부정적인 영향을 줄 수도 있다고 생각합니다. 이럴 때, 자신에게 질문해보십시오. 조직과 업무의 이익을 위해 할 수 있는 최선의 선택은 무엇인가?

▶ **당신의 낙관주의에 현실주의를 더하십시오**

1유형은 현실적이고 실용적이며 체계적이지만, 2유형은 이상주의적인 경향이 있습니다. 다음의 질문을 통해 다른 사람의 아이디어를 포함한 당신이 지닌 모든 아이디어가 현실적, 실천적 그리고 체계적인 조직성을 지녔는지 확인해 보십시오.

이 일을 할 수 있는 시간과 자금이 있는가? 이 일을 실행하기 위해 구체적으로 단계를 정해 놓았는가? 우리는 체계적이고 균일하게 규칙을 적용하고 있는가?

▶ 자신의 생각을 주장하십시오

1유형은 직접적이고 단호하게 의견을 제시하지만, 2유형은 직접적으로 표현하는 것을 불편하게 여겨 모호하고 확실치 않은 표현으로 의견을 말합니다. 당신의 의견을 주장하는 횟수가 다른 사람에게 의견을 구하는 횟수와 같게 하십시오. 누군가에게 질문을 하기 전에, 정말로 질문뿐인지 당신의 의견에 동의를 구하기 위한 것인지 생각해보십시오.

만약에 단순한 질문이 아니라면 당신의 의견이 포함된 서술문으로 고쳐 말하십시오. 이때, 당신의 억양에 주의를 기울이십시오. 말투가 너무 부드럽다면 제대로 된 의견 전달을 위해 목소리를 크게 하십시오. 또한 목소리가 문장의 마지막 부분에 가서 질문을 하듯이 높아지는 경향이 있는지 주목하십시오. 마지막 부분에서 목소리가 높아지면 듣는 사람은 질문처럼 느끼게 됩니다. 자신의 목소리를 녹음하여 문장의 마지막 부분에 귀 기울이거나 친구나 동료로부터 이것에 대한 피드백을 구할 수도 있습니다.

2. 3유형 날개를 통합하십시오

▶ 주목받는 자리에 나가보십시오

3유형은 자신의 성취를 직접적으로 인정받는 것을 좋아하지만, 2유형은 자신이 성공의 주역이 되는 것보다 다른 사람을 보좌하는 것을 선호합니다. 말하자면, 자신이 왕이나 왕비가 되기보다는 왕좌의 뒤에서 권력자가 되기를 바랍니다. 주목을 끌고 주연의 자리에 나가보십시오. 예를 들어 타인에게 기회를 주기보다는 연설이나 프레젠테이션을 자원해보는 것입니다. 자신만의 프로젝트나 사업을 시작하고, 아이디어만 제공하고 다른 사람을 지지하기보다는 직접 지도자 역할을 해보십시오.

▶ 존경받도록 하십시오

3유형은 존경받으려고 하는 반면에 2유형은 타인이 자신을 좋아해주길 원합니다. 2유형이 성장하게 되면, 자신을 좋아해주는 것에서 타인에게 존경받는 쪽으로 자신들의 진로를 바꾸거나 대신하기도 합니다. 하지만 성장한 2유형은 다른 사람으로부터 존경을 얻는 것보다 자신을 존중하려고 할 필요가 있습니다. 자신의 존재 자체, 자신의 행동에 따라 존중을 받을 수 있다는 것과 진정한 존중은 타인의 인식과 관계없이 자신의 내면에서부터 나온다는 것을 알아야 합니다. 스스로에게 할 질문은 다음과 같습니다.

나는 진심으로 나 자신을 존중하는가? 다른 사람이 나를 어떻게 생각하는가와 전혀 관계없이 자신이 존중받기 위해 반드시 해야 하는 일은 무엇인가?

▶ 당신의 업무에 초점을 유지하도록 하십시오

대부분의 3유형은 고민이 있을 때도 매우 자신감이 있고 업무 중심적으로 비춰집니다. 2유형은 힘든 상황에서 업무보다는 사람에게 초점을 맞추는 경향이 있고, 낙관은 걱정과 근심, 그리고 부정적인 태도로 바뀝니다. 업무를 할 때 고민이 있다면 감정에 치우쳐 생각하기보다는 업무와 목표에 초점을 맞추도록 하십시오.

당신의 낙관주의가 약해질 때면, 항상 자신만만하게 행동하며 감정이 효과적인 업무에 영향을 주지 않도록 하는 사람을 떠올려 보십시오. 자신을 그 사람이라고 상상하고 다시 업무로 돌아가십시오.

3. 스트레스 지점인 8유형 화살을 통합하십시오

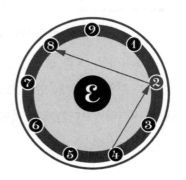

▶ 당신의 개인적 영향력을 발전시키십시오

2유형은 굉장히 강해질 수 있지만, 그 강력함은 자신의 능력에서 나오기보다는 강력한 사람과 근접해 있거나 관련되어서 나타납니다.

개인적 영향력은 다른 사람에게 의존하는 것이 아닙니다. 이것은 당신이 자신에 대하여 느끼는 방식, 당신이 알고 있는 것들, 그리고 당신의 의사소통 방법과 또 다른 요인들 사이에서 나타나는 특성입니다.

영향력은 그 사람의 모습과 태도를 통해 알 수 있습니다. 8유형은 아무런 말을 하지 않을 때도 주위를 장악하고 2유형은 단호한 태도를 보임으로써 그렇게 할 수 있습니다. 이를 위해 2유형은 자신의 의견을 직접 말하고, 곧바로 행동하며, 대담한 말을 할 때는 부드럽고 온화한 눈으로 주시하는 것이 아니라, 단호하게 응시하는 것입니다.

▶ 당신의 분노를 직접적으로 그리고 적절한 순간에 표현하도록 하십시오

8유형은 분노에 직접적으로 대면하고, 명확하며 강하게 표현합니다. 2유형 역시 분노를 직접적으로 표현할 수 있지만 대개는 감정을 조절하기 힘들 때에만 그렇게 합니다. 보통은 어떠한 상황을 오랫동안 참다가 마침내 폭발한다거나 누군가를 배려의 대상에서 제외시켜 완전히 무시할 것을 결심하는 등 대부분 분노를 직접적으로 표현하지 않습니다.

다음 활동을 통해 적절한 시기에 화를 표현할 수 있도록 훈련할 수 있습니다. 매일 밤마다 거울 앞에 서서 자신에게 질문하십시오. 오늘 내가 누구에게 분노(큰 분노뿐 아니라 작은 좌절이나 초조함 또는 당황스러움 등)를 느꼈나? 거울을 들여다보며, 당신을 분노하게 만든 특정인이나 집단을 상상하고 그들에게 말해 보십시오. 화를 내고 있는 당신의 얼굴과 어조와 단어를 관찰해 보십시오. 만약 부족하다고 생각되면, 당신의 분노를 다 쏟아냈다고 느껴질 때까지 반복하십시오. 이것을 반복할수록 일상에서 화를 더 건강하게 낼 수 있게 될 것입니다.

▶ 당신에 대해 보이는 타인의 반응에 크게 신경 쓰지 마십시오

8유형도 자신에 대한 타인의 반응을 전혀 신경 쓰지 않는 건 아닙니다. 단지 그들이 무언가를 결정할 때, 타인의 반응에 대한 우선도가 낮다는 것입니다. 결과적으로 8유형은 생각과 감정 그리고 행동에 있어 2유형보다 자유롭습니다. 무엇인가에 반응을 보이거나 행동을 취하려고 생각할 때마다 보이지 않는 '청중'에 맞출 필요가 없기 때문입니다.

반면 2유형은 항상 다른 사람의 반응에 신경을 씁니다. 이것은 너무나 습관적이어서 많은 2유형은 자신들이 그렇게 한다는 것조차 인식하지 못합니다. 행동하기 전에 미리 타인의 반응을 신경 쓰게 될 때마다 다음의 질문을 통해 부드럽게 자신과 마주 하십시오. 혹은 이미 했거나, 생각했거나, 느꼈던 무언가로 인해 죄책감을 느낄 때에도 마찬가지입니다.

내가 진정으로 원했던 것은 무엇인가? 내가 생각하기에 내가 할 수 있는 또는 할 수 있었던 최선책은 무엇인가? 이것에 대한 나의 진정한 감정은 무엇인가?

4. 안정 지점인 4유형 화살을 통합하십시오

▶ 자신의 내면으로 깊숙히 들어가도록 하십시오

2유형에게 필요에 대해 물어보면, 대부분의 반응은 '잘 모르는데' 또는 '필요? 무슨 필요?'라고 말합니다. 당신이 자신의 필요에 대해 모른다면, 깊은 감정을 인지하는 것은 어려울 것입니다. 당신의 필요들은 감정에 대한 단서를 제공하고 감정은 필요들에 대한 단서를 제공합니다.

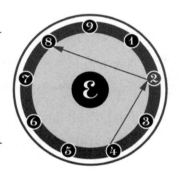

반면 4유형은 자신의 욕구와 감정을 살피는 데 많은 시간을 보냅니다. 4유형이 사용하는 방법을 유용하게 사용할 수 있습니다. 4유형은 자동적으로 자신에게 질문합니다.

이것에 대한 나의 감정은 어떠한가? 내가 필요한 것을 얻고 있는가? 내가 잃어버린 것이 있는가?

2유형은 이와 같은 질문들을 15분마다 자신에게 해보십시오. 이와 같은 방식으로 자신을 세세하게 살펴보는 것은 당신의 감정과 필요들의 경향에 대한 분석과 지속적인 정보를 제공합니다.

또한 4유형은 다른 사람에게 자신의 감정에 대해 자주 이야기합니다. 2유형도 자주 그러긴 하지만 자신의 감정이 아닌 상대방의 감정에 초점을 맞춥니다. 2유형이 자신의 감정을 주제로 논의를 할 때(단지 기분을 드러내는 것뿐 아니라 2유형의 경험에 대한 상대방의 견해를 요청할 때), 이들은 자신의 감정과 요구를 쉽게 확인할 수 있을 것입니다. 하루에 한 번씩 타인에게 당신의 감정에 대해 이야기해보고, 다양한 사람과도 이야기해보십시오. 단지 자신의 감정을 나타내는 훈련일 뿐 아니라 감정적인 반응에 대해 다양한 관점을 접하게 됩니다.

▶ 당신의 창의성을 최상의 수준으로 끌어올리십시오

많은 2유형은 창의적입니다. 그러나 4유형의 예술적 감각이 더해지게 되면 보다 독창적이고 인상적인 예술성으로 영향력 역시 강력해질 수 있습니다. 4유형은 깊은 곳에 있는 감정적 경험을 토대로 예술적 영감을 떠올립니다. 2유형은 자신에게 다음과 같은 질문을 통해 이렇게 할 수 있습니다.

그림, 조각, 글쓰기, 사진 촬영 또는 음악을 통하여 표현할 수 있는 나의 가장 깊은 곳에 자리 잡은 감성은 무엇인가? 이것을 위해 내가 할 수 있는 방법은 무엇인가?

이 질문 후에 2유형은 자기표현의 새로운 방식을 시도하는 모험을 해야 합니다. 결과물은 정확하게 당신이 원하던 것이 아닐 수도 있지만, 우선은 창작 행위에서 얻어지는 만족감에 초점을 맞추도록 노력하십시오.

4유형은 또한 창조과정에서 흔히 사용하는 기술로 은유적이고 상징적인 사고를 사용합니다. 이러한 능력을 키우기 위해서 2유형은 역동적인 경험을 선택하고 그것을 다른 무엇인가와 비교할 수 있습니다. 예를 들어 만약 당신이 전력으로 달리고 있는 아름다운 말 한 마리를 관찰하거나 상상한다면 자신에게 다음의 질문을 할 수 있습니다. 전력을 다해 달리는 이 말 한 마리를 통해 느껴지는 나의 감정이나 생각은 무엇인가?

당신의 대답은 다음과 같을 수 있습니다. 그 말이 달리는 모습은 마치 천사와 같은 우아함을 가지고 있구나.

이러한 창의적인 프로젝트는 몇 번의 과정을 통해 다음과 같이 은유적인 결론을 얻어낼 수 있을지도 모릅니다. 어떤 과정에서도 우리가 넘을 수 없는 장벽은 없다.

▶ 당신의 꿈을 좇으십시오

2유형은 다른 사람의 꿈을 발견해주고 그 꿈을 이루도록 도와줍니다. 그러나 대장장이의 집에 식칼이 없는 것처럼, 2유형은 자신의 꿈에 대해서 분명히 말하지 못하고 그 꿈을 좇지도 못합니다. 대조적으로 4유형은 대단한 열정을 가지고 좇는 꿈들이 많이 있습니다. 2유형은 자신의 가슴속의 진실된 열정을 알아내기 위해 다음의 질문들을 할 필요가 있습니다.

내가 사랑하는 것은 무엇인가? 내가 열망하는 것은 무엇인가? 무엇이 나에게 큰 성취감과 만족감을 제공하는가? 오랜 시간 내가 하기 원했지만 언제나 시간을 낼 수 없다고 여겼던 것은 무엇인가? 나의 열망을 제일 우선으로 둔다면 어떤 일이 일어나겠는가?

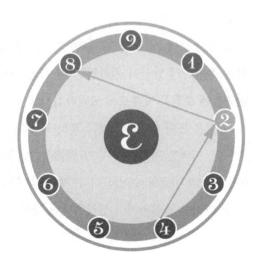

의사소통 계발 전략

다른 사람과 의사소통을 할 때 세 종류의 의도하지 않은 왜곡, 즉 말하는 방식, 신체언어, 맹점이 발생할 수 있습니다. 말하는 방식이란 전반적인 말하는 패턴을 의미합니다. 신체언어에는 자세, 얼굴표정, 손짓, 몸의 움직임, 에너지 수준, 그 외 수백 가지의 비언어적 메시지가 포함됩니다. 맹점이란 자신은 인식하지 못하지만 다른 사람에게는 매우 잘 보이는 의사소통의 요소로서, 자신에 대한 정보를 포함하고 있습니다. 우리 모두는 말하는 방식과 신체언어, 그리고 다른 추론적 자료를 통하여 무의식적으로 정보를 전달합니다.

메시지를 수신하는 사람도 자신의 왜곡 필터로 듣는 내용을 왜곡합니다. 왜곡 필터는 수신자의 에니어그램 유형을 토대로 다른 사람의 말을 바꾸어 듣게 하는 무의식적인 관심과 가정들입니다.

말하는 방식   신체언어   맹점

한 번에 한 가지씩 의사소통 방식을 변화시키십시오

가능하면 다음의 순서대로 한 번에 한 가지의 행동을 변화시키는 것이 가장 효과적입니다. 말하는 방식, 신체언어, 맹점, 경청 시 왜곡필터의 순서로 변화시키는 것이 바람직합니다. 우리가 잘 인식하고 있는 행동을 변화시키는 것이 가장 쉽습니다. 그리고 이것은 가장 잘 인식하고 있는 것부터 가장 인식하기 어려운 것으로의 변화가 일반적인 순서입니다.

2유형의 말하는 방식

➤ 질문하기
➤ 칭찬하기
➤ 상대방에게 초점 맞추기
➤ 자신에 대해 언급이 적음
➤ 부드러운 목소리
➤ 자신이 싫어하는 말을 들었을 때 화내거나 불평하기

2유형의 신체언어

➤ 미소와 편안함
➤ 편안한 얼굴 표정
➤ 우아하고 열린 몸짓
➤ 흥분했을 때 주름진 이마와 긴장된 얼굴

2유형의 경청시 왜곡 필터

➤ 다른 사람이 당신을 좋아하는지 아닌지
➤ 당신이 다른 사람을 좋아하는지 아닌지
➤ 다른 사람에게 도움이 되든지 아니든지
➤ 다른 사람이 지니고 있는 영향력의 정도
➤ 다른 사람이 당신이 보호하고 싶은 누군가에게 해를 끼친다고 느낄 때

2유형의 맹점

➤ 2유형의 관대함, 도움, 그리고 관심의 제공 이면에는 부수적이거나 숨겨진 의도가 있을 수 있음
➤ 다른 사람에게 관심이 없어졌을 때 바로 관계를 끊음

※ 이러한 특징들은 긍정적일 수도 있고 몇몇은 부정적일 수도 있으며 중립이거나 혼합된 것일 수도 있습니다. 이 목록은 당신이 선택할 수 있는 것들에 대하여 전체적인 아이디어를 주기 위하여 만들어진 것입니다.

당신의 언어 표현을 확장하고 변화시키기 위하여 문자나 이메일을 사용하십시오

➤ 이메일, 문자메시지를 보내기 전에 자신의 언어 선택과 어조를 검토하십시오.

➤ 수신자에게 초점을 맞추는 만큼 자신에게도 초점을 맞추도록 하십시오.

➤ '굉장해! 뛰어나!' 같은 과장된 감탄 표현을 줄이십시오.

➤ 아첨하는 말을 제거하십시오.

➤ 긍정적이거나 부정적인 감정에 대해 단순하고 직접적인 표현을 사용하십시오.

➤ 근심을 표현할 때 귀에 거슬리거나 날이 선 단어의 사용을 피하십시오.

➤ 수신자로부터의 정중한 응답을 요구하십시오.

피드백 계발 전략

정직하고 긍정적이며 건설적인 피드백은 다른 사람들의 행동에 대해 직접적이고 객관적이며 단순하고 정중한 관찰을 의미합니다. 이러한 피드백은 인간관계와 직무 수행 모두를 향상시킵니다. 피드백을 할 때, 에니어그램의 통찰이 결합된 피드백 공식을 사용하면 원하는 성과를 내는 데 도움이 됩니다. 상대방이 당신에게 피드백을 할 때, 상대가 말하고자 하는 내용을 당신이 수용적으로 받아들일수록 새로운 시각을 얻으며, 더 나은 해결 방법을 활용할 수 있습니다.

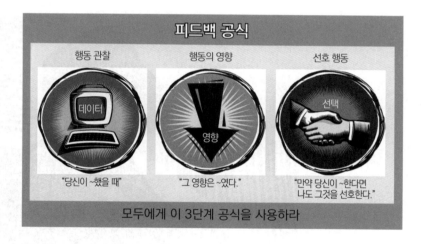

2유형의 피드백 전달 능력 향상 방법

다른 사람에게 피드백할 때에는 당신이 먼저 준비되어 있어야 하고, 피드백을 받는 사람도 가능한 수용적인 자세여야 바람직합니다. 피드백을 전달하는 방법과 시점이 실제로 말하는 내용만큼이나 중요하다는 점을 기억하십시오.

피드백을 계획하고 전달하려면 피드백 공식의 3가지 요소와 함께 다음의 제안을 활용하십시오.

➤ 타인에 대한 당신의 긍정적 호의를 유지하되 부정적 정보의 공유도 회피하지 마십시오.

➤ 타인의 감정은 이해하되 피드백을 받는 사람의 기분이 나빠질 것을 고려해 문제를 모호하게 만들지 마십시오.

➤ 피드백 받는 사람의 반응에 주의를 기울이되 긍정적이거나 부정적인 반응을 개인적인 것으로 받아들이지 않도록 하십시오.

➤ 당신의 지각력을 유지하되, 특히 화가 났을 경우에는 당신의 통찰력이 정확하지 않을 수 있음을 생각하십시오.

➤ 당신은 다른 사람에게 통찰력을 공유하고 싶겠지만, 피드백을 받는 사람은 당신의 도움을 원하지 않을 수 있습니다. 어쩌면 상대는 이미 최선의 행동 방침을 알고 있을 수도 있습니다.

2유형이 피드백을 좀 더 수용적으로 받는 방법

➤ 누군가 당신에게 부정적인 피드백을 제공할 때, 그 사람이 당신을 싫어한다고 여기거나 자신이 가치 없는 사람이라는 걱정이 일어날 수도 있습니다. 부정적인 피드백 하나로 상대방이 당신을 좋아하거나 좋아하지 않거나 당신을 가치 없게 여긴다고 생각하지 않도록 유의하십시오.

➤ 당신은 좋은 사람이 되기 위해 그리고 다른 사람을 잘 대우하기 위해 노력을 했기 때문에, 어떤 비난도 받지 않을 거라는 믿음을 갖게 될 수 있습니다. 만약 당신이 이 문제에 대해 신중하게 생각해보면, 당신은 어떤 사람도 비난을 피해갈 수 없으

며 피드백이 부정확하거나 잘못 해석된 것이라도 경청할 가치가 있음을 깨닫게 될 것입니다.

➢ 당신이 매우 지각력이 있다하더라도 타인 역시 동등하거나 다른 지각력을 가지고 있을 수 있음을 기억하십시오. 열린 마음으로 호기심을 갖고 경청하십시오.

갈등관리 전략

직장과 가정에서 인간관계는 어느 정도의 갈등을 포함하고 있습니다. 갈등은 다양한 요인 때문에 발생하며, 일반적으로 다음과 같은 핀치(분노유발)-크런치(충돌 상황) 사이클을 따라갑니다.

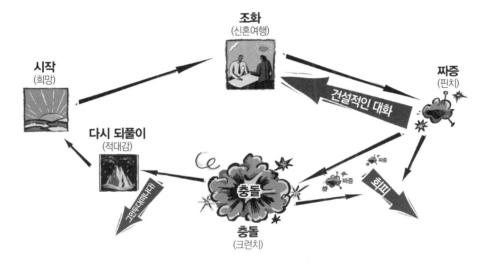

갈등의 근본 원인이 무엇이든지 간에 개입된 핵심 당사자의 에니어그램 유형은 갈등의 역동성 및 해결에 있어서 중요한 요소가 됩니다. 에니어그램을 사용하면 당사자 모두가 파괴적인 경험이 아니라 건설적으로 갈등을 해결할 수 있습니다. 자신에 대해 잘 알고, 갈등상황에서 자신의 책임에 대해 잘 이해하며, 건설적으로 자기관리를 할수록, 그리고 에니어그램 지식을 통해 타인에게 접근하는 최선의 방법을 잘 아는 만큼, 신속하고 효과적인 결과를 얻을 수 있는 기회가 커집니다.

모든 에니어그램 유형에는 독특한 핀치(분노 유발자)가 존재합니다. 즉 어떤 유형의 사람에게는 항상 분노를 유발하는 특정 상황이 다른 유형의 사람에게는 영향을 미치지 않을 수 있습니다. 2유형의 경우 다음과 같은 상황이 핀치가 됩니다.

나를 화나게 하는 것들

당연한 일로 여겨지는 것. 감사 받지 못하는 것.
자신의 말을 안 들어줄 때. 상호 간의 부적절한
행동방식. 모욕적인 취급을 받는 것.

분노를 성장의 기회로 변화시킬 수 있는 계발 전략

1. 업무 관계가 시작될 때 나를 화나게 하는 것이 무엇인지 공유하십시오

2유형의 핀치들은 서로 비슷한 형태들입니다. 2유형은 다른 사람들에게 필요한 사람이 되기를 원하고 인정과 감사를 받기 원합니다. 그러나 이들이 다른 사람의 필요를 들어주고 도움을 주는 것이 답례를 원하는 것이 아니라 자발적인 봉사로 보이기 때문에 자기만족으로만 여겨질 수도 있습니다. 사람들은 이들이 분명하게 감사를 받고 싶어 한다는 것을 알아차리지 못합니다. 그러나 이들은 특히 새로운 업무 관계에서, 자신이 감사와 인정을 받기 원한다는 것을 말하지 못합니다. 자신이 일을 하고 있다는 인식도 부족하고 이것에 대해 일일이 언급하는 것이 꼭 필요한 일인지 의문을 갖기 때문에 말하기를 꺼려합니다.

하지만 이러한 핀치들은 예시나 이야기를 통해 효과적으로 소통될 수 있습니다. 예를 들어 동료에게 자신의 핀치에 대해 이야기하도록 격려한 뒤에, 2유형은 자신의 핀치에 대하여 다음과 같이 정의해 줄 수 있습니다.

'나의 가장 중요한 가치는 모든 사람들이 예의를 갖춰 존중받는 것입니다. 나는 다른 사람을 향해서도 이렇게 대하고 나 역시 이렇게 대접받기를 원합니다. 누군가에게 무엇을 해달라고 요청할 때 "~해주시겠어요?"와 같은 말투를 사용하는 것은, 그들이 해준 일에 대해서 혹은 일을 끝마쳤을 때 진실하게 "감사합니다"라고 말하는 것만큼 중요합니다. 한번은 내가 새로운 프로젝트에 내 동료를 추천했을 때, 그는 내게 한 번도 확실하게 고맙다는 표현을 한 적이 없었습니다. 그것은 나에게 있어서 최악의 핀치 중의 하나였습니다.'

2. 핀치를 느끼거나 화가 나는 것을 느끼는 즉시 말하십시오

2유형은 자신이 핀치를 느꼈다고 말하면 다른 사람이 상처받거나 아니면 화를 낼까봐 걱정합니다. 또한 일이 커지는 것도 바라지 않습니다. 그런 2유형에게 다음의 관점은 도움이 됩니다. 핀치가 일어나자마자 타인과 공유하는 것은, 그들이 한 행동이 어떤 영향력을 끼치는지 배울 수 있도록 돕는 것입니다. 그리고 당신의 성숙된 관계 형성을 돕습니다. 더 나아가서 당신이 핀치의 감정에 대해 솔직하게 말하면, 관계초기에 당신의 필요를 표현하는 것을 배움으로써 스스로를 도울 수 있습니다.

3. 핀치나 스트레스에 따른 행동이 시작되려고 하면 운동이나 산책 등 신체 활동을 하십시오

2유형에게 산책이나 운동 같은 신체적인 활동은, 타인이 아닌 본인에게 자신의 관심과 신경을 쏟도록 하기 때문에 추천됩니다. 이들이 스스로를 돌보게 되면, 타인으로부터의 지지나 인정의 필요성이 줄어듭니다. 이런 신체활동은 감정이나 생각이 아닌 자신의 몸에 집중하도록 하기 때문에 감정적인 압박으로부터 평정심을 찾도록 도와줍니다. 그리고 일상적인 반응으로부터 거리를 두어서 핀치와 크런치에 대한 새로운 관점을 볼 수 있습니다.

4. 부정적인 반응이나 핀치를 느낀다면 자신에게 질문하십시오

2유형으로서의 나에 대해 말하는 상대방의 행동은 무엇인가? 이 상황에 대한 나의 반응은 무엇인가? 그리고 여기서 내가 계발할 수 있는 영역은 무엇인가?에 대해 질문해 보십시오.

핀치와 크런치에 대해 심도 있게 탐구하는 것을 통해 어떻게 내 안에서 최상의 것을 끌어낼 수 있을까요?

이 질문은 2유형이 다른 사람보다 자신에게 관심을 갖도록 해줍니다. 여기서 논점은 타인의 욕구가 아니라 자신의 욕구를 알아야 한다는 것입니다. 이런 관점의 변화는 2유형에겐 놀랍겠지만, 위의 질문을 자신에게 여러 차례 반복할 필요가 있습니다. 질문의 종류와 상관없이 대부분의 대답은 다음과 같을 것입니다. 나는 감사를 받거나 또는 필요한 사람이 되어야 한다. 하지만 나는 다른 사람으로부터 그런 반응을 얻지 못했다.

질문의 답이 무엇이었던 간에, 위의 질문을 반복하는 것은 자기 탐구 수준을 심화시키는 데 도움을 줄 것입니다.

그리고나서 자신에게 다음의 질문을 해보십시오. 나는 왜 감사를 받는 일이 그렇게 중요한가? 내가 필요하지 않거나 감사를 받을 필요가 없다면 나는 어떻게 달라질 것인가?

이러한 질문들은 자신이 무언가를 바라고 타인에게 베푸는 것은 아닌지, 스스로를 돌아볼 수 있게 합니다.

만약 대가를 바라고서 행동한 것이라면 그것은 베풂이나 친절 같은 행동일지라도 그 속에 암묵적인 기대가 있다는 뜻입니다. 이러한 행동을 일반적으로는 조종이라고 말합니다. 조종이란 다른 사람이 알아채지 못하게 행동을 유도하는 것입니다. 2유형은 이러한 단어와 인식을 싫어하지만 실제로 대가 없이 행하는 것처럼 보여도 속으로는 뭔가 바라는 것이 있습니다. 이러한 인식을 통해 이들은 자신의 문제점과 해결점을 알 수 있게 됩니다.

팀 계발 전략

집단과 팀 간에는 차이가 있습니다. 집단은 공통 관심사가 있는 개인들의 집합을 말합니다. 팀은 하나 이상의 목표를 공유하는 구성원으로 구성된 특정 유형의 그룹입니다.

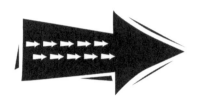

팀 구성원 간 상호의존성이 최적일 때에만 팀의 해당 목표를 달성할 수 있습니다. 또한 팀 구성원에게는 각각의 역할이 있습니다. 이 역할은 자신의 니어그램 유형과 연관되어 예상 가능한 행동 패턴에 의한 경우가 많습니다.

과업 역할에는 과업 자체에 초점이 맞추어진 행동이 포함됩니다. 관계 역할에는 감정, 관계 및 의사결정과 갈등 해결 등의 팀 프로세스에 초점을 맞춘 행동이 포함됩니다. 그리고 팀은 형성기, 혼동기, 규범기, 성취기로 이루어진 4개의 연속 발달 단계를 거치기 때문에 독특하면서도 예측 가능한 역동이 존재합니다. 각 단계마다 다음 단계로 이동하기 전에 해결해야 하는 다음의 질문들이 있습니다.

팀 발달 단계	질문
형성기	우리는 누구인가, 우리는 어디로 가는가, 우리 모두 함께 그곳으로 갈 것인가?
혼동기	건설적이고 생산적인 방식으로 서로의 의견을 달리할 수 있는가?
규범기	최상의 팀을 조직하고 함께 일을 잘할 수 있는 방법은 무엇인가?
성취기	소진되지 않고 높은 수준에서 지속적으로 성과를 창출할 수 있는 방법은 무엇인가?

2유형 팀원과 팀 리더들을 위한 계발 전략

1. 팀 목표

　당신은 팀 목표를 '모두가 공유하면서 의미 있는, 그러면서도 팀원들 모두의 재능을 전부 활용하는 것'으로 선호할지도 모릅니다. 하지만 다른 팀원들은 모든 팀원들의 재능을 전부 활용하는 것보다 직급에 맞게 몇몇 핵심 담당자에 의해 실행되는 목표를 요구할 수 있습니다. 팀 목표를 만들 때는 현실적이고 구체적으로 만드십시오. 그리고 일에 따라서 몇몇의 목표나 업무는 소수 팀원들의 능력에 의존할 수도 있다고 생각하십시오.

2. 팀 상호의존성

　당신은 따뜻하고 신뢰받는 분위기의 상호 의존성이 높은 팀에서 일하는 것을 선호합니다. 그러나 업무에 따라, 효과적인 일 처리를 위해 상호의존성이 중요하지 않은 곳이 있음을 알아야 합니다.

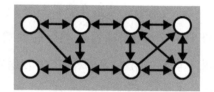

　또한 어떤 팀은 지나치게 온화하여 상호의존적인 팀 분위기를 독립심의 축소라고 생각하는 팀원들로 구성되어 있을 수도 있습니다. 업무 효율의 향상을 위해 당신이 원하는 따뜻한 상호작용이 없을 수도 있다는 것을 인지하고 능력을 계발하십시오.

3. 팀 역할

　2유형의 전형적인 과업 역할은 팀의 논의 주제에 관련된 질문(무엇을, 어떻게, 왜, 언제, 그리고 누가)을 통한 정보 요청입니다. 그리고 관계 역할은 모든 이들에게 아이디어 제공과 전적인 참여를 할 수 있도록 말 또는 행동으로 격려하는 것입니다. 또한 이러한 전형적인 역할을 넘어서 다음과 같은 팀 과업 역할 및 관계 역할을 수용하도록 자신을 확장시키십시오.

과업 역할

▶ 새로운 과업 역할

논의를 통해 당신이 생각하는 바를 명확하게 밝힘으로써 의견을 제시하십시오.

▶ 새로운 관계 역할

요약, 종합, 추가질문, 설득, 탐색, 도표화 외에도 업무의 진전과 완수를 위한 다른 행동들을 통해, 일이 진전되도록 도우십시오.

관계 역할

4. 팀 역동

4개로 구성된 팀 발달 단계(형성기, 혼동기, 규범기, 성취기)에서 다음의 방법을 통하여 당신의 행동 목록을 계발하도록 시도하십시오.

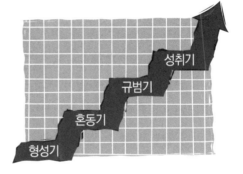

형성기	팀원들이 동의하거나 반대할 수 있게 당신이 팀의 중점적인 목적이라고 믿는 것을 밝히십시오. 혹은 논쟁에 대한 타인들의 생각을 물어 공동의 팀 목적을 추구할 수 있도록 현재 당신의 초점인 관계보다는 업무에 초점을 두십시오.
혼동기	팀 갈등이 일어날 때는 평상시보다 시간을 들여, 자신과 다른 팀원들의 진실된 감정을 듣고 표현할 수 있도록 격려하십시오.
규범기	팀의 합의점을 찾을 수 있도록 당신의 강점을 발휘하되 당신 역시 아이디어를 제공하고 그 아이디어에 대한 팀원의 반응에 열린 마음을 갖도록 하십시오.
성취기	다른 팀원들이 업무가 과다해질 때 지속적으로 돕는 자원봉사자가 되지 않도록 하십시오. 그럴지 않으면 당신도 도움이 필요한 사람 중 하나가 될 것입니다. 당신 스스로 각광받는 성취가가 될 수 있게 실험해보십시오.

2유형 리더를 위한 추가적인 팀 계발 전략

1. 눈에 띄는 리더십을 발휘하십시오

리더의 자리에 어울리는 권위와 본연의 영향력을 행사하는 것은 중요합니다. 그것을 통해 다른 사람을 이끄는 것이 수월해지며 리더에 어울리는 존경을 받을 수 있습니다. 또한 팀의 성공과 당신 자신의 직업적인 성장 모두를 위해 인식의 수준을 높이는 것도 중요합니다. 공공장소에서 자신을 리더라고 소개하십시오. 타인이 이끄는 회의가 아니라 자신이 직접 회의를 이끄십시오. 당신의 리더십 역할을 약화시키는 것들에 대하여 주의를 기울이십시오.

2. 팀 프로세스의 수준만큼 팀 구조를 계발시키십시오

2유형 리더는 효과적으로 협력하여 업무를 하도록 하는 프로세스 설정 방법을 잘 알고 있습니다. 반면에, 확실한 팀의 구조, 역할의 분배, 그리고 구체적인 책임은 잘 신경쓰지 않습니다. 팀 구조가 명확하면, 팀원들이 효과적으로 업무를 할 수 있을 뿐 아니라 팀 리더에게 의존하는 일이 줄어들게 됩니다. 팀 프로세스를 설계하듯이 유연한 팀의 구조를 설계하십시오. 이러한 방법을 통하여 팀원들은 창의성과 혁신성을 가질 수 있는 자유를 얻게 됩니다.

3. 너무 많은 업무는 피하도록 하십시오

부탁을 받았을 때 자동적으로 도움을 주거나 승낙하지 않도록 훈련하십시오. 세부적인 업무에 참여하려고 할 때마다, 일단 멈추고 당신이 잊고 있는 보다 더 중요한 일이 없는지 확인하십시오.

리더십 계발 전략

　리더십 계발을 위한 치열한 도전들은 복잡하면서 힘들고 예측 불가능하지만 흥미진진하면서도 충분한 보상이 따르는 일입니다. 그 도전에는 유쾌한 상황이나 스트레스 상황에서도 수백 명의 사람들과 효과적으로 상호작용하고, 자신을 관리할 수 있는 능력이 요구됩니다.

　이러한 이유로 리더들은 정직한 자기성찰의 시간을 반드시 가져야 합니다. 비범한 리더가 되는 사람은 미래를 예상할 수 없더라도 도전에 직면함으로써 진취적이고 혁명적인 방법으로 성장할 수 있습니다.

　탁월한 리더십은 여러 가지 형태로 나타나며, 어떤 에니어그램 유형도 다른 유형에 비해 우월하지는 않습니다. 그러나 당신의 에니어그램 유형은 리더로서의 강점과 성공으로 가는 길을 방해하는 약점 모두를 보입니다.

　2유형의 리더는 다른 사람들에게 동기부여와 봉사하는 재능을 가지고 있습니다. 그러나 가장 뛰어난 장점은 또한 가장 취약한 약점이 될 수도 있습니다. 다른 사람들에게 베풀려는 헌신으로 인해 2유형 리더는 자신의 필요를 무시하게 되고, 다른 사람에게 의존하며, 결국 자신의 무능력함에 화가 나기 때문에 남을 돕는 일에서 떠나게 됩니다.

리더십 향상을 위한 계발 전략

1. '아니요'라고 하는 법을 배우십시오

당신이 과로에 이르기 전이나 아플 때, 가족과의 시간을 희생할 때, 혹은 분개하는 감정이 들 때 당신의 업무 활동에 대해 '아니요'라고 말하십시오.

2. 당신에 대한 의존도를 줄여가도록 조직을 도우십시오

당신에게 찾아오는 일 없이, 어려운 문제들에 대해 스스로 생각하고, 스스로 결정을 내리고 자신들의 일을 할 수 있도록 다른 팀원들에게 힘을 실어주십시오.

3. 감정적 반응은 줄이고 좀 더 객관적인 리더십을 계발하십시오

당신을 중요한 사람으로 느끼도록 인정하는 사람에게는 호의적으로 반응하고, 당신이나 당신의 아이디어에 도전하는 사람에게는 부정적으로 반응할 때, 이것은 최상의 결정에 이르지 못하게 할 수 있습니다. 현재 당신이 하고 있는 일에 대해서 사람에 초점을 맞추기보다는 전략에 더 주의를 기울이십시오.

성과창출 전략

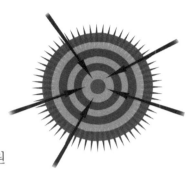

지속적으로 높은 품질의 성과를 보이고, 성과를 위해 매진하며, 자신의 잠재력에 도달함으로써 고객에게 신뢰를 얻는 것은 중요한 일입니다. 이를 통해 생산성이 증가되고, 신제품 개발 분야의 한계가 넓어지며, 자신의 분야에서 리더로서 조직을 지원하게 됩니다.

1. 사람에게 주의를 기울이는 만큼 업무 목표에 주의를 기울이십시오

당신은 다른 사람의 개인적 필요에 민감하기 때문에, 사람에 대한 주의를 옮겨서 업무 목표에 동등하게 집중하는 것은 중요합니다. 이를 통해 타인도 당신에게서 독립적으로 일을 할 수 있게 되고, 당신도 다른 사람에게 모든 것을 허용해야 한다는 부담에서 벗어날 수 있습니다.

2. 곤란한 소식들을 전달할 수 있는 용기를 지니십시오

개인적으로나 업무적으로 힘든 시기라 할지라도, 조직 내에서 자신이 처한 위치가 어디인가를 정확하게 아는 것은 중요합니다. 연민하되, 친절하고 명확하게 정보를 전달하십시오. 부정적인 정보를 숨기지 않도록 하면서도 건설적인 피드백을 제공하십시오.

3. 무리하지 마십시오

당신이 녹초가 될 때까지 무리하고 있을 때 그것을 알아차릴 수 있습니까? 당신이 지치게 될 때 당신은 최상의 업무를 할 수 없게 될 것입니다. 그리고 다른 사람과 당신 사이의 벽을 만드는 방식으로 반응할 수도 있습니다. 다른 사람을 신경 쓰는 만큼 당신 자신도 돌보십시오. 당신에게도 휴식과 지원이 필요하다는 것을 인식하십시오. 다른 사람들도 목표를 이룰 수 있다는 사실을 기대하고 받아들이십시오.

전략 계발

팀과 조직이 최상의 성취도와 효율성에 도달하려면, 리더들과 각 공헌자들은 조직의 진정한 비즈니스가 무엇인가를 이해하고 다방면으로 생각해서 전략적으로 행동해야 합니다.

'비즈니스 파악하기'와 '전략적으로 사고하고 행동하기'는 서로 밀접하게 연관되어 있습니다. 비즈니스를 이해하지 않고, 전략적으로 사고하고 행동하기란 있을 수 없습니다. 이 사실을 알고 있다면, 이것을 전략적인 방법으로 사용할 필요가 있습니다. 그 방법으로는 공통의 강력한 비전을 갖고 일하기, 고객에게 초점을 맞춘 미션, 훌륭한 전략, 그리고 그 전략과 일치되는 효과적인 목표와 전술이 있습니다.

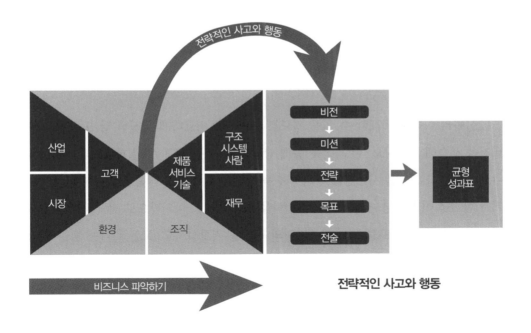

1. 사람과 직접 연결되지 않은 비즈니스 영역에서도 전문가가 되도록 도전하십시오

사람 중심은 언제나 당신의 강점입니다. 그러므로 그 영역을 넘어서 당신의 역량을 키우십시오. 기술에 세부적인 사람이 되고 경쟁자를 철저히 분석하십시오. 또한 이것이 사업에 줄 영향에 대해 생각하고 당신의 분석을 상사와 동료, 그리고 직원들과 공유하십시오.

2. 재정에 세심한 주의를 기울이십시오

비즈니스의 재정적 측면을 아는 것을 목표로 하십시오. 이것을 마쳤을 때, 스스로에게 질문하십시오. 작년에 했던 중요한 결정들에 대해 내가 만약 보수적인 재정적 관점을 가졌었다면 똑같은 결정을 내렸을까?

그 다음에 앞으로 3~6개월 동안 해야 할 결정을 생각하고 자신에게 질문하십시오. 비용 효율성을 우선시할 때 나는 어떤 결정을 해야 하는가? 이런 재정적 관점을 나의 미래의 결정에 어떻게 통합시킬 수 있을까?

3. 당신의 전략적 프로세스를 명확히 하십시오

12살짜리 아이도 이해할 수 있을 정도로 간단하고 명료하게 당신의 팀 또는 조직의 비전을 서술해 보십시오. 이 과정을 통해 당신의 비전 성명문이 확실해집니다. 그 뒤에 주요 고객층과 그들을 사로잡을 팀의 미션을 서술해 보십시오. 다음으로 미션을 성취하기 위한 초석이 되는 3~5가지의 핵심 전략을 써보십시오. 마지막으로 전략을 위한 3~5가지의 목표와 각 목표를 위한 3~5가지의 전술을 써보십시오. 모든 리더는 팀을 위해 이런 유형의 전략적 프로세스를 제공해야 하며, 모든 팀원은 명확한 수준으로 전략을 분명히 말할 수 있어야 합니다.

의사결정 계발 전략

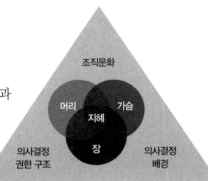

조직문화

머리 | 가슴
지혜
장

의사결정
권한 구조

의사결정
배경

사람들은 매일매일 의사결정을 하지만 의사결정 과정에 대해서 생각하는 일은 드뭅니다. 가장 현명한 결정은 머리(논리적인 분석과 계획), 가슴(가치, 감정, 사람에게 미치는 영향), 장(행동을 취함)의 세 가지가 통합된 방식으로 사용되었을 때 이루어집니다. 직장에서의 의사결정은 다음과 같은 세 가지 요인, 즉 조직 문화, 조직의 의사결정 권한 구조, 결정 자체의 배경을 고려해야 합니다.

다음의 표는 2유형의 현명한 의사결정을 위한 지능의 중심(머리, 가슴, 장)을 계발시키는 방법을 나타냅니다.

		2유형의 의사결정 계발활동	
지능의 중심	머리	객관적 분석	다른 사람에 대한 사적인 감정이 당신의 결정에 편견을 갖게 하지 않도록 하십시오.
		예리한 통찰력	의사결정에 있어 지각 능력보다는 객관적인 정보에 중점을 두도록 하십시오
		생산적 계획	걱정이 있을 때는 과도한 계획은 피하고, 피곤할 때는 적당히 계획을 짜도록 하십시오. 과도한 스케줄을 피하십시오.
	가슴	공감	다른 사람들이 무엇을 생각하고 느끼는지 정확히 알기 위해 필요한 동기를 조사하십시오.
		진정한 관계	의사결정의 이유에 있어서 다른 사람에게 전적으로 정직하십시오.
		연민	과도한 연민은 다른 사람들이 스스로 일어설 수 없도록 한다는 것을 명심하십시오
	장	효과적인 행동 취하기	당신이 언제 행동해야 하고, 언제 기다려야 하고, 언제 아무것도 하지 말아야 하는가를 알 수 있도록 기다림의 기술을 배우십시오.
		흔들리지 않는 견고함	다른 사람들이 당신의 결정에 동의하지 않을 때 뒤로 물러서거나 방어적인 태도를 취하지 않게 하기 위해 당신의 신념에 용기를 가지십시오.
		본능적 이해	당신의 가슴을 믿는 만큼 당신의 본능을 믿는 법을 배우십시오.

조직변화 계발 전략

현대의 조직에서 변화는 하나의 생활방식이 되었습니다. 기업은 늘어나는 경쟁, 줄어드는 자원, 부족한 마케팅 시간, 높아지는 고객의 기대 수준, 증가하는 법 규정, 수많은 과학 기술, 커지는 불확실성 등으로 이루어진 점점 더 복잡한 환경에 존재하고 있습니다. 조직은 성공을 위해 유연하고, 헌신적이며, 비용에 민감하고, 빠르게 대응해야 합니다. 그 결과 예측하지 못한 방향으로 전환해야만 하는 경우에, 모든 계층의 직원이 팀 내에서 유연하고 효과적으로 변화를 수용하며 역할을 다할 수 있어야 합니다.

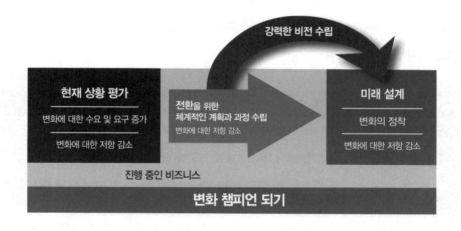

1. 자신의 에너지와 스트레스 수준을 관리하십시오

자신이 과로하고 있음을 알거나 만성적으로 피로를 느끼면 하던 것을 멈추십시오. 평소보다 많이 휴식을 취하고, 건강하게 먹으며, 운동하고, 자신을 위한 무언가를 하되 비용이 많이 들지 않는 것을 하십시오. 어떤 2유형은 자신을 돌보는 방법으로 예산을 초과하는 물건을 구입함으로써 오히려 더 많은 스트레스를 만들어내기도 합니다.

2. 어려운 문제들에 대한 좀 더 균형 잡힌 접근 방식을 계발하십시오

당신은 매우 복잡한 문제를 대면했을 때, 평상시보다 더 많이 실망하거나 감정적이 될 수 있습니다. 왜 그런지 검토해보십시오. 이것은 모든 사람과 모든 일에 당신이 책임이 있다고 느끼거나, 다른 사람의 분발을 위한 끊임없는 지원에도 불구하고 당신의 노력을 그들이 호응하지 않는 것처럼 느껴서일 수 있습니다. 이러한 신념을 인정하기 어려울 수 있지만, 그것을 인정한 뒤에는 놀랍도록 자유로울 것입니다.

3. 당신의 지도 없이도 다른 사람들이 업무를 수행할 수 있도록 하십시오

의도와 상관없이, 당신은 다른 사람들이 당신에게 의지하도록 만들고 있습니다. 이를 통해 당신이 필요한 사람이라 생각할 수 있고, 관여하고 있다고 느낄 수 있지만, 사람들은 당신 없이는 일을 할 수 없다고 생각할 수 있습니다. 다른 사람이 독립적으로 되도록 허용하는 것을 통해서 다른 사람을 최대로 도울 수 있습니다.

변형 전략

2유형은 자신을 열렬히 좋아해주기를 바라고, 타인의 필요에 맞추려고 하면서도 동시에 사람들과 사건을 조종하고 싶어 하는 욕구가 있습니다. 여기에서 벗어나려면, 모든 일에는 자신들의 의도와는 전혀 별개의 심오한 목적이 있다는 이해가 있어야 합니다. 이러한 이해를 바탕으로 2유형은 다음과 같은 변형을 향해 앞으로 한 발짝 나아갈 수 있게 됩니다.

1. 정신적 변형

아첨(칭찬이나 원하는 것들을 타인에게 어떻게 제공할지를 생각하고 원하는 결과를 획득)의 정신적 패턴을 높은 차원의 신념인 자유의지(자기 자신과 자신의 필요를 인정하는 것은 자율성과 자유로 인도한다는 통찰력)로 변형하십시오.

▶ 정신적 활동

당신이 누군가에게 아부하거나 당신이 베풀고 싶은 것 이상으로 관심을 갖는다면, 예전에 누군가와 진정으로 조화를 이루어 상대와 본인의 필요를 충족시켰을 때를 생각하십시오. 그 상황을 떠올리고 당신 내면에 어떤 일이 있었는지를 기억해 보십시오. 당신이 무엇을 필요로 했고 그 필요를 어떻게 표현했으며 당신이 경험한 독립과 자유의 느낌에 특별히 주의를 기울여 보십시오.

2. 감정적 변형

자만(다른 사람을 위해 무엇인가를 하고 필요한 사람이 됨으로써 얻게 되는 자부심과 자기중요성의 팽창, 그렇지 못할 경우 얻게 되는 자존감의 저하)의 감정적 습관을 더 높은 차원의 자각인 겸손(자신을 부풀리거나 깎아 내리는 것, 또는 다른 사람의 의견에 대한 복종 없이 자기 수용과 자기 자신에 대한 감사)으로 변형하십시오.

▶ 감정적 활동

당신이 자만의 감정을 인식하게 될 때(다른 사람을 위해서 무언가 해줬을 때, 그리고 당신이 중요한 요인이 되거나 그룹 안에서 중요한 사람이 되었을 때 느꼈던 행복한 감정 혹은, 충분히 감사를 받지 못했거나 당신의 모든 노력이 결실을 맺지 못했을 때 느꼈던 위축된 감정) 당신의 삶에서 진정한 겸손을 경험했던 때를 한 번 이상 떠올리십시오. 겸손함은 자기 상실이나 자기 비하와 다릅니다. 진정한 겸손은 자신이 한 선한 일로 자신의 이미지를 부풀리거나, 타인의 의견과 반응에 자신의 가치를 두는 일 없이, 자신에 대해 겸손하면서도 객관적인 감사를 갖는 것을 말합니다. 진실한 겸손의 감정을 유지하고 다른 사람을 생각하거나 상호작용을 할 때 겸손한 마음을 간직하십시오.

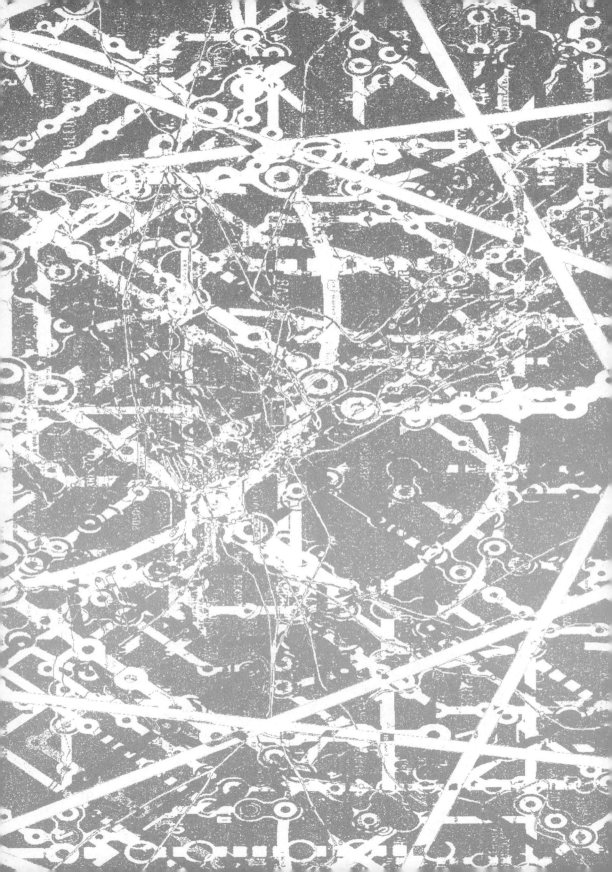

THREE

에니어그램 3유형
성공 추구와 실패의 회피

높은 에너지, 자신감, 그리고 성취지향적인 3유형은 결과에 집중하며 그것을 통해 다른 사람으로부터 존경을 받게 될 거라고 믿습니다. 그리고 이러한 목표를 달성하기 위한 효율적이고 효과적인 계획에 주의를 기울입니다.

그 결과, 자신감과 성공의 가면을 만들어내고 이것은 종종 그들이 온전히 진실해지는 것에 대한 대가를 치르게 합니다. 그들은 진정한 자아와 스스로 만들어낸 '공적인' 이미지를 혼동해 자신이 진정 누구인지를 잃어버립니다.

비록 모든 3유형이 성공지향적이고 목표와 계획을 가지려는 끊임없는 욕구를 공유하지만, 그들 사이에도 차이점들은 존재합니다. 어떤 3유형은 매우 자립적으로, '좋은' 사람의 표본이 되고자 하며 다른 3유형들처럼 자신에 대해 과장된 이미지를 추구하지 않는 것을 통해, 오히려 '진실한 사람'이라는 또 다른 이미지를 만들어냅니다. 어떤 3유형은 그들의 자격증, 위치, 영향력 있는 친구들과 성취능력으로 이뤄낸 중요한 사람이라는 이미지와 높은 위치의, 명성을 지닌 이미지를 만들어냅니다. 그리고 어떤 3유형은 매우 남성스럽거나 여성스러운 방법으로 극도의 매력적인 이미지를 만들어내는 데 좀 더 주의를 기울이는 반면, 눈에 띄는 가시적 욕구는 적은 대신 그들의 삶에서 중요한 사람의 성공을 지원하는 데에 더 큰 열망을 가지고 있습니다.

3유형의 대인관계 스타일은 강력하고 의도적이며 자신감 있게 무대를 장악하는 스타일입니다. 그들은 자신들의 생각을 제대로 된 계획과 높은 자기 확신의 방식으로 전달합니다. 스트레스 상황일 때(이럴 때, 3유형은 차갑고 퉁명스러울 수 있습니다)를 제외하고는, 강력한 사회적 기술을 사용하여 마치 즐거움을 주기 위해 태어난 엔터테이너처럼 보일 수 있습니다.

우리는 모두 결과 지향적입니다. 반면에, 실제 한 일과 보이기 위해 노력하는 것의 차이점 혹은 자신이 한 일과 우리가 진짜 누구인지의 차이점을 구별해내는 데에 어려움을 겪습니다. 그러나 특히 3유형의 경우에는 성공을 추구하고 실패를 회피하는 것이 그들의 주요하고 강력한 내적동기입니다.

▶ 에니어그램 3유형을 위한 계발 전략

실천perform

3유형에 속한 사람들은 다른 사람의 존경과 인정을 얻고, 성공적으로 보이기 위해 특정 목표를 성취할 수 있도록 자신의 삶을 구조화합니다.

▶ 목차

자기완성self-mastery을 위한 계발 전략

자기완성은 모든 개인적이고 직업적인 계발의 기초가 됩니다. 이것은 매일 마주하게 되는 새로운 도전이 성장을 위한 기회라고 인식하는 것을 바탕으로 자신의 생각과 느낌, 행동을 이해하고 수용하며 변형시킬 수 있는 능력을 말합니다. 자기완성은 자기인식으로부터 시작되고, 그림에서 보이는 요소들을 포함하면서 확장됩니다.

자기완성의 장은 다음과 같은 내용으로 구성되어 있습니다.

➤ 자기완성에 관련된 3유형의 세 가지 공통 이슈

➤ 3유형의 핵심 이슈를 다루기 위한 세 가지 계발 전략(각 전략별로 기본 활동과 심화 활동을 하나씩 포함)

➤ 3유형의 날개와 화살(스트레스 - 안정) 유형을 다루는 세 가지 계발 전략

자기완성에 관련된 3유형의 공통 이슈
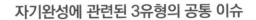

보다 진실한 사람이 되기 위해 내면 사고, 감정, 경험을 심층적으로 탐구하기	사건 및 경험의 흐름에 좀 더 집중하고 무엇인가를 이루기 위해 끊임없이 주도하는 것을 줄이기	행위doing와 존재being 사이의 차이를 배우고, 내가 '하는 것'보다 내가 '누구인가'에 더 집중하기

3유형의 핵심 이슈를 다루기 위한 계발 전략

1. 자신에 대해 이해하는 시간을 가지십시오

기초 활동 매일 존재하는 시간을 최소 30분 이상 가지도록 노력하십시오. '존재'한다는 의미는 외적인 것에 초점이 맞춰진 일 또는 활동(예: 영화 또는 쇼핑)을 하지 않는 것입니다. '존재'라는 개념에 대해 이해가 되지 않는다면 자신과 매우 다른 세 사람을 찾아 그들에게 '존재'라는 개념이 어떤 의미인지, 어떻게 단순히 존재할 수 있는지 질문해 보십시오. 그들이 제안하는 아이디어 중 일부를 시도해 보십시오.

심화 활동 3유형은 자신의 일정 중에 아무것도 하지 않는 시간이 정기적으로 필요합니다. 예를 들면 하루에 15분 또는 일주일에 한 시간은 업무나 외부와의 연락 또는 TV나 책 같은 취미활동 없이 혼자서 존재하는 것에만 집중하며 아무것도 하지 않는 시간을 보내십시오. 혼자서 보내는 이 시간은 나는 누구인가, 나는 무엇을 좋아하고 싫어하는가와 같은 자신에 대해서 알아가는 시간이 되어야 합니다.

무엇을 해야 하는지 생각하는 대신에 지금 이 순간에 대해서 계속 초점을 맞추는 데는 명상이 도움이 될 수 있습니다. 조용한 나만의 공간을 찾아 의자, 소파 또는 바닥에 허리를 바로 세우고 앉아 15분 이상 명상해봅니다. 눈을 감고 숫자를 1부터 차례로 세어 나가거나 양초, 태양, 하얀 빛 또는 이와 유사한 물체 등 단순한 이미지를 떠올리는 데 집중합니다. 이때 숨은 들이마셔 배 쪽으로 깊게 내려 보낸 다음 위로 올리어 뱉어 내도록 합니다.

15분 동안 선택한 대상에만 집중하는 것은 불가능해 보일 수 있습니다. 그러나 이와 같은 명상의 목적은 집중 그 자체가 아니라 자신의 생각이 다른 생각, 감정, 신체 감각 또는 외부환경의 소음으로 이동하는 시점이 언제인지 알아낸 다음, 다시 원래의 초점의 대상으로 단순하게 주의를 돌리도록 하는 것입니다.

이와 같은 활동을 대신하거나 또는 추가하여 보다 적극적인 방법이 필요하다면, 매일 10분정도 산책을 하며 자신의 신체적 경험에만 집중하는 것입니다. 예를 들어 걷는 동안 신체의 기능에 대해 생각해볼 수 있습니다. 머리에서 시작하는 경우에 머릿속이 명쾌하거나 복잡한 정도, 얼굴에 닿는 바람의 느낌, 얼굴의 긴장 또는 이완 정도 등 신체 감각에 대해 주목해 봅시다. 목을 지나서 어깨로 이동합니다. 3유형은 종종 어깨에 긴장이 심하기 때문에 의식적으로 어깨를 떨구고 힘을 풀 필요가 있습니다. 계속해서 몸의 아래쪽으로 내려가 마지막으로는 걸을 때 발이 땅에 닿는 느낌을 포함하여 발에 초점을 맞춰보도록 합니다.

2. 당신과 당신의 일을 지나치게 동일시하지 않도록 노력하십시오

기초 활동 나는 누구인가?에 대한 대답을 목록화합니다. 그 중에서 배우자, 직장인, 가족 구성원 등 자신의 역할을 나타내는 항목 전체를 표시합니다. 표시한 역할은 몇 개 입니까? 이 항목들을 제외하고서 나는 누구인가?에 대한 질문에 답해봅시다. 매일이 목록에 항목을 추가하고 나라는 존재가 내가 맡은 역할만이 아닌 존재로써 가치가 있다는 것을 알아차리십시오.

심화 활동 대부분의 3유형은 내가 하는 일과 내가 성취하는 것이 바로 나다라는 명제를 신봉하고, 이 신념으로 인해 본인과 본인의 일을 과도하게 동일시합니다. 일이든 다른 인생의 역할이든 상관없이 무엇인가와 자신을 과도하게 동일시하는 경우, 그 무엇이 정말로 자신이라고 믿게 됩니다. 자신의 한 부분만이 자신이라고 규정하게 되면 자신의 존재를 제한하게 됩니다. 실생활에서 사람은 성취뿐만 아니라 역할, 태도, 행동, 관심, 재능, 생각, 감정, 신체 특성, 기술, 가치 등의 다양한 부분이 있습니다.

다음과 같은 활동은 3유형이 일과 자신을 동일시하는 행동을 이해하고 극복하는 데 도움이 됩니다.

➤ 하루에 몇 시간을 일합니까?

➤ 어느 정도의 일을 퇴근 후 집으로 가져 옵니까?

➤ 자신의 일정을 어떻게 계획합니까?

➤ 본인이 일과 얼마나 밀착되어 있는지를 최소한 20가지 이상 자세하게 나열하여 목록을 만들어 봅시다.

➤ 내가 하는 일이 내가 아니라면, 나는 누구인가?라는 질문에 대해 생각나는 대답을 가능한 많이 적어 봅니다.

➤ 마지막으로 매일 10분씩 나는 정말 누구인가?와 일의 성취가 아닌 다른 무엇인가로 나를 평가한다면, 그것은 무엇일까?의 두 가지 질문에 대해 생각해 봅시다.

3. 자신의 약점을 인정합시다

`기초 활동` 걱정되거나 불안하거나 슬픈 감정이 느껴질 때, 다른 사람 앞에서 이런 감정을 표현할 수 있습니까? 다른 사람에게 자신의 감정을 표현하고 실수나 실패에 대해 의논할 수 있습니까? 만일 그렇다면 더 많이 표현하고 의논하도록 합시다. 만일 그렇지 않다면 무엇이 자신을 표현하지 못하게 하는지 진지하게 생각해 봅시다. 자신의 약점을 인정하고 다른 사람과 나누면 어떤 느낌이 들지 상상해 보십시오. 매일 다른 사람에게 최소 한 가지 이상 자신의 약점 또는 불안에 대해 이야기해 보십시오.

`심화 활동` 모든 사람은 약점을 가지고 있으며 3유형도 예외는 아닙니다. 그러나 이들은 종종 자신의 결점이나 아킬레스건을 다른 사람에게는 물론, 자기 자신에게도 드러내는 것을 꺼리는 경향이 있습니다. 이런 경향은 능력 있고 성공적으로 보일 때에만 높은 평가를 받는다는 신념에서 생긴 것입니다. 이런 신념 때문에 이들은 결점을 감추거나 숨기는 법을 배워 왔습니다.

이 문제를 해결하는 데 다음과 같은 활동이 도움이 됩니다. 내가 '잘하는 것'과 내가

'잘하지 못 하는 것'에 대한 긴 목록을 만들어 봅시다. 한 주 동안 잘하지 못하는 목록에서 하나를 골라 최소한 한 명 이상의 다른 사람과 말해봅시다.

처음에는 불편하겠지만 자꾸 해보면 편해질 것입니다. 예상과는 다른 경험을 할 것입니다. 결점에 대해 말하다 보면 상대방이 나를 낮게 평가하는 것이 아니라 보다 인간적이고 진실한 사람으로 인정하여 더 높게 평가해 주곤 합니다. 또한 다른 사람과의 관계가 더 친밀해질 수도 있습니다. 보통 대인관계는 일방 또는 쌍방이 서로 개인적인 이야기를 할 때 성장하기 때문입니다.

계속해서 항목을 늘려 나가 보십시오. 이러한 활동 후, 3주간 매주 새로운 사람과 '잘하지 못하는 것' 항목에 대해 공유하고 의견을 나눠 보십시오. 작업 후에는 '나는 ~을 더 잘 했으면 좋겠어'라든지 '~은 내가 조금 서툴러' 등의 방식으로 자신의 결점, 약점 또는 단점을 매일 한 가지씩 다른 사람과 공유하도록 노력해 보십시오.

3유형의 날개 및 화살(스트레스 – 안정) 유형을 통합하는 계발 전략

날개는 자신의 핵심 에니어그램 유형의 양 옆에 있는 에니어그램 유형을 말합니다. 화살은 자신의 핵심 에니어그램 유형에서 뻗어 나온 화살표가 가리키는 에니어그램 유형과, 자신의 에니어그램 유형을 가리키는 화살표가 시작되는 곳의 에니어그램 유형을 의미합니다. 날개 및 화살 유형은 자신의 핵심 에니어그램 유형을 변화시키는 것이 아니라, 생각과 감정의 방식을 넓히고 풍부하게 하며 행동을 강화하는 정보를 제공합니다. 날개 및 화살 유형은 한 사람 한 사람을 보다 복합적이고 다양하게 만들며, 자기계발에 필요한 도구로써 개인의 성격에 더 많은 특성을 제공합니다.

1. 2유형 날개를 통합하십시오

▶ 다른 사람에게 동기를 부여하십시오

3유형은 자신의 목표를 성취하고 자신을 위한 일에 초점을 맞추는 반면, 2유형은 다른 사람을 돕고 그들에게 동기를 부여하는 데 초점을 맞추는 경향이 있습니다. 그러므로 3유형은 프로젝트나 과제를 할 때, 해당 업무에 타인들을 먼저 참여시키는 것이 중요하다는 것을 인지해야 합니다. 누구를 참여시킬 것인가? 참여를 유도하려면 어떤 방식으로 동기부여를 해야 할까? 그들에게 다가갈 가장 좋은 접근법은 무엇일까? 그들의 성공과 만족스러운 경험을 위해 내가 어떻게 도울 수 있을까?에 대해 스스로 질문해 보십시오.

▶ 다른 사람의 성공을 위해 노력하십시오

3유형은 자주 주인공이 되고 싶어 하지만, 2유형은 다른 사람의 성공을 도우며 즐거워합니다. 3유형은 동료나 부하 직원에게 당신의 성공을 위해 내가 무엇을 도울 수 있을까요? 라는 질문을 할 수 있습니다. 그리고 일에 대해 칭찬을 하여 타인의 공로를 인정해 줄 수도 있습니다. 예를 들어 이해관계가 있는 사람들 앞에서 다른 사람과 집단을 칭찬하는 의식적인 노력을 계속할 수 있습니다. 또한 3유형이 칭찬을 받게 되면 "그렇지만 진짜 수고는 그 팀(또는 그 사람)이 했어."라고 말할 수 있습니다.

▶ 개인적인 따뜻함과 공감하는 모습을 더 보여주십시오

3유형은 추진력은 강하지만 배려가 약한 사람으로 보이는 반면에, 2유형은 종종 다른 사람에게 많은 공감을 표현합니다. 타인과 대화할 때 이 사람이 가진 다양한 감정은 무엇일까?에 대해 생각해 보십시오. 누군가가 어려운 상황이나 감정적 상황에 대해 당신에게 의논해 오는 경우, 그 상황의 문제를 해결하는 데 주의를 기울이기보다는 상대방의 말속에 숨은 깊은 감정에 무게를 두도록 하십시오. 예를 들어 어떤 사람이 여러 사람 앞에서 창피를 당한 경험에 대해 의논을 해 오면 "그 사람이 그렇게 하면 안 되는 건데."라고 말할 수 있습니다. 이때 자신의 생각이나 판단보다는 상대의 감정을 읽어주는 데 초점을 두면 다르게 대답할 수 있습니다. "아, 굉장히 기분이 안 좋았겠어요. 정말 화가 나셨겠네요."라고 하는 것이 더 나은 공감입니다.

2. 4유형 날개를 통합하십시오

▶ 자신의 감정을 보여주십시오

3유형은 냉정하거나 중립적으로 보이지만, 4유형은 눈에 띄게 감정적인 경향이 있습니다. 3유형은 다른 사람에게 자신의 이야기를 들려줄 때 자신의 성취에 대해서 언급하기보다 자신에게 진짜 문제가 됐었던 사건에 대해서 이야기하도록 하십시오. 사건뿐 아니라 그 일에 대한 자신의 감정에 대해서도 전달하십시오. 예를 들어 "어제 승진했어요."라고 말하는 것보다 "오늘 너무 행복해요. 정말로 원했던 자리로 승진했거든요. 믿을 수가 없어요!"라고 말하는 것입니다.

▶ 창의성을 발휘하십시오

3유형은 내면의 깊은 감정을 알고 있더라도 숨기는 반면에, 4유형은 다양한 예술 형식을 통해 내면의 감정 및 경험을 표현하는 경향이 있습니다. 예술적 표현에는 도전이 필요합니다. 처음에는 서투르더라도 새로운 표현 방식으로 시도해 봅시다. 시간이 지나면 능숙해질 것이고 피카소나 모차르트처럼은 안 되더라도 예술적 표현에서 즐거움을 느끼고 자신을 표현하는 수단을 발견하게 될 것입니다. 글쓰기, 그림 그리기, 조각, 춤, 사진 또는 기타 표현 방법 등 자신이 좋아하는 예술 매체를 선택해 보십시오. 특별히 매력을 느끼는 분야가 없는 경우, 동네 화랑에 가서 흥미로운 무언가를 선택해 보십시오. 그것도 아니라면 관심이 있는 예술 분야의 수업을 들어보십시오.

모든 예술은 백지에서 시작되므로 일단 단순하게 무엇인가를 시작해 봅니다. 글쓰기,

그림 또는 사진 촬영을 시작해도 좋습니다. 해당 예술 매체와 친숙해진 다음에는 꽃, 아름다움, 도전, 고통, 아이러니, 세대 등 주제를 선택할 수 있습니다. 해당 주제를 표현하는 방법을 찾아봅니다. 그리고 그 아이디어를 표현하기 위해 다른 방법도 시도해 봅시다. 이와 같은 예술 행위가 훌륭한지 여부를 타인에게 평가 받기 위해서가 아니라 자신을 위해 하는 것임을 기억하십시오. 과정을 즐기십시오. 결과가 만족스럽다면 보너스라 생각하십시오!

▶ 비전을 제시하는 사람이 되십시오

3유형은 구체적인 목표에 집중하는 경향이 있는 반면에, 4유형은 비전을 제시 하는 기질이 있습니다. 리더가 매력적인 비전을 제시할 수 있다면, 조직의 공동과제에 필요한 자신의 추종자를 모으고 이끄는 데 끼치는 영향력이 클 것입니다. 비전은 목표보다 높은 위치에서 방향을 제시하며, 보통 총체적 방향 뒤에 있는 목적, 가치, 의미 또는 이론적 해석을 포함하고 있습니다. 목표는 보다 전략적이고, 명백하며, 측정할 수 있는 전술적인 성격을 가지고 있습니다. 간디의 비전은 '자유롭고 독립적인 인도를 만드는 것'이었습니다. 그래서 간디의 목표는 인도의 모든 국민이 옷을 만드는 능력을 길러 인도가 영국의 섬유산업에 종속되는 것을 막는 것이었습니다.

비전에 대해서 열정적이 되도록 만드는 법을 3유형은 다음과 같이 배울 수 있습니다.

> ➤ 성취하고자 하는 각각의 목표와 일련의 목표에 대해서 그것이 왜 중요하다고 생각하는지 자세히 검토해 보십시오. 대화를 할 때 목표를 강조하기보다는, 해당 목표가 중요한 이유를 세 번씩 언급하십시오.
> ➤ 사람들의 행동을 이끌어낼 수 있는 3~5개의 핵심 가치에 대해 명확히 하십시오. 해당 가치가 왜 중요한지 이유를 포함시키십시오.
> ➤ 이야기를 통해 중요한 메시지를 가르치는 법을 배우십시오.

이야기는 사람들을 모으는 데 있어서 아이디어보다 더 강력한 방법입니다. 예를 들어 서비스와 관련된 아이디어를 '고객 서비스는 중요하다'로 정했다면, 이 아이디어를 이야기로 풀어내면 다음과 같습니다.

"나는 사업차 출장을 자주 다니고 다양한 호텔에서 묵습니다. 그러나 자주 출장을 다닐수록 머무는 호텔은 한 곳으로 정해집니다. 내가 세 번째로 그 호텔에 묵었을 때 예약담당자는 내가 카운터에 도착하기도 전에 명단을 보고 나를 알아보았으며, 벨 보이는 "다시 오셨군요, 환영합니다."라고 말해주었고, 내 방에는 과일 바구니가 놓여 있었습니다. 이 호텔의 서비스와 대접은 내가 머무를 때마다 점점 더 좋아집니다."

3. 스트레스 지점인 9유형 화살을 통합하십시오

▶ 협동의 힘을 배우십시오

3유형은 다른 사람의 기여를 가치 있게 여기지만, 주로 좋은 성과를 낼 수 있는 능력을 가진 사람들에게만 귀를 기울입니다. 9유형은 개인별로 성과 수준에 차이가 있음을 알고 있지만, 협동과 일치에서 나타나는 집단의 조화에 더 높은 가치를 두기도 합니다. 3유형이 9유형의 전형적인 행동 중 일부를 사용한다면 협동의 힘을 배워 긍정적인 이점을 얻을 수 있습니다. 3유형은 다음을 실행하도록 노력해 보십시오.

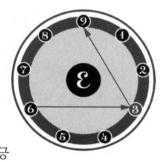

➤ 동료 및 팀원에 대해 알기 위해서 보통 때보다 세 배의 시간을 들입니다.
➤ 함께 일하는 모든 사람들이 그 일에 기여하고 있다는 것을 당신이 알고 있음을 보여 주십시오. 이것을 통해 매일 겸손을 연습하십시오.
➤ 다른 사람들의 행동과 말에 세밀한 주의를 기울이십시오.

➤ 자신과 상호작용하는 모든 사람에게 자신이 그들을 인정하고 관심이 있음을 알려
    줍니다.
➤ 대화의 초반에 자신의 의견과 아이디어를 말하는 대신에 모든 사람이 말할 때까지
    기다리십시오.
➤ 결론이 필요한 경우 "모두가 지지할 수 있는 다른 대안이 있는 지 살펴 본 후에 결
    정을 내리도록 합시다."라고 말하여 합의를 이끌어 냅니다.

▶ 긴장을 푸는 방법을 배우십시오

3유형은 행동형인 경우가 많고, 단순히 존재함으로써 온전히 긴장을 푸는 것에 익숙
하지 않습니다. 휴가를 갈 때도 휴가일정에 대해 세세한 부분까지 계획을 세우는 경우가
많습니다. 휴가를 즐겁게 보낸다 하더라도 긴장을 전부 풀긴 어렵습니다. 여가를 잘 보
내는 9유형에게서 다음과 같은 방법을 통해 배울 수 있습니다.

➤ 잠을 많이 잔다.
➤ 장소, 이동 수단, 호텔에 대해서만 미리 계획하는 휴가를 떠난다.
➤ 일주일에 한 번 마사지를 받는다.
➤ 프로젝트를 진행하는 중간에 30분의 시간을 내어 신나고 즉흥적인 무언가를 해 본다.

마지막 방법이 가장 어렵겠지만, 만일 당신이 그렇게 할 수만 있다면 이 방법을 통해
자신의 근본적인 행동이 변화될 수 있음을 보여 줄 수 있습니다.

3유형은 9유형이 하듯이 삶의 자연적인 흐름에 따름으로써 긴장을 풀 수도 있습니다.
9유형과 대조적으로 3유형은 대부분의 행동을 구조화하려는 경향이 있습니다. 자신이
어떤 일을 구조화하거나 계획을 세우고 있음을 알아차리면 자신에게 그만둬! 내가 또 무언
가를 계획하고 있네. 계획하지 않으면 앞으로 15분 동안 어떤 일이 일어나는지 그냥 한번 두고 보
자라고 말해보십시오. 그리고 '일을 하다'의 반대말은 무엇이지?라고 자신에게 물어봅니다.

백지에 그리거나, 존재 또는 허용이라고 대답할 수도 있습니다. 존재라는 단어를 사용하여 나의 일상 행동의 많은 부분을 그 단어가 이끌어 가도록 한다면 나는 어떤 식으로 다르게 행동하게 될까?에 대해 자신에게 질문해 봅니다.

▶ 진정한 겸손을 배우십시오

3유형은 항상 자신감 있고 유능한 사람으로 보여야 한다고 믿습니다. 따라서 진정으로 겸손해지는 법을 배우는 것은 그들에게 전혀 새로운 깨달음이 될 것입니다. 9유형은 종종 겸손하여 모든 사람이 동등하게 가치 있다고 믿으며, 지위나 성취를 사람의 가치를 결정하는 주요 요인으로 보지 않습니다. 9유형은 거만하거나 자만한 적이 거의 없고, 자기를 내세우지 않으며 주목받지 않는 쪽을 선호합니다.

반대로 3유형은 자신의 의견을 너무 높이 평가하여 자신의 성취에 대해 자랑하는 경향이 있습니다. 이들은 다음과 같은 방법을 통해 진정한 겸손을 배울 수 있습니다.

➤ 자신이 자신의 성과나 계획에 대해 말하기 시작하는 것을 알아차리면, 대화의 초점을 다른 사람으로 다시 맞추어 이어갑니다.

➤ 최근의 성과에 대해 너무 기뻐하기 시작하거나, 자신의 노력이 성공적인 결과로 이어지지 못해 기분이 나쁠 때, 나의 가치는 내가 하는 일이나 타인이 하는 일에 기초하는 것이 아니다 라고 자신에게 말하십시오.

➤ 자신이 보기에 회사에서 성공적이지 못한 사람과 시간을 보내도록 합니다. 그들의 성과가 아니라 사람됨에 대해 알아보고 특별한 점이나 독특한 점을 찾아봅니다. 순수하게 인간으로서의 그들에게 초점을 맞춥니다.

4. 안정 지점인 6유형 화살을 통합하십시오

▶ 팀을 우선시하십시오

직장에서 3유형은 개개인의 성과를 통해 결과의 중요성을 강조합니다. 6유형은 팀과 팀의 성과를 중요하게 여기는 경향이 있습니다. 3유형도 팀의 중요성을 알고 있고, 6유형도 결과를 위해 노력하지만, 두 유형은 서로 다른 점을 강조합니다. 3유형은 다음을 실행함으로써 팀워크의 가치를 보다 중요하게 여기고 더 효율적인 팀을 만들어내는 법을 배울 수 있습니다.

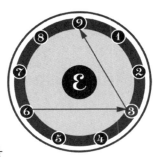

- ➤ 각 팀원이 가치 있는 이유를 찾아 해당 팀원과 그 이유에 대해 대화합니다.
- ➤ 팀원에 대해 부정적인 소문을 다른 사람에게 말하는 것을 자제합니다.
- ➤ 동료와 상사에게 팀원의 좋은 점을 알려줍니다.
- ➤ 필요할 때에는 팀 밖에서 팀원을 옹호합니다.

▶ 정직하도록 노력하십시오

3유형은 자신이 정직하다고 믿지만 그들에게는 완전히 새로운 측면에서 정직이라는 개념을 바라보는 것이 중요합니다. 이들은 정직이란 자신의 마음속에 있는 것이라고 생각합니다. 그러나 3유형이 정직을 새로운 측면에서 바라보면, 정직과 진실을 말하는 것에는 자신에 대해 솔직해질 필요와 다른 사람에게도 솔직해지려는 의지가 포함됨을 깨달아야 합니다. 이들이 부정직하다거나 고의적으로 거짓말을 한다는 의미가 아닙니다. 사실 아홉 가지 유형의 사람들 모두가 진실을 왜곡하거나 숨기곤 합니다. 3유형의 문제는 부정적인 면을 약화하거나 없애고 장점을 강조하는 방식으로 자신 또는 상황에 대한 정보를 가공하는 경향이 있습니다. 긍정적인 이미지를 꾸미는 것은 의식적이라기보다는 자동적으로 이루어집니다. 예를 들어 승진에서 탈락한 3유형은 자신이 그 자리에 지원했다는 사실 자체를 말하지 않을 수 있습니다. 그러나 승진에서 탈락한 사실을 다른 사람들도 알게 될 경우, 3유형은 승진 결정이 자신의 능력과는 무관하게 내려진 것이라는 변명을 늘어놓을 수 있습니다.

반대로 6유형은 자신의 장단점에 대해 더 현실적이고 자신의 감정과 생각에 대해 보다 솔직한 경향이 있습니다. 3유형은 다음과 같은 활동을 함으로써 보다 솔직해질 수 있습니다.

➤ 매일 오전, 오후, 밤 나는 정말 어떻게 느끼는가? 나는 진짜로는 무엇을 생각하는가?에 대해 자신에게 질문합니다.
➤ 성공하지 못했을 때 그것을 성취할 능력이 없었음을 스스로 인정하고 누군가에게 그 상황에 대한 감정을 이야기합니다.
➤ 어떤 일이 일어나기 전에 걱정이 될 때, 자신에 대한 확신이 없음을 누군가에게 이야기하십시오.

▶ **자신의 통찰력을 존중하십시오**

6유형은 자신의 생각을 존중하고 직면한 상황을 분석하는 데 많은 시간을 사용합니다. 이 때문에 이들은 종종 예리하고 통찰력 있는 지성을 계발합니다. 반대로 3유형은 행동에 치중하느라 너무 바쁘기 때문에 내면의 지혜와 통찰력에 많은 주의를 기울이지 못합니다. 자신의 통찰력을 연마하는 가장 쉬운 방법은 매일 여러 번에 걸쳐 혼자서 자기 성찰을 하는 것입니다. 자기성찰에 가장 좋은 시간은 사건이나 상호작용이 발생한 직후입니다. 이때 5분 동안은 생각하고 느끼며 성찰하는 것 이외에 아무것도 하지 않습니다.

방금 무슨 일이 일어났는가? 그 일에 대해 얼마나 만족하는지, 아니면 얼마나 불만족스러운지? 명확하게 보이는 수준에서 무슨 일이 일어났는가? 좀 더 심층적인 수준에서 볼 때 무슨 일이 일어났는가?에 대해 자신에게 묻습니다.

자신이 보기에 통찰이 있어 보이는 사람과 자신의 통찰력에 대해 대화하는 것도 도움이 됩니다. 대화를 하다 보면 실제로 자신이 가지고 있었지만 알지 못했던 새로운 통찰력이 생겨나기도 합니다.

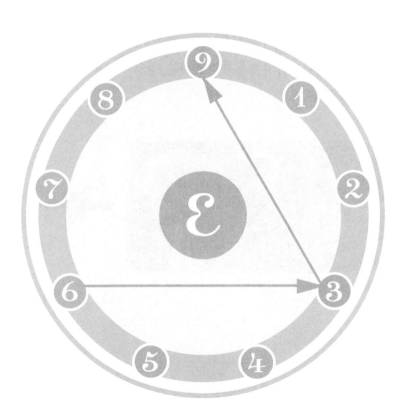

의사소통 계발 전략

　다른 사람과 의사소통을 할 때 세 종류의 의도하지 않은 왜곡, 즉 말하는 방식, 신체언어, 맹점이 발생할 수 있습니다. 말하는 방식이란 전반적인 말하는 패턴을 의미합니다. 신체언어에는 자세, 얼굴표정, 손짓, 몸의 움직임, 에너지 수준, 그 외 수백 가지의 비언어적 메시지가 포함됩니다. 맹점이란 자신은 인식하지 못하지만 다른 사람에게는 매우 잘 보이는 의사소통의 요소로서, 자신에 대한 정보를 포함하고 있습니다. 우리 모두는 말하는 방식과 신체언어, 그리고 다른 추론적 자료를 통하여 무의식적으로 정보를 전달합니다.

　메시지를 수신하는 사람도 자신의 왜곡 필터로 듣는 내용을 왜곡합니다. 왜곡 필터는 수신자의 에니어그램 유형을 토대로 다른 사람의 말을 바꾸어 듣게 하는 무의식적인 관심과 가정들입니다.

말하는 방식　　　신체언어　　　맹점　　　　　　　　　　　왜곡 필터

한 번에 한 가지씩 의사소통 방식을 변화시키십시오

가능하면 다음의 순서대로 한 번에 한 가지의 행동을 변화시키는 것이 가장 효과적입니다. 말하는 방식, 신체언어, 맹점, 경청 시 왜곡필터의 순서로 변화시키는 것이 바람직합니다. 우리가 잘 인식하고 있는 행동을 변화시키는 것이 가장 쉽습니다. 가장 잘 인식하고 있는 것부터 가장 인식하기 어려운 것으로의 변화가 일반적인 순서입니다.

3유형의 말하는 방식
➤ 명확하고 효율적이며 논리적이고 설명을 잘함
➤ 즉각적임
➤ 자신이 가진 정보가 제한적일 때 그 주제를 피함
➤ 상대방에게 부정적인 영향을 주는 화제는 피함
➤ 구체적인 예제를 사용함
➤ 늘어지는 대화를 참지 못함

3유형의 신체언어
➤ 용모단정
➤ 자신감이 있어 보임
➤ 가슴 상체로 깊이 숨을 들이마심
➤ 가슴을 펴고 있음
➤ 작업이 성공적으로 이루어진 것처럼 행동함
➤ 타인의 반응을 확인하기 위해 자세하게 주위를 살핌
➤ 끝날 시간이 되면 사람들에게 알림

3유형의 경청시 왜곡 필터
➤ 해당 정보가 자신을 돋보이게 하는지 여부
➤ 해당 정보가 자신의 목표 성취에 방해가 되는지 여부
➤ 상대방의 명백한 자신감과 능력

3유형의 맹점
➤ 다른 사람이 잘 이해하지 못하면 참지 못함
➤ 자신의 실패에 대해 논의하는 것을 피함
➤ 쫓기는 듯함
➤ 서두르거나 타인을 경시하는 듯이 보임
➤ 퉁명스럽거나 성의 없어 보임

※ 이러한 특징들은 긍정적일 수도 있고 몇몇은 부정적일 수도 있으며 중립이거나 혼합된 것일 수도 있습니다. 이 목록은 당신이 선택할 수 있는 것들에 대하여 전체적인 아이디어를 주기 위하여 만들어진 것입니다.

당신의 언어 표현을 확장하고 변화시키기 위하여 문자나 이메일을 사용하십시오

➢ 문자나 이메일을 보내기 전에 자신의 언어 선택과 어조를 확인해 보십시오.

➢ 직간접적으로 자신의 행동과 성과에 대해 언급하는 것을 줄이십시오.

➢ 관련된 사람에 대해 더 많이 집중하고 자신에 대해서는 언급을 줄이십시오.

➢ 관련 있는 의사소통 시에는 자신의 성과나 행동의 중요성을 부풀리거나 줄여서 말하지 마십시오.

➢ 이메일이나 문자를 받은 사람들의 반응을 유도할 수 있는 언어를 사용하십시오.

피드백 계발 전략

　정직하고 긍정적이며 건설적인 피드백은 다른 사람들의 행동에 대해 직접적이고 객관적이며 단순하고 정중한 관찰을 의미합니다. 이러한 피드백은 인간관계와 직무 수행 모두를 향상시킵니다. 피드백을 할 때, 에니어그램의 통찰이 결합된 피드백 공식을 사용하면 원하는 성과를 내는 데 도움이 됩니다. 상대방이 당신에게 피드백을 할 때, 상대가 말하고자 하는 내용을 당신이 수용적으로 받아들일수록 새로운 시각을 얻으며, 더 나은 해결 방법을 활용할 수 있습니다.

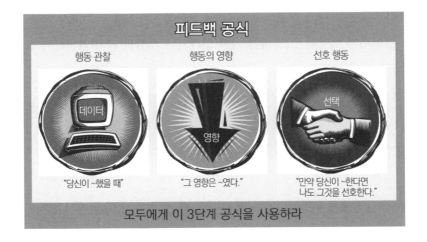

3유형의 피드백 전달 능력 향상 방법

　다른 사람에게 피드백할 때에는 당신이 먼저 준비되어 있어야 하고, 피드백을 받는 사람도 가능한 수용적인 자세여야 바람직합니다. 피드백을 전달하는 방법과 시점이 실제로 말하는 내용만큼이나 중요하다는 점을 기억하십시오.

피드백을 계획하고 전달하려면 피드백 공식의 3가지 요소와 함께 다음의 제안을 활용하십시오.

➤ 자신의 초점을 유지함과 동시에 감정의 여지, 특히 다른 사람의 감정을 위한 여유도 남겨 둡니다.

➤ 피드백을 할 때, 명확하고 솔직하게 하십시오. 그러나 예의 바르게 하는 것을 기억하십시오.

➤ 예를 많이 들어서 핵심으로부터 벗어나지 말고 원하는 결과를 얻는 데 초점을 맞추십시오.

➤ 다른 사람들은 자신과 같이 열정적으로 동참하거나 일하지 않을 수 있음을 기억하십시오. 그들은 내가 성취하고 싶은 일을 동일시하거나 공유하지 않을 수 있습니다. 그렇지만 이것이 그 성취가 가치 없다거나 개선을 원치 않는다는 의미는 아닙니다.

3유형이 피드백을 좀 더 수용적으로 받는 방법

➤ 누군가 당신에게 부정적인 피드백을 해줄 때, 당신은 어떤 면에서 실패하고 있거나 그 사람이 당신에 대해 부정적인 인상을 가지고 있다는 걱정이 일어날 수 있습니다. 방어적인 태도로 반응하는 대신, 다음을 기억하십시오. 당신 역시 누군가에 대해 높은 평가는 유지하면서도 건설적인 피드백을 제공하기 위해 때로는 부정적인 피드백을 주는 일이 가능하다는 점입니다. 당신이 그렇게 할 수 있다면 타인도 나에게 그럴 수 있습니다. 부정적 피드백은 실패를 의미하는 것이 아니라, 이것은 단지 누군가 나에게 제공하는 정보의 일부일 뿐이라는 점을 기억하십시오.

➤ 자신이 잘 알고 존중하는 사람만큼이나, 높이 평가할 수 없는 사람, 혹은 가까운 관계가 아닌 사람으로부터도 긍정적, 부정적 피드백을 받을 수 있을 정도로 개방적이 되십시오. 모든 사람은 각각 독특한 시선을 가지고 있으며, 나를 잘 알지 못하는 사람이 나에 대해 공유할 만한 객관적인 정보를 지닌 경우가 많이 있습니다.

➤ 모든 종류의 피드백을 받을 때, 인내심을 가지십시오. 때로는 가장 유용한 정보가 토론의 끝자락에 나오는 경우가 있기 때문입니다.

갈등관리 전략

직장과 가정에서 인간관계는 어느 정도의 갈등을 포함하고 있습니다. 갈등은 다양한 요인 때문에 발생하며, 일반적으로 다음과 같은 핀치(분노유발)-크런치(충돌 상황) 사이클을 따라갑니다.

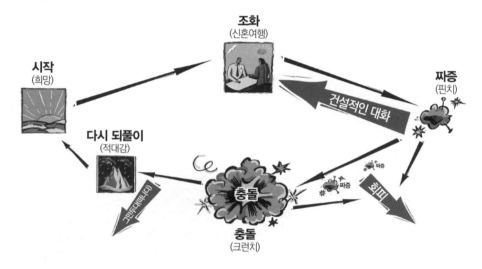

갈등의 근본 원인이 무엇이든지 간에 개입된 핵심 당사자의 에니어그램 유형은 갈등의 역동성 및 해결에 있어서 중요한 요소가 됩니다. 에니어그램을 사용하면 당사자 모두가 파괴적인 경험이 아니라 건설적으로 갈등을 해결할 수 있습니다. 자신에 대해 잘 알고, 갈등상황에서 자신의 책임에 대해 잘 이해하며, 건설적으로 자기관리를 할수록, 그리고 에니어그램 지식을 통해 타인에게 접근하는 최선의 방법을 잘 아는 만큼, 신속하고 효과적인 결과를 얻을 수 있는 기회가 커집니다.

모든 에니어그램 유형에는 독특한 핀치(분노 유발자)가 존재합니다. 즉 어떤 유형의 사람에게는 항상 분노를 유발하는 특정 상황이 다른 유형의 사람에게는 영향을 미치지 않을 수 있습니다. 3유형의 경우 다음과 같은 상황이 핀치가 됩니다.

나를 화나게 하는 것들

실패할 것 같은 상황에 처하는 경우. 비전문적으로 느껴지는 업무방식. 타인의 서투른 업무로 인해 자신이 질책을 받는 상황. 자신의 일에 대해 신뢰를 받지 못하는 경우.

분노를 성장의 기회로 변화시킬 수 있는 계발 전략

1. 업무 관계가 시작될 때 나를 화나게 하는 것이 무엇인지 공유하십시오

업무 관계 초기에 좋은 관계를 형성할 수 있는 효과적인 방법을 상대방과 대화하도록 합니다. "다른 사람과 일할 때 선호하는 방식은 무엇인가요? 특히 좋아하는 방식과 싫어하는 방식이 따로 있나요? 알려주시면 일할 때 참고하도록 하겠습니다. 마찬가지로, 제가 선호하는 방식의 업무스타일도 공유하고 싶습니다."와 같은 말로 대화를 시작하면 도움이 됩니다.

당신의 핀치에 대해 공유할 순서가 되면, 다음과 같이 예를 들어 말할 수 있습니다. "저는 유능하고 책임감이 있는 사람들과 일할 때 성과가 가장 좋습니다. 즉, 매우 숙련된 사람들, 자신의 성과를 향상시키기 위해 끊임없이 노력하며 높은 수준의 결과를 이루어내는 사람들을 말합니다. 개인적으로 저는 개개인의 성과가 우리 모두에게 긍정적 또는 부정적으로 영향을 끼친다고 생각합니다. 나는 열심히 일하는데, 함께 일하는 동료가 그 정도의 노력을 하지 않는 상황은 견딜 수가 없습니다."

2. 핀치를 느끼거나 화가 나는 것을 알아차리는 즉시 말하십시오

3유형이 매우 바쁘고 타인과 핀치에 대해 의논하기 어렵다고 느껴지더라도, 충분히 시간을 낼만한 가치가 있음을 알아야 합니다. 핀치가 발생한 직후에 그에 대해 의논을 하면, 오히려 이것을 해결하는 데 시간이 덜 소요되며 계속해서 신경 쓸 필요가 없습니다.

"방금 전에 일어난 작은 사건에 대해 잠깐 이야기할 수 있을까요?"와 같이 친절하고 솔직하게 대화를 시작하면 성과 있는 토론을 열어주는 길이 될 것입니다.

3. 핀치나 스트레스에 따른 행동이 시작되려고 하면 운동이나 산책 등 신체 활동을 하십시오

3유형의 경우에 신체 활동을 할 때 업무에 대한 집중을 잠시나마 멈출 수 있으므로 큰 효과가 있습니다. 그러나 휴식 시간의 장점을 모두 살리려면 산책, 등산 등 자기성찰의 시간을 가질 수 있는 신체 활동을 해야 합니다. 3유형은 테니스나 야구 같이 매우 경쟁적인 스포츠에 끌리는 경향이 있지만, 해당 스포츠는 열중하기 쉬워서 감정을 느낄 만한 시간이 거의 없습니다. 또한 격렬한 스포츠는 분노의 상당 부분을 해소하는 역할을 하여 해당 문제에 대해 더 이상 고민할 필요가 없다고 생각하게 합니다. 다만 이런 스포츠는 그 순간에는 위안이 될 수 있지만 분노 상황을 실제로 해결하거나 자신을 돌아볼 수 있는 기회를 주는 것은 아니므로 임시방편에 가깝습니다.

4. 부정적인 반응이나 핀치를 느낀다면 스스로에게 질문하십시오

3유형으로서의 나에 대해 말하는 상대방의 행동은 무엇인가? 이 상황에 대한 나의 반응은 무엇인가? 그리고 여기서 내가 계발할 수 있는 영역은 무엇인가?에 대해 질문해 보십시오.

핀치와 크런치에 대해 심도 있게 탐구하는 것을 통해 어떻게 내 안에서 최상의 것을 끌어낼 수 있을까요?

　3유형의 경우, 다른 사람의 행동이 자신의 성공 또는 실패에 어떤 식으로 관련되는지 생각해보는 것이 도움이 됩니다. 이 문제는 종종, 타인에 대한 3유형의 부정적 반응의 근거가 됩니다. 숙고해야 할 부분은 다음과 같습니다. 다른 사람 앞에서 좋지 않은 모습을 보이기, 다른 사람과 경쟁을 하고 있다는 느낌, 역량이 부족하게 보이는 것, 어떤 면에서든 실패자로 보이는 사람(예: 프로젝트를 성공시키지 못한 사람, 외모가 깔끔하지 못한 사람, 자신감이 부족한 사람)을 싫어하는 것 등이 포함됩니다. 이들은 스스로 다음과 같은 질문을 해보아야 합니다.

➤ 성공한 사람으로 보이는 것이 나에게는 왜 그렇게 중요할까?
➤ 내가 성공을 중요하게 생각하지 않는다면 나는 어떻게 달라질 것인가?
➤ 그리고 나의 생각, 감정, 행동에는 어떤 변화가 생길까?
➤ 다른 사람에게 좋은 인상을 주는 데 집중하지 않으면 어떤 일이 생길까?

팀 계발 전략

집단과 팀 간에는 차이가 있습니다. 집단은 공통 관심사가 있는 개인들의 집합을 말합니다. 팀은 하나 이상의 목표를 공유하는 구성원으로 구성된 특정 유형의 그룹입니다.

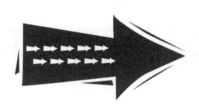

팀 구성원 간 상호의존성이 최적일 때에만 팀의 해당 목표를 달성할 수 있습니다. 또한 팀 구성원에게는 각각의 역할이 있습니다. 이 역할은 자신의 에니어그램 유형과 연관되어 예상 가능한 행동 패턴에 의한 경우가 많습니다.

과업 역할에는 과업 자체에 초점이 맞추어진 행동이 포함됩니다. 관계 역할에는 감정, 관계 및 의사결정과 갈등 해결 등의 팀 프로세스에 초점을 맞춘 행동이 포함됩니다. 그리고 팀은 형성기, 혼동기, 규범기, 성취기로 이루어진 4개의 연속 발달 단계를 거치기 때문에 독특하면서도 예측 가능한 역동이 존재합니다. 각 단계마다 다음 단계로 이동하기 전에 해결해야 하는 다음의 질문들이 있습니다.

팀 발달 단계	질 문
형성기	우리는 누구인가, 우리는 어디로 가는가, 우리 모두 함께 그곳으로 갈 것인가?
혼동기	건설적이고 생산적인 방식으로 서로의 의견을 달리할 수 있는가?
규범기	최상의 팀을 조직하고 함께 일을 잘할 수 있는 방법은 무엇인가?
성취기	소진되지 않고 높은 수준에서 지속적으로 성과를 창출할 수 있는 방법은 무엇인가?

3유형 팀원과 팀 리더들을 위한 계발 전략

1. 팀 목표

당신은 매우 정밀하고, 측정 가능한 팀 목표를 선호하며, 팀 목표보다는 개인 목표가 우선일 수 있습니다. 하지만, 다른 팀원들은 보다 목적 지향적이고 비전 있는 팀 목표가 필요할 수도 있습니다. 그리고 대부분의 팀은 개인 목표만큼 팀 목표가 크게 강조될 때 가장 좋은 기능을 발휘합니다. 팀 목표의 가치와 의미에 초점을 두고 개인 목표 이상으로 팀 중심의 목표를 강조하도록 하십시오.

2. 팀 상호의존성

당신은 과제에 적합한 상호의존성의 범위가 명확한 팀, 모든 팀원이 집중력이 뛰어나고 능력이 있는 팀에서 일하는 것을 선호할 수 있습니다. 그러나 상호의존성의 범위가 너무 명확하거 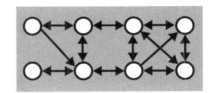 나 책임이 많으면 창의성 및 새로운 제품과 서비스 발전에 방해가 될 수 있습니다. 그리고 집중도가 심하면 사람들이 쉽게 지쳐 상황에 민감하게 반응하고 유연성 있는 팀의 능력을 키우는 데 방해가 될 수 있습니다. 팀이 필요로 하는 수준의 상호의존성을 지원하는 방식으로 일하고, 자신이 좋아하는 능력 있는 사람이 아닐지라도 모든 팀원에게 더 개방적이고 호응하는 태도를 계발하십시오.

3. 팀 역할

당신의 전형적인 업무관련 팀 역할은 팀을 위한 목표 정의와 과제 추적이 될 수 있습니다. 팀의 구체적인 목표와 결과를 명확히 하는 것을 돕고, 과제를 진행시키기 위해 해야 할 일이 무엇이고, 그것을 어떻게 진행하면 되는지에 대해 당신이 알고 있는 것을 전달하는 역할을 맡습니다. 당신의 팀 내 관계적 역할은, 팀의 발전을 위해 계획된 행동(요약, 종합, 조사, 도표화 등)을 통해 업무 과정을 추진해 나아갈 수 있도록 촉진하는 역할입니다. 이와 같은 전형적인 역할을 넘어서 다음과 같은 추가적인 팀 과업 역할 및 관계 역할을 확장해 보십시오.

▶ 새로운 과업 역할

팀의 의제를 관리하고 해당 의제와 관련해 중요한 항목들이 있는지, 팀이 어떤 방식으로 작업을 하는지, 항목의 우선순위를 어떻게 정할 것인지에 대해 설명하고 영향력을 발휘하십시오(통제가 아님).

과업 역할

▶ 새로운 관계 역할

모든 사람의 의견과 견해가 참여될 수 있도록 언어적 그리고 비언어적으로 격려하십시오.

관계 역할

4. 팀 역동

4개로 구성된 팀 발달 단계(형성기, 혼동기, 규범기, 성취기)에서 다음의 방법을 통하여 당신의 행동 목록을 계발하도록 시도하십시오.

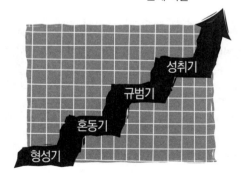

성취기

규범기

혼동기

형성기

형성기	다른 사람들이 자신에게 어떻게 반응하는지에 초점을 맞추기보다는 팀이 효과적으로 발전할 수 있는 방식에 초점을 더 맞추십시오. 팀원들이 팀의 전반적인 목표와 업무를 잘 이해하고 있는지, 서로를 알아가고 있는지에 초점을 두십시오.
혼동기	팀의 궁극적 성공은 과제 및 관계와 관련되어 발생되는 서로의 차이점을 효과적으로 다루는 데에 있음을 기억하십시오. 이와 관련하여 의사소통하고 팀원들을 격려하며 본인의 반응도 기꺼이 표현하도록 하십시오.
규범기	함께 일하는 효과적인 방법을 제안하는 데 힘을 쏟고, 팀의 과제와 관련된 규범뿐 아니라 업무관계에 필요한 규범도 강조하십시오.
성취기	연장된 업무로 과로하여 당신이 탈진되지 않도록 주의하십시오.

3유형 리더를 위한 추가적인 팀 계발 전략

1. 팀을 즐기십시오

3유형의 리더가 직장에서 긴장을 풀고 즐겁게 지낸다면, 팀원들이 그의 지휘에 따라 더욱 효율적으로 일하고 스트레스를 덜 받으며 일하게 됩니다. 사람들과 함께 일할 때 리더가 업무뿐만 아니라 일하는 즐거움 역시 강조하면 당신의 팀원도 그렇게 할 수 있습니다.

2. 업무 구성 및 업무 과정만큼 대인 과정에도 주의를 기울이십시오

팀원 간의 업무 흐름과 팀 구조에 신경을 쓰는 만큼 똑같이 대인 과정(예: 동기부여, 보상, 팀 격려, 지도 및 조언, 대인관계)에도 주의를 기울이십시오. 실제로 팀은 업무 시스템과 사회 시스템이라는 두 개의 시스템으로 이루어집니다. 두 시스템을 모두 계발하면 서로를 보강하게 됩니다. 사회 시스템이 업무를 지원할 때 사람들은 업무를 더 잘하게 되고, 업무

시스템이 함께 생산적으로 일하도록 사람을 지원할 때 사회 시스템은 더 효과적으로 작용합니다.

3. 팀에 지나치게 많은 지시를 내리지 않도록 주의하십시오

리더가 팀에 명확한 방향을 지시하는 것은 자산입니다. 또한, 팀의 로드맵(계획)과 나아갈 방향에 대해 어느 정도를 리더가 제공해야 하는지, 그리고 그와 비교하여 얼마만큼 팀 내에서 스스로 계발시켜야 하는지를 명확하게 하는 것은 중요합니다. 초기에 너무 자주, 많은 지시를 내리게 되면 자립 및 자신감을 키우는 팀의 작용을 방해하게 됩니다. 자신의 아이디어를 공유하되 다른 사람들의 반응 및 아이디어에 대해 진심으로 개방적이 되십시오. 팀원들을 보다 직접적으로 참여시키고 그 결과를 반영하여 기꺼이 방향을 바꾸십시오.

리더십 계발 전략

리더십 계발을 위한 치열한 도전들은 복잡하면서 힘들고 예측 불가능하지만 흥미진진하면서도 충분한 보상이 따르는 일입니다. 그 도전에는 유쾌한 상황이나 스트레스 상황에서도 수백 명의 사람들과 효과적으로 상호작용하고, 자신을 관리할 수 있는 능력이 요구됩니다.

이러한 이유로 리더들은 정직한 자기성찰의 시간을 반드시 가져야 합니다. 비범한 리더가 되는 사람은 미래를 예상할 수 없더라도 도전에 직면함으로써 진취적이고 혁명적인 방법으로 성장할 수 있습니다.

탁월한 리더십은 여러 가지 형태로 나타나며 특정한 에니어그램 유형의 전유물은 아닙니다. 당신의 에니어그램 유형은 리더로서의 강점이 있지만, 성공으로 가는 길에 장애물을 만들어내곤 합니다.

3유형의 리더는 보통 성과창출이라는 특별한 재능을 가지고 있습니다. 그러나 가장 뛰어난 장점은 또한 가장 취약한 약점이 될 수도 있습니다. 성취와 성공에 대한 끊임없는 추구가 특징인 3유형 리더는 업무에 너무 집중한 나머지 인간 내면의 문제, 예를 들면 리더의 감정과 주변 사람의 감정을 잊어버립니다.

리더십 향상을 위한 계발 전략

1. 사람들에게 끼치는 영향력에 더 주의를 기울이십시오

목표 성취와 효율성이라는 두 가지 측면에만 초점을 두게 되면 업무에서 인간적인 측면을 최소화할 수 있습니다. 당신이 결정을 할 때마다 사람들에게 끼치는 영향력을 분석하고, 그 결과를 진지하게 받아들이십시오.

2. 경쟁적 성향을 줄이십시오

모든 상황이 경쟁적일 필요가 없음을 기억하십시오. 이겨야만 하거나 최소한 져서는 안 된다고 생각하지 마십시오. 당신이 분명하게 알아야 될 것은 대화는 논쟁이 아닌 협력이라는 점입니다. 그리고 협력은 당신의 개방성과 수용성의 결과입니다.

3. 자신에 대한 모든 진실을 의식적으로 이야기하십시오

누군가를 감동시키기 위해 노력하기 시작하는 자신을 발견하면, 의식적으로 이를 멈추도록 하십시오. 다른 사람에게 감명을 주는 자신의 얼굴 뒤에 숨겨진 모든 진실과 더 익숙해지도록 하십시오.

성과창출 전략

지속적으로 높은 품질의 성과를 보이고, 성과를 위해 매진하며, 자신의 잠재력에 도달함으로써 고객에게 신뢰를 얻는 것은 중요한 일입니다. 이를 통해 생산성이 증가되고, 신제품 개발 분야의 한계가 넓어지며, 자신의 분야에서 리더로서 조직을 지원하게 됩니다.

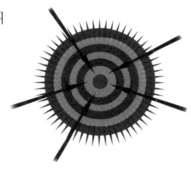

1. 보다 명확한 기대와 지침을 제공하십시오

당신의 동료나 부하직원 중 몇몇은 조직의 목표를 충분히 이해하므로 최소한의 지침과 의사소통만 필요로 합니다. 반면에, 일부 팀원들은 업무에 대해 보다 더 명확한 이해와 정의를 원하고, 효율적인 업무 계획을 짜는 데 도움이 필요한 경우도 있습니다. 후자의 근무 유형에 해당하는 사람이 당신보다 능력이 부족하다거나 자신감이 적다는 뜻은 아닙니다. 단지 업무를 진행함에 있어 높은 수준의 세부사항을 제공할 필요가 있다는 의미입니다.

2. 동료와 상사를 고객인 것처럼 대우하십시오

동료와 상사를 고객처럼 여기면, 신속하게 응대하고 경청하며 그들의 필요에 주의를 기울이게 될 것입니다. 당신의 관대함과 사교적 기술을 사용해 최선을 다하게 되고, 주로 업무에 집중하던 경향이 사람에게도 집중하게 됩니다. 그로 인해 타인에 대해 신경 쓸 시간이 없는 사람이라는 인상이 지워지고 또한 퉁명스러운 태도도 줄어들게 됩니다.

3. 자신이 느끼는 감정에 대해 규칙적으로 자문하십시오

3유형은 열심히 일하고 성과를 성취하는 데 있어 감정이 방해가 된다고 믿기 때문에 자신의 감정을 뒤로 미뤄두는 경향이 있습니다. 업무에 초점을 두면 자신의 욕구와 감정을 희생시킬 수 있기 때문에 매일 다음과 같은 질문을 하십시오.

➤ 바로 이 순간 나는 어떤 감정을 느끼는가?
➤ 무엇에 대해 걱정을 하고 있는가?
➤ 무엇에 화가 나 있는가?
➤ 무엇에 대해 행복을 느끼는가?

자신의 감정에 주의를 두면 다른 사람과의 상호작용에 있어 더 솔직해질 수 있으며, 동료나 직원들에게 더 인간적으로 보이고, 타인이 중요한 문제로 당신과 의논하려 할 때 더욱 공감을 느낄 수 있습니다.

전략 계발

팀과 조직이 최상의 성취도와 효율성에 도달하려면, 리더들과 각 공헌자들은 조직의 진정한 비즈니스가 무엇인가를 이해하고 다방면으로 생각해서 전략적으로 행동해야 합니다.

'비즈니스 파악하기'와 '전략적으로 사고하고 행동하기'는 서로 밀접하게 연관되어 있습니다. 비즈니스를 이해하지 않고, 전략적으로 사고하고 행동하기란 있을 수 없습니다. 이 사실을 알고 있다면, 이것을 전략적인 방법으로 사용할 필요가 있습니다. 그 방법으로는 공통의 강력한 비전을 갖고 일하기, 고객에게 초점을 맞춘 미션, 훌륭한 전략, 그리고 그 전략과 일치되는 효과적인 목표와 전술이 있습니다.

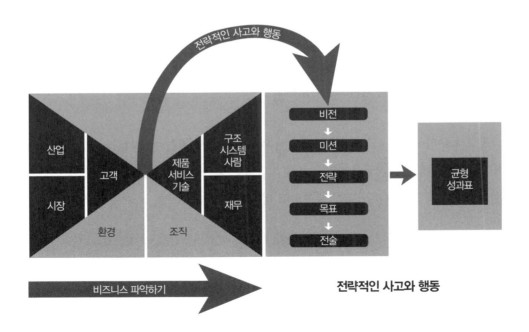

1. 비즈니스를 알기 위해 시간을 들이십시오

3유형에게 빨리 배우는 특성이 있다 해도, 비즈니스를 이해하는 일은 복잡한 과제입니다. 사업의 기초 지식을 얻으려면 당신이 생각하는 것보다 세 배의 시간을 들여야 합니다. 비즈니스에 대해 충분히 이해한 후에는 큰 맥락에서 환경 및 조직의 변화를 바라볼 수 있으며, 행동을 취할 때 좀 더 효율적으로 조정된 목표를 가질 수 있게 됩니다.

2. 비전, 사명, 전략에 대해 이해한 후에 그 세 가지를 바탕으로 일하십시오

비전, 사명, 전략이 아니라 목표를 바탕으로 일하는 경우, 성공의 범위는 설정해 놓은 목표의 범위로 제한됩니다. 그러나 비전, 사명, 전략을 제시하고 이를 바탕으로 업무를 하게 되면 부하직원 또는 동료들은 비전에 맞추어 목표를 다시 세우고 전술을 이끌어 가는 데 필요한 도구를 갖추게 됩니다. 이렇게 하는 편이 당신의 직접적인 개입에 덜 의존하게 만들고 더 많은 것을 성취할 수 있습니다.

3. 모든 사람과 자주 의사소통하십시오

동료나 부하직원이 사업에 대해 더 많이 이해할수록 더 효율적인 사람이 됩니다. 조직의 모든 계층에 있는 사람들에게 정보를 전달하고 적극적인 참여를 유도하는 데 시간을 사용함으로써, 그들에게 동기를 부여하고 더 나은 성과를 얻도록 도울 수 있습니다.

의사결정 계발 전략

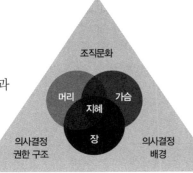

사람들은 매일매일 의사결정을 하지만 의사결정 과정에 대해서 생각하는 일은 드뭅니다. 가장 현명한 결정은 머리(논리적인 분석과 계획), 가슴(가치, 감정, 사람에게 미치는 영향), 장(행동을 취함)의 세 가지가 통합된 방식으로 사용되었을 때 이루어집니다. 직장에서의 의사결정은 다음과 같은 세 가지 요인, 즉 조직 문화, 조직의 의사결정 권한 구조, 결정 자체의 배경을 고려해야 합니다.

다음의 표는 3유형의 현명한 의사결정을 위한 지능의 중심(머리, 가슴, 장)을 계발시키는 방법을 나타냅니다.

3유형의 의사결정 계발활동			
지능의 중심	머리	객관적 분석	감정을 포함한 자료에 관심을 가지십시오. 이것은 의도한 결과를 바로 이끌어내지는 못하겠지만 최선의 결정을 내리는 데 도움이 됩니다.
		예리한 통찰력	효율성을 너무 중요시 여겨 자료의 의미를 분석하는 시간이 부족하지 않도록 하십시오.
		생산적 계획	보이지 않는 장애물이 있을 수 있음을 살펴보고 시간 계획에 실제적이 되십시오.
	가슴	공감	자신의 감정과 다른 사람의 감정에 대해 관심을 쏟는 시간을 가지십시오. 감정을 의사결정 요인 중 하나로 간주하십시오.
		진정한 관계	의사결정을 해야만 하는 상황에서 발생하는 불안 등의 진실한 감정을 공유하십시오. 이는 자신과 다른 사람 사이에 장벽으로 작용하는 지나친 자신감을 없애는 데 도움이 됩니다.
		연민	편리함 위주의 결정이 아니라 타인을 고려하는 의사결정을 하십시오.
	장	효과적인 행동 취하기	의사결정을 급하게 하지 않도록 노력하십시오. 이렇게 하면 새로운 통찰력이 생겨날 수 있습니다.
		흔들리지 않는 견고함	내면의 가치를 탐구하고 가치에 기반한 결정을 고수하십시오.
		본능적 이해	대안을 고려하는 경우에 본능의 신호를 좀 더 잘 알아차리도록 하십시오.

조직변화 계발 전략

현대의 조직에서 변화는 하나의 생활방식이 되었습니다. 기업은 늘어나는 경쟁, 줄어드는 자원, 부족한 마케팅 시간, 높아지는 고객의 기대 수준, 증가하는 법 규정, 수많은 과학 기술, 커지는 불확실성 등으로 이루어진 점점 더 복잡한 환경에 존재하고 있습니다. 조직은 성공을 위해 유연하고, 헌신적이며, 비용에 민감하고, 빠르게 대응해야 합니다. 그 결과 예측하지 못한 방향으로 전환해야만 하는 경우에, 모든 계층의 직원이 팀 내에서 유연하고 효과적으로 변화를 수용하며 역할을 다할 수 있어야 합니다.

1. 예상보다 35% 이상의 시간을 더 허용하십시오

대부분의 3유형은 원활한 운영을 위해 효율적으로 역할을 다하며 변화를 예측합니다. 그러나 변화를 위한 노력은 프로젝트 자체보다 더 복잡하며 더 많은 사람과 연관되어 있습니다. 계획에 따라 프로젝트를 운영한다 해도 예측하지 못한 일들이 생깁니다. 비상사태에 대비해 35%의 시간을 비축해 두십시오.

2. 과로하지 않도록 하십시오

당신은 이렇게 생각할지도 모릅니다. 업무에 필요한 경우 어떻게 과로하지 않을 수 있는가? 다른 사람들은 과로하지 않고 업무를 완료하므로 당신도 가능하다는 것을 기억하십시오. 만약 불면증, 불안, 분노 등의 과로 증상이 보이면 자신과 타인을 밀어붙이는 것을 중지하십시오. 도움을 얻고 시간을 내어 휴식하고, 필요하면 운동을 하십시오.

3. 스트레스를 느낄 때 당신이 신뢰하는 사람에게 말하십시오

3유형은 느긋할 때는 함께 하기에 즐거운 사람이지만, 스트레스 상태일 때는 그들의 잘 발달된 사회적 기술을 상당 부분 잃어버린 것처럼 보입니다. 모순되지만 스트레스를 받는 때가 사회적 기술을 특히 더 잘 발휘해야 할 때입니다. 좌절이나 스트레스를 느끼자마자 바로 신뢰하는 사람에게 말하십시오. 정말 어떻게 느끼는지에 대해 이야기하십시오. 다른 사람이 무엇을 해야 하는지 혹은 상황이 어떻게 바뀌어야만 하는지에 대해서가 아니라 자신이 무엇을 할 수 있는지에 초점을 맞추도록 하십시오.

변형 전략

3유형은 성공적으로 보이기 위해 목표를 성취하고 다른 사람의 존경과 인정을 얻고자 스스로를 밀어붙입니다. 여기에서 벗어나려면 그들이 무엇을 하는가와 전혀 상관없이 모든 일에는 그 자체의 자연적인 흐름과 질서가 있음을 이해하는 것이 필요합니다. 이러한 이해를 바탕으로 3유형은 다음과 같은 변형을 향해 앞으로 한 발짝 나아갈 수 있게 됩니다.

1. 정신적 변형

허영(성공하거나 그렇게 보이도록 이상화된 이미지를 만들어내는 방식에 대한 전략적 사고)이라는 정신적 패턴에서 희망(내가 무엇을 하거나, 무엇을 성취하는 것보다 내가 누구인가 인정받을 수 있다는 믿음)이라는 더 높은 차원의 신념으로 변형하십시오.

▶ 정신적 활동
자신이 매우 성공적인 사람이라는 점 혹은 매우 바람직한 사람이라는 점으로 타인을 감동시키려고 애쓰는 자신을 인식할 때, 잠시 멈춰서십시오.

만약 내가 긍정적 이미지를 만드는 데 집중하지 않고, 내가 한 일이 아니라 단지 진실한 나로서의 가치를 나로 생각한다면 어떨까?를 자문해 보십시오.

그리고 일의 성과와 상관없이 정말로 자신을 믿었던 경험을 한 가지 이상 떠올려 보십시오. 그때를 떠올리면서 당시의 느낌이 어땠는지 기억해 봅시다. 최소 2분 이상 내가 하는 일이 아니라 내 존재에 대해 행복한 감정을 유지하십시오.

2. 감정적 변형

기만(성공적으로 보이기 위해 할 수 있는 모든 일을 해야 하며, 성공 이미지에 부합하지 않는 자신의 부분은 감추어야 한다고 느끼고, 자신의 이미지가 실제로 자신이라고 믿는 감정)이라는 감정적 습관을 진실(성공과 실패 모두를 인정함으로써 진정으로 자신을 수용하고, 자신의 이미지가 자신의 본질이나 진정한 자아가 아님을 깨달음)이라는 더 높은 차원의 인식으로 변형시키십시오..

▶ 감정적 활동

자신이 스스로 또는 누군가에게 진실을 말하지 않고 있음을 알아차린 경우, 지금 이 시점에서 진실은 무엇인지, 나는 정말로 무엇을 느끼고 생각하고 있으며, 사건을 보고할 때 어떤 방식으로 감추거나 바꿔 말해 나를 좋게 보이게끔 하고 있는가에 대해 자문하십시오. 그리고 살면서 진실만을 말하고 자신을 있는 그대로 받아 들였던 경험을 한 가지 이상 떠올려보십시오. 당시 어떤 느낌이었는지, 그리고 무엇을 경험했는지 생각해 보십시오. 자신의 내면에 다시 연결되는 느낌이 들 때까지 계속해서 진실했던 순간을 재생해 보십시오.

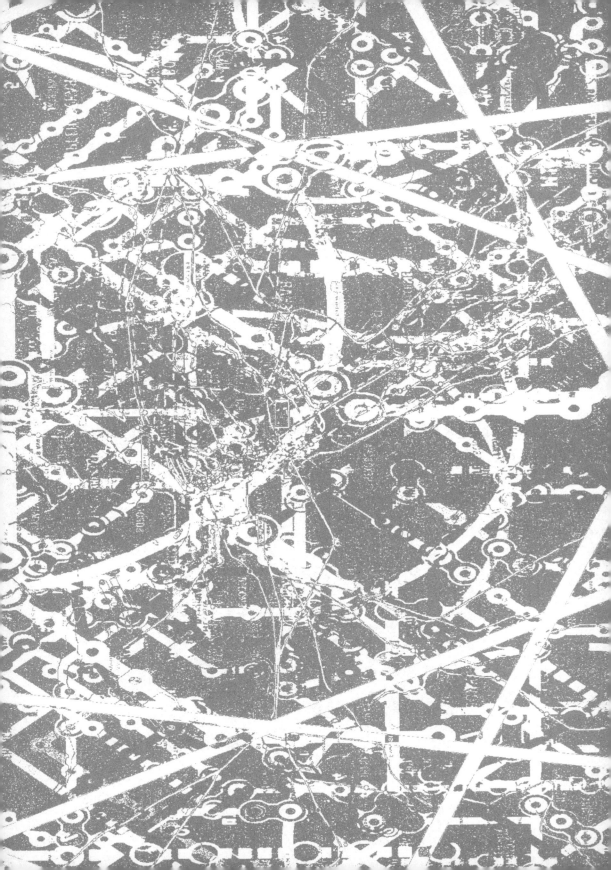

FOUR

에니어그램 4유형
깊은 경험과 감정적인 연결을 추구, 거절감과 충분치 않다는 느낌을 회피

4유형은 개인주의적이고, 감정적으로 예민하며 창의적입니다. 그들은 깊은 의미와 진정한 연결을 추구합니다. 또한 손에 넣을 수 없는 것을 이상화하거나 복잡한 내면세계에서 잃어버린 것들에 초점을 맞추는 경향이 있습니다. 의미를 찾거나 이해하는 방식으로 내면의 경험들에 초점을 맞춤으로써, 4유형은 깊이 이해받기를 원하며, 독특하고 특별하게 혹은 다르게 받아들여지기를 갈망합니다.

비록 4유형이 고통에 대해 특별한 연결을 가지고 있긴 하지만, 또한 미묘함과 상징으로 가득 찬 강인하고 복잡한 내면의 삶 역시 가지고 있습니다. 어떤 4유형은 지나칠 정도로 활동적이고 위험을 감수하며, 조용히 고통을 견디는 것을 미덕으로 여기기도 합니다.

어떤 4유형은 지나치게 예민하고 많은 것을 요구하며, 조건 없이 자신들이 있는 그대로 받아들여지기를 원합니다. 어떤 4유형은 다른 이들과의 극단적인 경쟁 가운데 이기기를 바라면서, 자신의 재능을 뽐내고 무대의 중심을 차지함으로써 그들의 충분치 않다는 감각을 최소화합니다.

4유형의 대인관계 방식은 지나친 자기 참조 화법(개인사는 물론, 나, 내가, 나의, 내 것 같은 단어의 광범위한 사용)과 감정이 실린 은유적 언어를 자주 사용하는 것이 어우러져 있습니다. 이것은 마치 그들 자신의 내면세계가 온 우주의 중심이거나 혹은 적어도 자신만의 세상에서 중심이 되는 것과 같습니다.

우리는 때때로 고통받을 수 있고, 거의 모든 사람들은 이해받기를 원합니다. 그러나 특별히 4유형의 경우, 깊은 경험과 감정적 연결을 추구하고 충분치 않다는 감정과 거절감은 회피하려는 것이 그들의 주요하고 강력한 내적동기입니다.

▶ 에니어그램 4유형을 위한 계발 전략

무드mood

4유형은 자신의 내면세계와 타인과의 깊은 연결을 원하고 자신의 감정을 진정으로 표현할 때 가장 살아 있는 느낌을 받습니다.

▶ 목차

자기완성 self-mastery을 위한 계발 전략

자기완성은 모든 개인적이고 직업적인 계발의 기초가 됩니다. 이것은 매일 마주하게 되는 새로운 도전이 성장을 위한 기회라고 인식하는 것을 바탕으로 자신의 생각과 느낌, 행동을 이해하고 수용하며 변형시킬 수 있는 능력을 말합 니다. 자기완성은 자기인식으로부터 시작되고, 그림에 서 보이는 요소들을 포함하면서 확장됩니다.

자기완성의 장은 다음과 같은 내용으로 구성되 어 있습니다.

➤ 자기완성에 관련된 4유형의 세 가지 공통 이슈

➤ 4유형의 핵심 이슈를 다루기 위한 세 가지 계발 전 략(각 전략별로 기본 활동과 심화 활동을 하나씩 포함)

➤ 4유형의 날개와 화살(스트레스 - 안정) 유형을 다루는 세 가지 계발 전략

자기완성에 관련된 4유형의 공통 이슈

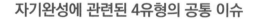

자신의 사고와 감정에 균형을 잡기 위해 정서에 객관성을 통합하기	자신을 타인과 비교하지 않고도 자기 가치를 발견하기	자신과 상대에게 동시에 그리고 동등하게 집중하기

4유형의 핵심 이슈를 다루기 위한 계발 전략

1. 평범함에 감사하십시오

기초 활동 지루한 업무를 실행하고, 그 업무의 모든 부분에 주의를 두십시오. 업무를 하는 그 순간에 집중하면서, 타인이나 다른 일에 대해 생각하지 않고 그 안에서 즐거움을 찾으십시오. 매일 다른 평범한 업무를 선택해서 즐거움을 찾아보십시오. 지금 하고 있는 것에 감사하는 법을 배우면 과거와 미래에 신경을 덜 쓰게 됩니다.

심화 활동 4유형은 독특함에 끌리며 평범함을 피하는 경향이 있기에 일상에 집중하고 감사하는 법을 배우면 크게 성장할 수 있습니다. 다음과 같은 활동을 매일 실행하면 의미 있는 결과를 얻을 수 있습니다.

> ➤ 평범하거나 지루하다고 생각되는 업무(예: 서류작업, 비용보고서 작성, 설거지)의 목록을 자세히 만드십시오. 매일 그 중 하나를 선택해서 기쁨을 느낄 때까지 반복해서 하십시오.
> ➤ 매일 15분 정도 산책을 하면서 당신 주변에 있는 아주 흔한 것들에 주목해보십시오. 그 평범한 것들에 대해 하나하나 깊이 생각하다 보면 그것에 대해 감사할 수 있게 될 것입니다.

지루하거나 하찮게 여겨지는 업무를 받게 되면 그 일에서 즐거움과 기쁨을 찾아보십시오. 그 일이 얼마나 지루한지를 생각하거나 하고 싶은 다른 일에 대해 생각하지 말고 실제 활동에 집중하면 가능한 일입니다. 만약 당신이 과거나 미래보다 현재에 초점을 두기만 한다면 거의 대부분의 일은 의미 있고 흥미로운 일이 될 수 있습니다.

2. 타인의 긍정적 특성과 성취를 기뻐하십시오

기초 활동 타인의 긍정적 특성과 성취를 기뻐하기 위한 방법은 역설적으로 우선 자신의 긍정적 특성을 진정으로 기뻐하는 것입니다.

'나는 똑똑하다. 그러나 그는 더 똑똑하다.' 또는 '나는 공감을 잘 한다. 그러나 내 자신에 대해 생각하는 데 너무 많은 시간을 쓴다.'처럼 어떤 조건 또는 '그러나'를 달지 마십시오.

그냥 단순히 당신 그대로를 기뻐하십시오. 이것이 가능해진 후에는 다른 사람의 특성과 성과에 대한 진가를 인정해보십시오. 매일 자신에 대해 긍정적으로 생각한 다음에 한 사람을 선택해 비교하지 말고 그에 대해 긍정적인 면을 느껴보십시오.

심화 활동 4유형은 의식적·무의식적으로 자신을 다른 사람과 비교합니다. 타인의 의상과 같은 사소한 것일 수도 있고 친구나 동료의 승진처럼 큰일일 수도 있습니다. 이와 같은 비교 또는 질투는 자신을 다른 사람과 비교하고 그들에 비해 우수하거나 열등하다는 느낌이 드는 것으로 이어집니다. 주의를 집중하면 할수록 자신이 비교하고 있음이 더 명확해지는데 그것을 깨닫게 되면, 우수하거나 열등하다고 느끼기보다는 그 상대 또는 상황을 다시 한 번 바라봅니다.

처음에 열등감을 느꼈다면 상대로 인해 진정으로 기쁨을 느낄 때까지 계속해서 그를 보십시오. 상대보다 우수하다는 느낌이 들었다면 계속 그를 바라보며 자신이 존경할 수 있는 그의 긍정적 성품을 찾아보십시오.

이 활동에는 자신에 대한 약속이 요구됩니다. 이것은 매일 당신 스스로에게 주의를 기울여야 함을 뜻합니다. 하루에 15번 이상 이 활동을 해야 된다는 사실에 놀랄 수 있습니다. 자주 하다 보면 점점 더 많이 깨닫게 됩니다. 이 과정을 몇 개월에 걸쳐 하다보면 자신을 타인과 비교하는 시간과 횟수가 줄고, 질투와 우월감을 진정한 고마움으로 더 쉽게 바꿀 수 있습니다.

3. 자기참조 행동을 최소화하십시오

기초 활동 자기참조_self-referencing_란 타인보다는 자신에게 초점을 두는 것을 뜻합니다. 이 행동에는 단어 선택, 스토리텔링, 강렬한 개인 경험과 느낌의 공유 등이 포함됩니다. 또한 자신이 자기참조의 행동을 하고 있음을 인지하지 못한 상태에서 그렇게 행동하는 것을 뜻합니다. 이런 경향을 줄이려면 상대와 말을 하면서 그의 말을 경청하고 자신과 개인적인 이야기에 대해 말을 하지 않는 연습을 해 봅니다.

심화 활동 4유형이 자기 자신에 대해 언급하는 행동은 이메일, 대화, 내면의 생각과 감정 등 여러 형태로 나타납니다. 이렇게 하지 않으려면 우선 자신이 그렇다는 것을 인정해야 합니다. 예를 들면 나, 나를, 나의, 내 것이라는 단어를 자주 사용한다거나, 수많은 개인 경험이나 감정을 공유한다거나, 대화의 방향을 자신에게로 다시 바꾸는 것을 들 수 있습니다. 또한 자신의 사고, 감정, 경험에 대해 계속해서 생각한다거나, 마치 자신이 바퀴의 중심축이고 외부 사건들은 중심축을 향해 모이는 바퀴살인 것처럼 여기는 것을 뜻합니다. 대부분의 사건이 자신으로부터 생겨난다거나 자신에게로 반사되어 돌아온다고 보는 세계관을 갖는 것을 인식하십시오.

4유형이 자신에 대해 언급하는 행동의 정도를 깨달은 다음에는 한 번에 한 단계씩 해당 행동을 최소화할 수 있습니다.

첫 번째는 이메일입니다. 이메일은 작성하고 발송하기 전에 검토할 수 있기 때문입니다. 메일 내용에 자신에 대한 언급이 줄어든 만큼 일상적인 대화도 변화될 가능성이 있습니다.

이것보다 더 바꾸기 힘든 행동은 대화의 방향을 자신에게로 돌리는 것입니다. 이러한 행동이 종종 무의식적으로 일어나기 때문에 다수의 4유형이 이런 행동을 인정하지 않습니다. 그들은 이런 행동을 공감과 개인적 온정을 보이는 것으로 여깁니다.

개인적인 이야기를 자주 말하는 자신에 대해 더 깊이 인식하고 싶다면 하루 동안 누구에게도 개인적인 이야기를 삼가십시오. 그리고 자신에 대한 개인적 일화를 말하고 싶은 충동이 드는 횟수와 자신을 억제하는 데 드는 에너지를 관찰해 보십시오.

둘째 날도 동일하게 보내며 자제하는 것이 좀 더 쉬워졌는지 아닌지를 느껴보십시오. 그 다음 이틀 동안 또는 개인적인 이야기를 공유하지 않는 것이 더 편해질 때까지 이 활동을 계속하십시오. 그 다음 2주 동안에는 하루에 2개 이하의 이야기를 말해봅니다. 이 활동을 통해 자신에 대해 언급하는 행동을 많이 줄일 수 있습니다.

인생에서 일어나는 일 모두가 당신이나 어떤 한 개인에 관한 것이 아니라는 사실을 기억하십시오. 각 사람에게는 자신만의 경험세계가 있고 사건은 한 사람에 관련해서만 생기지 않습니다. 누군가가 자신을 비판하거나 등한시하는 느낌이 드는 경우, 그의 행동이 자신과는 관계가 없거나 매우 적은 연관이 있음을 기억하는 것이 특별히 중요합니다. 상처받거나 화가 나거나 타인이 자신에 대해 개인적인 반응을 보이는 경우, 이것은 나에 대한 것만은 아니야, 이 일은 다른 사람의 경험과 연관되어 일어났을 수 있어라고 자신에게 말하는 것이 도움이 됩니다.

4유형의 날개 및 화살(스트레스 – 안정) 유형을 통합하는 계발 전략

날개는 자신의 핵심 에니어그램 유형의 양 옆에 있는 에니어그램 유형을 말합니다. 화살은 자신의 핵심 에니어그램 유형에서 뻗어 나온 화살표가 가리키는 에니어그램 유형과, 자신의 에니어그램 유형을 가리키는 화살표가 시작되는 곳의 에니어그램 유형을 의미합니다. 날개 및 화살 유형은 자신의 핵심 에니어그램 유형을 변화시키는 것이 아니라, 생각과 감정의 방식을 넓히고 풍부하게 하며 행동을 강화하는 정보를 제공합니다.

날개 및 화살 유형은 한 사람 한 사람을 보다 복합적이고 다양하게 만들며, 자기계발에 필요한 도구로써 개인의 성격에 더 많은 특성을 제공합니다.

1. 3유형 날개를 통합하십시오

▶ 스스로 감당하도록 하십시오

　대부분의 3유형은 자신이 해야 할 일을 방해하는 감정으로 부터 분리하는 방법을 알고 있습니다. 4유형은 감정에 휘말리면 아무것도 하지 못하게 됩니다. 4유형이 내면에서 몰아치는 감정으로 인해 극히 감정적으로 될 때 스스로에게 이렇게 말해보십시오. 지금은 매우 감정적이지만 이 감정이 나를 압도하도록 내버려 두지는 말자. 지금 내가 신경 써야하는 업무가 무엇이지?

　그리고 과제에 초점을 두는 연습을 할 수 있습니다. 과도한 감정을 느낄 때 마다 이 질문을 다시 해보십시오.

▶ 업무적으로도 각광받는 자리에 서도록 하십시오

3유형은 업무와 관련해서 주목받는 대상이 되는 것을 좋아합니다. 4유형은 대인관계 상황에서 전형적으로 개인적인 관심을 추구하지만, 업무에서도 주목을 받게 되면 자의식이 생기고 이해가 빨라질 수 있습니다. 타인의 영향력이나 지명도는 해치지 않으면서, 무대 앞과 중앙으로 나가는 모험을 감수해 보십시오. 예를 들어 기회가 되면 프로젝트나 조직의 리더 역할을 자원하십시오. 많은 청중 앞에서 발표를 해보고 진정으로 그 경험을 즐기는 법을 배우십시오. 신문이나 라디오 또는 텔레비전에 자신의 이름이 언급되는 방법을 찾고 성과를 내는 능력을 계속해서 향상시키십시오.

▶ 일에 집중하십시오

3유형은 대부분의 시간에 집중하여 일하고 목표를 이루고자 하며 자신이 원하는 성취에 방해가 되지 않도록 합니다. 4유형도 일에 초점을 맞출 수 있지만 감정적으로 걱정되는 무엇인가 생기면 일에 집중하는 데 어려움을 느낍니다. 4유형이 걱정거리가 있을 때는 감정이 계속해서 재생되어 결국은 감정의 소용돌이에 휘말리게 됩니다. 4유형이 감정을 그냥 지나치는 법을 배우면 초점을 유지하고 평정을 회복하는 데 도움이 됩니다.

추후에 앞으로 나아가지 못하고 좌절할 것 같은 느낌이 또 들려고 하면 자신의 감정을 인정하고 이렇게 질문해 보십시오. 나는 감정 속으로 빠져 들기를 선택할 수도 있고, 계속 집중하는 것과 새로운 무언가를 시작하는 것을 선택할 수도 있다. 어느 쪽을 택할 것인가?

2. 5유형 날개를 통합하십시오

▶ 더 객관적이 되십시오

5유형의 객관적인 접근법은 4유형의 주관적인 성향을 훌륭히 보완하여 균형을 이룰 수 있습니다. 4유형이 타인에게 반응할 때, 상황속의 실제적인 면을 보다 중시하고 주관적인 초점을 덜 사용하면 보다 객관적인 접근법을 연습할 수 있습니다. 예를 들어 어떤 일이 발생할 때 4유형은 이렇게 자문할 수 있습니다.

이 상황이나 사실에 대한 나의 감정이나 해석과 대조되는 실제 사실은 무엇인가?

4유형이 타인에게 대답할 때는 자기인용과 감정적 단어의 사용을 최소화하는 것이 좋습니다. 예를 들어 "사람을 대하는 방식에 있어서 나의 가치와 반대되는 그 결정은 찬성할 수 없습니다."라고 말하고 싶은 경우에는 이렇게 바꾸어 말할 수 있습니다.

"사람이 어떻게 대우를 받아야 할 것인가라는 측면에서 이 결정을 살펴보는 것이 도움이 될 듯합니다."라고 자신의 마음을 더 객관적으로 표현할 수 있습니다. 4유형은 5유형에게 당신이라면 이 상황에서 어떤 방식으로 접근합니까?라고 질문함으로써 5유형의 견해를 구할 수도 있습니다. 이와 같이 객관성을 높이면 4유형이 보다 덜 감정적인 태도로 반응하고 위기상황에서 평정을 유지하는 데 도움이 됩니다.

▶ 명확한 경계를 설정 하십시오

4유형이 자신과 타인의 경계의 시작과 끝을 구분하는 데 종종 어려움을 겪는 반면, 대부분의 5유형은 자신과 타인 사이에 명확한 경계를 세우는 법을 알고 있습니다. 이와 같이 사람 간의 경계에는 기대, 역할, 정보 공유, 감정, 신체 공간, 책임 등이 포함됩니다. 4유형은 다음과 같은 지침을 따름으로써 명확한 경계를 세우는 법을 배울 수 있습니다.

➤ 자신과 타인 사이에 어려움이 생긴 시점이나 관계가 시작되는 시점에서 상대에 대한 기대에 관해 논의하도록 하십시오.

➤ 동료, 부하, 상사, 배우자, 부모, 친구 등 직접적으로 영향을 받는 사람과 자신의 다양한 역할에 대해 의논하고 협상하십시오.

➤ 자신에 대한 이야기를 다른 사람에게 덜 말하고 허락이 있을 때에만 제 3자와 타인에 관한 정보를 논의하십시오.

➤ 자신과 타인 사이에 투과성 필터를 만드십시오. 피드백을 받거나 누군가 나를 거부했다고 느낄 때 그 부정적 정보를 바로 흡수하는 대신 정확한 사실을 통해 자신의 주관적인 해석과 비교하여 해당 정보를 받아들이거나 걸러낼 수 있습니다.

➤ 평소에 자신과 타인 사이에 있는 개인 공간을 8~15㎝ 추가하여 거리를 더 두고 그들이 먼저 연락하기 전에는 당신이 먼저 연락하지 마십시오.

▶ 자신의 생각을 가치 있게 여기십시오

5유형은 자신의 사고를 소중하게 여길 줄 알지만 감정도 가치 있게 여기는 법을 배워야 합니다. 반대로 4유형은 감정과 경험을 가치 있게 여기지만 지성은 덜 강조합니다. 자신에게 높은 수준의 분석 능력이 있어도 그렇습니다. 그러나 신체뿐만 아니라 지성과 감성 모두에 독특한 지능이 존재합니다.

4유형은 종종 자신의 분석 능력을 사용하여 감정과 경험을 분석하지만 다른 목적을 위해서도 지성을 사용할 수 있어야 합니다.

분석적인 계획을 위해 지적 기능을 사용해 보십시오. 예를 들어 의사결정을 해야 하는 경우 의사결정 방법으로 체계적 과정을 개발시킨 후에 실행 계획을 설계합니다. 마찬가지로 예술작품을 관람해야 하는 경우나 훌륭한 연극 또는 좋은 영화를 보러 가거나 멋진 음악을 들어본 다음, 그 경험을 즐길 뿐 아니라 작품 수준을 가늠하게 하는 구성요소도 분석해 봅니다.

3. 스트레스 지점인 2유형 화살을 통합하십시오

▶ 낙관주의를 유지하십시오

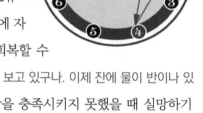

2유형은 사람과 일에 대해 낙관적인 견해를 지니는 경향이 있습니다. 그러나 동일한 상황에서 4유형은 무엇이 없는지에 주목합니다. 본질적으로 4유형은 가능성과 실제 상황 간의 차이를 날카롭게 인지하는 반면, 2유형은 가능성에 더 주목합니다. 4유형은 적절한 시점에 자신에게 다음과 같이 말함으로써 낙관적인 성품을 회복할 수 있습니다. 나는 지금 이 상황을 잔에 물이 반밖에 없다고 보고 있구나. 이제 잔에 물이 반이나 있다고 보도록 하자. 사건 또는 상호작용이 자신의 이상을 충족시키지 못했을 때 실망하기보다는 잘 되었던 일들에 초점을 두고 개선 가능성에 대해 감사할 수 있습니다.

▶ 상대하기 쉽고 편한 사람이 되십시오

2유형은 자신의 성격을 타인에게 맞추는 경향이 있어서 대부분 동조를 잘 하고 호감이 가며 대하기 편한 사람들입니다. 이와 대조적으로 4유형은 훨씬 더 논쟁적입니다. 그들은 다른 사람을 기쁘게 하는 것보다 진정한 자신을 표현하는 데 더 관심이 있기 때문입니다. 이와 같은 성향은 다수의 4유형이 나타내는 우울함과 예측할 수 없는 감정 상태와 결합하여 타인들에게 대하기 어려운 사람으로 인식되는 원인이 되기도 합니다. 4유형은 오늘 나는 정말로 대하기 편안한 사람이 될 거야!라고 다짐할 수 있습니다. 이 원칙에 입각해서 대하기 쉽고 편한 사람이 되는 데 하루를 보내 보십시오.

힘든 상황에 처하게 되면 내가 지금 상대하기 쉬운 사람인가? 스스로 질문해보십시오. 아니라는 대답이 나오면 자신의 행동을 바꾸도록 노력해보십시오. 이는 자신의 생각이나 느낌을 말하지 말라는 의미는 아닙니다. 우선 다른 사람의 말을 충분히 듣고, 말하는 스타일과 신체언어에서의 강렬함을 줄이고, 상대를 매우 존중하는 느낌으로 대하십시오.

▶ 타인에게 관심을 두십시오

2유형과 4유형은 많은 면에서 동전의 양면과 같습니다. 두 유형 모두 가슴 센터에 기반을 두며, 강한 감정 반응을 보입니다. 또한 2유형과 4유형은 세상이 즐거운 가능성과 괴로움으로 동시에 가득 차 있다고 믿는 세계관을 공유합니다. 그러나 4유형은 자신과 스트레스에 더 집중하는 반면, 2유형은 타인에게 관심을 두고 다른 사람이 고통 받지 않도록 애를 씁니다. 4유형은 타인에게 더 집중함으로써 자신만의 틀을 넘어서 상대의 세계 속으로 들어갈 수 있습니다.

자신만의 세계로 들어가 자신만의 반응에 머무르는 데 많은 시간을 쓰고 있는 자신을 알아차리게 되면 이를 멈추고 질문해 보십시오.

다른 사람(자신의 감정적 반응을 촉발했던 사건에 직접 관련된 사람이면 더 좋다)은 어떤 감정을 느끼고 있는가? 그 사람은 무엇이 필요한가?

4. 안정 지점인 1유형 화살을 통합하십시오

▶ 비즈니스를 돌보십시오

1유형은 대응을 빨리 하는 것이 책임 있는 행동이라고 해석하기 때문에 업무를 신속하게 처리하는 경향이 있습니다. 이와 대조적으로 4유형은 자신의 관심사를 먼저 수행하는 경향이 있으며 창의적이고 의미 있어 보이는 업무를 수행하기 위해 흥미롭지 못하거나 평범하게 보이는 일은 미루어 둡니다. 4유형은 이와 같은 경향을 극복하기 위해 다음과 같은 조치를 수행하여 소소한 일들을 처리할 수 있습니다.

➤ 업무 수행 계획을 세우십시오.

➤ 일상적인 업무 처리에 매일 특정 시간을 할당하도록 합니다.

➤ 일상 업무는 즉시 처리하여 쌓이지 않도록 합니다.

➤ 평범한 업무를 개발 기회로 여기십시오. 평범한 일에서 즐거움과 만족을 찾는 것입니다.

▶ 정확도를 높이십시오

4유형은 자신이 정확한 사람이며 세부사항에 집중하는 성격을 지녔다고 생각할 수 있습니다. 그러나 1유형의 정밀함과 정확함을 배움으로써 자신이 크게 성장할 수 있다는 사실을 깨닫게 될 것입니다. 4유형은 큰 그림을 볼 때 무엇이 부족한지 알아챌 수 있지만, 세부 사항의 오류를 찾지 못합니다. 정밀함이라는 기술을 연마하기 위해서 이메일(또는 기타 문서)을 보내기 전에 최소한 세 번 이상 다시 읽으십시오. 우선 의미가 정확한지 내용을 검토합니다. 다음으로는 철자법, 문법, 문장 구성을 검토합니다. 마지막으로 오타는 없는지 여부와 더 나은 이메일 작성을 위해 변경해야 할 다른 점은 없는지 전체 문서를 검토하십시오. 4유형은 식당에 가서 다음과 같은 내용을 체계적으로 자문해 보는 것도 도움이 됩니다. 테이블과 의자, 인테리어, 메뉴 디자인 등 모든 사물이 조화를 이루는가? 메뉴에 오타나 잘못된 철자는 없는가? 서비스는 흠잡을 데가 없는가?

이처럼 4유형은 세부사항에 주목하는 연습을 체계적으로 실행함으로써 삶의 다양한 면면에 세부사항을 통합하게 됩니다.

▶ 자신의 생각을 나눌 때 자기 주장을 강하게 하십시오

1유형은 대부분의 경우 자신이 옳다고 생각하며 특별히 타인의 기준을 따르지 않습니다. 때문에 자신의 의견이 비판당하거나 타인들이 어떻게 반응할지에 대해 걱정하지 않으며 자신의 의견을 강력히 내세우는 경향이 있습니다. 이와 대조적으로 4유형은 강경한 견해가 있어도 자신의 생각 또는 감정의 표현을 주저합니다. 뿐만 아니라, 다른 생각 또는 반응이 생겨날지 궁금해하고 다른 사람들이 개인적으로 자신의 의견에 직접 도전할까 우려하는 경향이 있습니다. 4유형은 다음과 같은 질문을 스스로에게 해봄으로써 보다 더 명확함을 가지고 행동하며 앞으로 나가는 유익을 얻을 수 있습니다. 지금 내가 믿고 있는 것이 진실하고 정확한 것인가? 내 의견이 나중에 바뀔 수도 있다는 것을 알고 있는가?

나중에 의견이 바뀌더라도, 4유형은 지금 이 순간 그들이 진실이라고 믿는 것에 대해 확신을 가질 때, 그들이 생각하는 것을 단순하게 말하는 것에 대해 용기와 확신을 가지는 연습을 할 수 있습니다. 이것은 매우 자유로운 느낌이 들 것입니다.

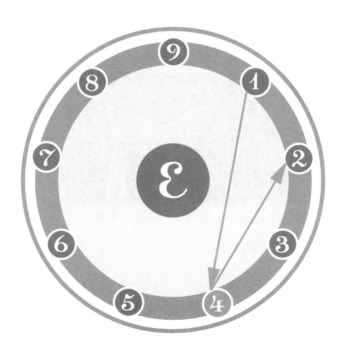

의사소통 계발 전략

　다른 사람과 의사소통을 할 때 세 종류의 의도하지 않은 왜곡, 즉 말하는 방식, 신체언어, 맹점이 발생할 수 있습니다. 말하는 방식이란 전반적인 말하는 패턴을 의미합니다. 신체언어에는 자세, 얼굴표정, 손짓, 몸의 움직임, 에너지 수준, 그 외 수백 가지의 비언어적 메시지가 포함됩니다. 맹점이란 자신은 인식하지 못하지만 다른 사람에게는 매우 잘 보이는 의사소통의 요소로서, 자신에 대한 정보를 포함하고 있습니다. 우리 모두는 말하는 방식과 신체언어, 그리고 다른 추론적 자료를 통하여 무의식적으로 정보를 전달합니다.

　메시지를 수신하는 사람도 자신의 왜곡 필터로 듣는 내용을 왜곡합니다. 왜곡 필터는 수신자의 에니어그램 유형을 토대로 다른 사람의 말을 바꾸어 듣게 하는 무의식적인 관심과 가정들입니다.

말하는 방식　　　신체언어　　　맹점

한 번에 한 가지씩 의사소통 방식을 변화시키십시오

가능하면 다음의 순서대로 한 번에 한 가지의 행동을 변화시키는 것이 가장 효과적입니다. 말하는 방식, 신체언어, 맹점, 경청 시 왜곡필터의 순서로 변화시키는 것이 바람직합니다. 우리가 잘 인식하고 있는 행동을 변화시키는 것이 가장 쉽습니다. 가장 잘 인식하고 있는 것부터 가장 인식하기 어려운 것으로의 변화가 일반적인 순서입니다.

4유형의 말하는 방식

➤ 나는, 나를, 나의, 내 것 등의 단어를 자주 사용함
➤ 자신에 대해 이야기함
➤ 감정에 대해 논의함
➤ 개인적인 이야기나 고통스러운 이야기를 공유함
➤ 개인적인 질문을 함
➤ 단어 선택에 신중함

4유형의 신체언어

➤ 극적이게 느껴지는 과장된 몸짓이나 눈빛
➤ 긴박감
➤ 자신이 말한 단어를 분석하며 내면에 집중하는 것으로 보임
➤ 관심을 끌기 원함을 표현함
➤ 눈이 촉촉하거나 슬퍼 보일 수 있음

4유형의 경청시 왜곡 필터

➤ 개인적인 거절감
➤ 무시와 비하
➤ 결함이 드러나는 것을 원치 않음
➤ 오해 받음

4유형의 맹점

➤ 자신에 대해 언급함으로써 자신에게로 대화의 초점을 돌림
➤ 상대가 더 이상 문제에 대해 의논하고 싶지 않을 때조차 대화를 완전히 마무리해야 함
➤ 극적으로 보이거나 인위적으로 보일 수 있음
➤ 움츠리거나 냉담하거나 저자세로 보일 수 있음

※ 이러한 특징들은 긍정적일 수도 있고 몇몇은 부정적일 수도 있으며 중립이거나 혼합된 것일 수도 있습니다. 이 목록은 당신이 선택할 수 있는 것들에 대하여 전체적인 아이디어를 주기 위하여 만들어진 것입니다.

당신의 언어 표현을 확장하고 변화시키기 위하여 문자나 이메일을 사용하십시오

➢ 문자나 이메일을 보내기 전에 자신의 언어 선택과 어조를 검토하십시오

➢ 자신에 대해 언급하는 단어(예: 나, 나의, 나를, 내 것, 나 자신)의 횟수를 줄이십시오

➢ 개인적인 언어는 줄이되 좀 더 객관적인 언어를 사용하십시오

➢ 자신에 대한 일화를 적게 말하십시오

피드백 계발 전략

정직하고 긍정적이며 건설적인 피드백은 다른 사람들의 행동에 대해 직접적이고 객관적이며 단순하고 정중한 관찰을 의미합니다. 이러한 피드백은 인간관계와 직무 수행 모두를 향상시킵니다. 피드백을 할 때, 에니어그램의 통찰이 결합된 피드백 공식을 사용하면 원하는 성과를 내는 데 도움이 됩니다. 상대방이 당신에게 피드백을 할 때, 상대가 말하고자 하는 내용을 당신이 수용적으로 받아들일수록 새로운 시각을 얻으며, 더 나은 해결 방법을 활용할 수 있습니다.

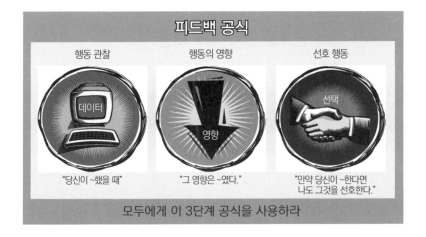

4유형의 피드백 전달 능력 향상 방법

다른 사람에게 피드백할 때에는 당신이 먼저 준비되어 있어야 하고, 피드백을 받는 사람도 가능한 수용적인 자세여야 바람직합니다. 피드백을 전달하는 방법과 시점이 실제로 말하는 내용만큼이나 중요하다는 점을 기억하십시오.

피드백을 계획하고 전달하려면 피드백 공식의 3가지 요소와 함께 다음의 제안을 활용하십시오.

➤ 공감을 표시하십시오. 그러나 자신의 감정을 너무 이입시켜서 상대의 감정을 아는 것처럼 추정하지 않도록 주의하십시오.

➤ 진실성은 유지하되 긍정적인 말투로 긍정적인 의견을 피력하십시오.

➤ 상대가 나에게 맞추도록 하기보다 상대에게 더 주의를 기울임으로써, 당신이 그 사람의 관심분야, 기분, 에너지에 맞추도록 노력하십시오.

➤ 진정성 있고, 진실하며, 공감을 이루려고 최선을 다했더라도 때때로 자신의 의도가 오해를 받을 수 있음을 기억하십시오.

4유형이 피드백을 좀 더 수용적으로 받는 방법

➤ 누군가 당신에게 부정적인 피드백을 준다면 당신은 오해를 받거나, 거절당하거나, 충분히 좋지 못한 상태에 있다고 우려할 수 있습니다. 이러한 자신의 경향을 인식하게 되면 타인이 말하는 것에 보다 더 개방적이 될 수 있습니다.

➤ 긍정적인 피드백에 대해 보다 더 수용적인 자세를 취하십시오. 당신이 동의하는 긍정적인 피드백을 수용한 다음 자신의 것으로 만드십시오. 4유형은 부정적인 피드백의 경우 자신이 그에 동의하는지 여부를 해석하지 않고 그대로 흡수하는 경향이 있으나, 긍정적인 피드백은 즉석에서 무시하는 경향이 있습니다. 긍정적인 피드백을 통합하는 방법을 배우면 더 건설적인 피드백으로 반응 할 수 있습니다.

➤ 부정적이든 긍정적이든 간에 피드백을 제공할 때는 누구나 약간은 불편함을 느낀다는 것을 기억하십시오. 당신에게 피드백을 제공하는 사람이 최상의 업무가 가능하도록 지원하는 데 집중하면, 자신에게 집중하는 것을 줄이는 데 도움이 될 뿐 아니라, 주어진 피드백에 대해서도 제대로 반응할 수 있게 됩니다.

갈등관리 전략

직장과 가정에서 인간관계는 어느 정도의 갈등을 포함하고 있습니다. 갈등은 다양한 요인 때문에 발생하며, 일반적으로 다음과 같은 핀치(분노유발)-크런치(충돌 상황) 사이클을 따라갑니다.

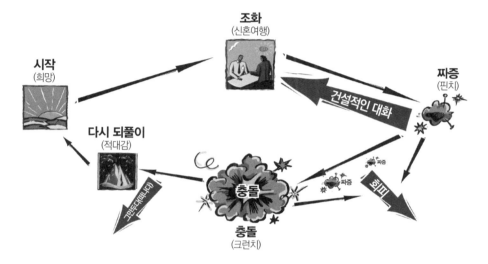

갈등의 근본 원인이 무엇이든지 간에 개입된 핵심 당사자의 에니어그램 유형은 갈등의 역동성 및 해결에 있어서 중요한 요소가 됩니다. 에니어그램을 사용하면 당사자 모두가 파괴적인 경험이 아니라 건설적으로 갈등을 해결할 수 있습니다. 자신에 대해 잘 알고, 갈등상황에서 자신의 책임에 대해 잘 이해하며, 건설적으로 자기관리를 할수록, 그리고 에니어그램 지식을 통해 타인에게 접근하는 최선의 방법을 잘 아는 만큼, 신속하고 효과적인 결과를 얻을 수 있는 기회가 커집니다.

모든 에니어그램 유형에는 독특한 핀치(분노 유발자)가 존재합니다. 즉 어떤 유형의 사람에게는 항상 분노를 유발하는 특정 상황이 다른 유형의 사람에게는 영향을 미치지 않을 수 있습니다. 4유형의 경우 다음과 같은 상황이 핀치가 됩니다.

나를 화나게 하는 것들

무시당하거나 경시 당함.

4유형의 가치에 반하는 행동을 하도록 요구받음.

4유형의 질투를 유발하는 사건.

분노를 성장의 기회로 변화시킬 수 있는 계발 전략

1. 업무 관계가 시작될 때 나를 화나게 하는 것이 무엇인지 공유하십시오

4유형은 업무 관계 초기에 관계 확립을 원하기 때문에 핀치라는 주제를 대화 초기에 추가하기 쉽습니다.

"성공이든 실패든 과거의 경험에 대해 솔직해지면 관계에 도움이 되고 서로에 대해 더 잘 알 수 있습니다. 이것을 바탕으로 업무 관계에 있어서, 해야 할 일과 하지 말아야 할 일을 알 수 있습니다. 제 얘기를 먼저 해 보겠습니다."라고 말할 수 있습니다.

4유형은 어쩌면, 업무관계의 초기 단계에 핀치상황(예: 무시당함, 질투)에 대해 얘기하는 것이 너무 개인적이고 자신이 노출된다고 느낄 수도 있습니다. 그러나 4유형은 이렇게 이야기할 수 있습니다. "내 업무에 어떤 식으로든 관련된 대화나 회의에 합류되어, 존중 받는다는 느낌이 들 때 다른 사람들과 일을 더 잘하는 경향이 있습니다. 다른 사람의 빠른 반응도 제게 큰 의미가 있습니다. 이메일을 보내거나 전화를 했을 때 하루 이틀 내에 신속한 회신을 해 주시면 감사하겠습니다. 항상 그러실 수는 없겠지만, '제가 지금 너무 바빠서 이번 주 후반 즈음에 연락하겠습니다.' 정도의 신속한 대답도 매우 도움이 됩니다."

2. 핀치를 느끼거나 화가 나는 것을 느끼는 즉시 말하십시오

4유형은 핀치를 느낄 때 아무 말도 하지 않거나 매우 충동적으로 말하는 경향이 있습니다. 4유형의 경우 핀치의 원인이 무엇인지 예측하는 것은 거의 불가능합니다. 4유형은 핀치에 매우 민감하므로 가능한 한 빨리 그것에 대해 표현하는 것이 중요합니다. 그러나 바로 그 자리에서 상대를 곤란하게 해서는 안 됩니다.

예를 들어 4유형에게 적절한 보상이 없는 업무를 지시하면, "왜 하필이면 저에요? 다른 사람은 없나요?"라고 불평하게 됩니다. 솔직한 반응이기는 하지만, 상대를 불쾌하게 만들 수 있습니다. 불쾌하게 만들지 않고도 같은 말을 다른 방법으로 표현할 수 있습니다.

"이 일을 시키시는 이유는 이해하지만, 일에 대한 제대로 된 보상 없이 일을 하는 것은 조금 곤란합니다. 혹시 다른 대안은 없을까요?"

자신의 대답이 너무 공격적으로 보이는 것을 막으려면, 숨을 깊게 세 번 들이쉬는 오래된 지혜를 사용할 수 있습니다. 이를 통해 핀치에 대해 무엇을 말할 것인지 다시 정리할 기회를 얻게 됩니다. 4유형은 말하기 전에 약간의 시간을 갖는 것을 선호합니다. 그러나 처음 핀치상황에 또 다른 핀치를 얹지 않기 위해서는 시간을 너무 끌지 않도록 주의해야 합니다.

3. 핀치나 스트레스에 따른 행동이 시작되려고 하면 운동이나 산책 등 신체 활동을 하십시오

대다수의 4유형은 코앞에 닥친 갈등에 대해 생각하는 것만으로 의기소침해지고 우울하다고 느낍니다. 그 결과 특정 사건이 왜 일어났는가에 대한 정신적 분석과 자신의 감정의 반향에 집중하다 보면 무기력해 질 수 있습니다. 규칙적으로 운동을 하는 4유형도 고민이 있을 때는 운동을 멀리할 수 있습니다. 몇몇 형태의 신체 활동을 통해 자신을 잘 돌보아야 한다는 메시지를 스스로에게 보내십시오. 운동은 4유형의 감정과 사고가 계속해서 움직이고 흐르게 합니다. 그리고 화가 나는 경험과 관련된 감정의 반복적 발생에 대하여 대처하는 역할도 합니다.

4. 부정적인 반응이나 핀치를 느낀다면 자신에게 질문하십시오

4유형으로서의 나에 대해 말하는 상대방의 행동은 무엇인가? 이 상황에 대한 나의 반응은 무엇인가? 그리고 여기서 내가 계발할 수 있는 영역은 무엇인가?에 대해 질문해 보십시오.

핀치와 크런치에 대해 심도 있게 탐구하는 것을 통해 어떻게 내 안에서 최상의 것을 끌어낼 수 있을까요?

게슈탈트 심리요법의 아버지인 프리츠 펄스Fritz Perls는 우울의 원인이 자신의 내면을 향한 분노인 경우가 많다고 설명했습니다. 가벼운 우울증에서 심각한 증세까지의 우울은 대부분의 4유형에게 친숙한 감정이기 때문에 이 개념에서 도움을 얻을 수도 있습니다.

4유형이 우울해지면 나의 우울은 분노를 감추고 있는 것인가? 그렇다면 내가 정말로 화가 난 원인은 무엇일까?를 자문하는 것이 큰 도움이 됩니다. 4유형이 이 질문을 깊이 있게 추구하면 해답이 명확해질 것입니다. 자주 발생하는 분노 문제는 거절, 질투, 그리고 어떤 측면에서 자신이 결함이 있다는 느낌과 관련이 있습니다.

4유형의 성장은 외부에서 오지 않습니다. 즉 4유형에게 성장이란, 타인이 거절을 덜하게 만들거나, 자신의 자격을 늘려 질투라는 감정을 줄이거나, 자신의 이미지를 바꾸거나, 타인들이 자신을 특별한 사람으로 취급하도록 독려하는 것을 의미하지 않습니다. 외부 환경을 개선시키려는 노력은, 4유형의 불안을 일시적으로 감소시킬 수 있지만 진정한 의미에서의 장기적 성장에 도움이 되는 것은 아닙니다. 4유형이 진정으로 성장하기 위해서는 거절에 대한 민감성에 대해 탐구하며, 자신의 인생에서 질투가 하는 역할에 대해 이해해야 합니다. 또한 모든 사람이 특별하며 타인에 비해 결함이 더 있거나 완벽한 사람은 존재하지 않는다는 점을 받아들여야 합니다.

팀 계발 전략

집단과 팀 간에는 차이가 있습니다. 집단은 공통 관심사가 있는 개인들의 집합을 말합니다. 팀은 하나 이상의 목표를 공유하는 구성원으로 구성된 특정 유형의 그룹입니다.

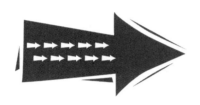

팀 구성원 간 상호의존성이 최적일 때에만 팀의 해당 목표를 달성할 수 있습니다. 또한 팀 구성원에게는 각각의 역할이 있습니다. 이 역할은 자신의 에니어그램 유형과 연관되어 예상 가능한 행동 패턴에 의한 경우가 많습니다.

과업 역할에는 과업 자체에 초점이 맞추어진 행동이 포함됩니다. 관계 역할에는 감정, 관계 및 의사결정과 갈등 해결 등의 팀 프로세스에 초점을 맞춘 행동이 포함됩니다. 그리고 팀은 형성기, 혼동기, 규범기, 성취기로 이루어진 4개의 연속 발달 단계를 거치기 때문에 독특하면서도 예측 가능한 역동이 존재합니다. 각 단계마다 다음 단계로 이동하기 전에 해결해야 하는 다음의 질문들이 있습니다.

팀 발달 단계	질문
형성기	우리는 누구인가, 우리는 어디로 가는가, 우리 모두 함께 그곳으로 갈 것인가?
혼동기	건설적이고 생산적인 방식으로 서로의 의견을 달리할 수 있는가?
규범기	최상의 팀을 조직하고 함께 일을 잘할 수 있는 방법은 무엇인가?
성취기	소진되지 않고 높은 수준에서 지속적으로 성과를 창출할 수 있는 방법은 무엇인가?

4유형 팀원과 팀 리더들을 위한 계발 전략

1. 팀 목표

4유형은 의미가 있고, 도전적이며, 광범위하면서도 특정 기준을 포함하는 팀 목표를 선호합니다. 하지만 다른 팀원의 경우 보다 정밀하고, 구체적이며, 좁은 범위의 팀 목표가 필요할 수 있습니다. 또한, 광범위한 목표를 좀 더 현실적인 업무성과로 바꾸어 운용할 수 있도록 돕는 목표들 역시 포함시켜야 합니다. 이를 통해, 당신이 실행가능한 일을 결정하는 것뿐 아니라 다른 팀원들이 좀 더 생산적으로 일하는 데에도 도움을 줄 수 있습니다.

2. 팀 상호의존성

당신은 독립성이 유지되는 한 상호의존적이며, 자기표현과 창의성을 허용하는 환경에서 일하는 것을 선호할 수 있습니다. 그러나 다른 팀들은 효율적으로 일하기 위해 다양한 상호의존

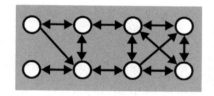

성의 수준에서 일할 필요가 있습니다. 각 팀의 최적의 수준에는 독립적으로 일하기 위한 개별 구성원의 범위가 있을 수도 있고 없을 수도 있습니다. 그리고 팀마다 상호의존에 대한 필요성이 다르며, 자기표현 및 창의성에 대해 편안하게 느끼는 수준도 다릅니다. 4유형은 자신이 원하는 정도의 독립성을 제공하지 않는 팀이나 감정 표현에 기꺼이 시간을 할애하지 않는 팀에서도 효과적으로 활동할 수 있는 능력을 키워야 합니다. 자신의 팀이 필요로 하는 상호의존 수준을 지원하기 위해서도 노력해야 합니다.

3. 팀 역할

4유형이 전형적으로 맡게 되는 과업관련 팀 역할에는 팀 내 의제를 관리하는 역할이 있습니다. 여기에는 다음과 같은 사항들이 포함됩니다. 중요 항목이 의제에 포함되어 있는지, 의제를 통해 팀이 협동을 잘 하고 있는지, 의제 항목들의 우선순위가 효율적으로 매겨지고 있는지의 여부에 대해 팀에 영향력을 미치고 의견을 제공하는 역할들입니다. 4유형이 맡게 되는 관계관련 팀 역할은 자신의 감정 반응과 개인적 경험을 공유함으로써 감정을 표현하거나 타인들이 그렇게 할 수 있도록 돕는 것입니다. 이와 같은 전형적인 역할을 초월하여 다음과 같은 팀 과업 역할 및 관계 역할을 맡아보십시오.

▶ 새로운 과업 역할

목표 정의와 업무 추적, 당신이 팀의 확실한 목표와 실행 가능한 성과를 믿고 있음을 명확하게 알리고, 팀이 업무와 함께 진보해 나가는 방식과 팀이 앞으로 진보하기 위해 무엇이 필요한가에 대한 자신의 의견을 제공하기

과업 역할

▶ 새로운 관계 역할

거시적인 환경 및 보다 객관적인 환경에서 발생하는 복잡한 문제들에 대해 언급하여 대안이 될 수 있는 견해와 행동 과정을 고려할 수 있게 함으로써 균형 있는 시각을 제공하기

관계 역할

4. 팀 역동

4개로 구성된 팀 발달 단계(형성기, 혼동기, 규범기, 성취기)에서 다음의 방법을 통하여 당신의 행동 목록을 계발하도록 시도하십시오.

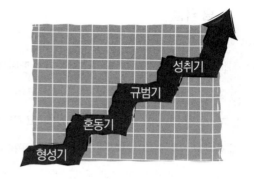

형성기	팀의 목적과 팀이 가장 효율적으로 기능하는 법에 대해 자신의 반응에만 초점을 두는 대신에, 다른 사람들의 의견과 감정도 이끌어내십시오.
혼동기	발생한 갈등을 해결하기위해 기꺼이 팀을 도우십시오. 그러나 자신의 생각과 감정도 기꺼이 공유하십시오.
규범기	함께 일하는 새로운 방식을 제안하는 노력을 계속 하고, 팀에 최선의 이익이 되는 규범이 자신의 자유를 어느 정도 규제하더라도 해당 규범에 대해 더 개방적이 되도록 노력하십시오.
성취기	이 단계에서는 팀의 친밀함과 효율성을 누리십시오. 한도 이상의 업무를 하지 않도록 주의하고, 팀원이 떠나거나 팀이 해체되는 경우 너무 낙담하지 않도록 주의하십시오

4유형 리더를 위한 추가적인 팀 계발 전략

팀으로 일하는 과정에 있어서 함께 일할 때 당신의 직관에 강점을 두십시오

팀 내에 깊숙한 곳에 깔려있는 문제에 있어 당신의 민감성을 사용하는 것은 중요합니다. 그러나 팀의 계발을 방해하지 않는 범위에서만 논의해야 하며 모든 문제를 철두철미하게 검토할 필요가 없다는 점을 기억하는 것도 중요합니다. 효율적이고 효과적인 방법을 통해 문제 확인 및 해결을 촉진하는 데 자신의 능력을 사용하도록 하십시오.

매우 낙담하게 될 때, 이것이 자신의 견해를 바꿀 시점을 알리는 신호라고 생각하십시오

리더가 낙담하게 되면 팀에 그 느낌이 전달되어 사기가 저하됩니다. 실망하거나 걱정이 시작될 때마다, 자신이 신뢰하는 사람으로 구성된 임시 고문단을 소집하여 이런 반응을 차단하십시오. 고문단은 걱정의 원인이 되는 조직 요인을 해결하는 혁신적 방법을 만들어 내는 데 도움을 주며 리더가 다른 관점을 지닐 수 있도록 해줍니다.

좀 더 재미있는 사람이 되십시오

4유형은 강렬하고 심각한 팀 리더입니다. 꼭 부정적인 성격은 아니지만, 어느 정도 편안한 재미를 추구하는 성격과 균형을 이룰 필요가 있습니다. 불리한 상황에서 재미있는 부분을 찾아보고, 보통 때 같으면 부정적으로 보았을 현재 상황의 불합리성을 웃어 보고, 자신의 심각함과 경솔함의 균형을 맞추기 위해 노력하십시오.

리더십 계발 전략

리더십 계발을 위한 치열한 도전들은 복잡하면서 힘들고 예측 불가능하지만 흥미진진하면서도 충분한 보상이 따르는 일입니다. 그 도전에는 유쾌한 상황이나 스트레스 상황에서도 수백 명의 사람들과 효과적으로 상호작용하고, 자신을 관리할 수 있는 능력이 요구됩니다.

이러한 이유로 리더들은 정직한 자기성찰의 시간을 반드시 가져야 합니다. 비범한 리더가 되는 사람은 미래를 예상할 수 없더라도 도전에 직면함으로써 진취적이고 혁명적인 방법으로 성장할 수 있습니다.

탁월한 리더십은 여러 가지 형태로 나타나며 특정한 에니어그램 유형의 전유물은 아닙니다. 당신의 에니어그램 유형은 리더로서의 강점이 있지만, 성공으로 가는 길에 장애물을 만들어내곤 합니다.

4유형의 리더는 '열정 추구'라는 특별한 재능을 나타냅니다. 그러나 가장 뛰어난 장점은 또한 가장 취약한 약점이 될 수도 있습니다. 의미와 연결에 대한 4유형의 끊임없는 추구는 4유형의 리더를 자신의 감정기복에 따라, 업무가 아니라 주로 리더 자신에게 초점을 맞추도록 합니다.

리더십 향상을 위한 계발 전략

1. 자신보다 타인들에게 초점을 맞추십시오

현재 자신이 사용하고 있는 '나는, 나를, 나의' 등의 단어와 개인적 일화를 늘어놓는 빈도를 10%로 줄이십시오. 자신이 타인의 입장이라면 어떻게 대응할 것인가에 대해 생각하지 말고, 실제로 타인들이 어떻게 느끼는가에 대해 생각하십시오.

2. 강렬함을 줄이십시오

말하는 내용과 방법에서 강렬함의 정도를 절반 이하로 줄이십시오. 자신이 끝내기를 원하는 시간 전이라도 대화가 종료되게 내버려두며, 끊임없이 타인의 주목을 끌려고 하지 말고 덜 극적인 방법으로 자신을 표현하는 법을 배우십시오.

3. 용서하고 흘려보내는 법을 배우십시오

어려운 상황에 머물러 있거나 누군가에 대해 적대적인 감정을 오랫동안 가지는 대신에 생각하고 느끼고 경험하고 계속 나아가는 법을 배우십시오. 팀원들은 리더의 균형이 필요합니다.

성과창출 전략

지속적으로 높은 품질의 성과를 보이고, 성과를 위해 매진하며, 자신의 잠재력에 도달함으로써 고객에게 신뢰를 얻는 것은 중요한 일입니다. 이를 통해 생산성이 증가되고, 신제품 개발 분야의 한계가 넓어지며, 자신의 분야에서 리더로서 조직을 지원하게 됩니다.

1. 당신의 감정뿐 아니라 생각을 따르십시오

대부분의 4유형은 자신의 내적인 경험과 감정을 먼저 따른 다음, 자신의 반응을 이해하기 위해 분석 기능을 사용합니다. 또한 타인의 감정을 지나치게 중시하는 경향이 있습니다. 예를 들어 조직을 위한 최선책은 무엇인가에 초점을 맞추기보다는, 누군가의 선호에 따라 업무 또는 업무 책임을 구성하는 경향이 있습니다. 핵심은 자신과 타인의 개인적 경험을 무시하라는 것이 아니라, 자신의 민감성과 연계하여 객관적 사고력을 활용하는 데에 있습니다.

2. 당신이 보기에 필요한 것이 아니라, 그들이 실제 필요로 하는 것을 제공하십시오

타인과 공감하고 민감하게 반응하는 것은 장점이지만, 주어진 상황에서 당신이 반응하는 방식과 타인들이 실제로 느끼는 방식을 구분하는 것은 중요합니다. 타인들이 어떻게 느끼는지 또는 무엇을 원하는지 직접 물어보십시오. 당신이 예상한 그들의 필요를 말한 다음, 상대방의 승인을 구하는 것이 최선의 방법입니다. 그리고 사람들이 상처를 입거나 화를 낼까 두려워 부정적인 피드백을 제공하는 것을 보류하지 마십시오. 상대에 대한 긍정적 관심을 유지하는 동시에 객관적인 언어로 피드백을 구성하면 상대도 건설적인 방식으로 반응할 것입니다.

3. 프로젝트 계획의 세부사항을 보다 명료하게 만드십시오

어떤 사람은 공통 비전, 공유 목표, 핵심 이정표만 있어도 쉽게 일할 수 있는 반면, 어떤 사람은 보 다 더 명확한 정보와 지시가 필요합니다. 그러므로 더 세부적인 계획을 만들어 다른 계획들과 조정을 하면 모두에게 매우 도움이 될 것입니다. 이는 본인이 리더인지 여부와 상관없습니다.

전략 계발

    팀과 조직이 최상의 성취도와 효율성에 도달하려면, 리더들과 각 공헌자들은 조직의 진정한 비즈니스가 무엇인가를 이해하고 다방면으로 생각해서 전략적으로 행동해야 합니다.

    '비즈니스 파악하기'와 '전략적으로 사고하고 행동하기'는 서로 밀접하게 연관되어 있습니다. 비즈니스를 이해하지 않고, 전략적으로 사고하고 행동하기란 있을 수 없습니다. 이 사실을 알고 있다면, 이것을 전략적인 방법으로 사용할 필요가 있습니다. 그 방법으로는 공통의 강력한 비전을 갖고 일하기, 고객에게 초점을 맞춘 미션, 훌륭한 전략, 그리고 그 전략과 일치되는 효과적인 목표와 전술이 있습니다.

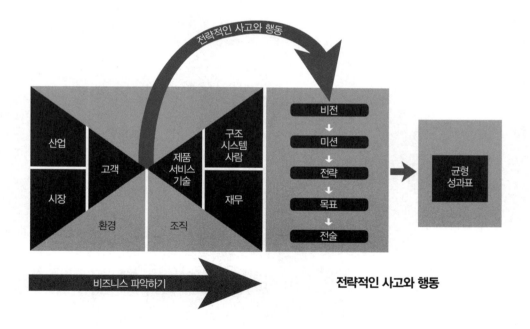

1. 의사소통하고자 하는 바를 명확하게 밝히십시오

특히 여러 집단 앞에서 연설하는 경우, 지나치게 복잡하게 말하지 말고 가능한 명확하고 솔직하게 표현하십시오. 이 경우 말하고 싶은 내용을 미리 적어 본 다음 솔직한 피드백을 줄 수 있는 사람들 앞에서 연습합니다. 그리고 그들에게 내가 말한 핵심 포인트를 두 문장으로 반복할 수 있겠습니까? 내가 한 연설을 들으니 앞으로 나아가야겠다는 영감을 주었습니까? 내 연설을 듣고 어떤 행동을 취해야 하는지 명확히 이해가 됩니까?를 질문합니다. 해당 질문에 대한 답 중 하나라도 '아니요'가 있으면, 세 질문 모두 긍정적인 답이 나올 때까지 원고를 수정하십시오.

2. 하고 싶지 않은 일을 솔직하게 규정한 다음, 해당 범위에 집중하십시오

자신이 진정으로 즐기는 업무 분야를 적습니다. 목록을 검토하고 해당 과제를 할 때 어떤 느낌이 드는지 그리고 해당 과제에 어떤 방식으로 접근하는지 생각합니다. 지루하거나 재미없다고 느끼는 업무에 대해 두 번째 목록을 만듭니다. 각 항목을 검토한 후 내가 좋아하는 활동에서 느끼는 열정, 만족, 해당 활동에 사용하는 전체적인 접근법을 어떻게 하면 두 번째 목록의 업무에도 적용할 수 있을까?를 자문해 보십시오.

3. 비전, 사명, 전략을 바탕으로 창의성을 발휘하고 일하십시오. 전략과 전략의 실행에 계속 유의하십시오

팀의 비전, 사명, 전략을 적습니다. 각 전략 밑에 자신의 목표를 적고, 각 목표 밑에 전술을 씁니다. 이와 같이 모든 항목을 문서화하면 전략 요소가 명확해지며 빠진 것과 더 생각해야 하는 점이 나타나고 동료나 부하직원과 의논해야 하는 주제도 드러나게 됩니다. 이러한 구체적인 단계에 이를 때, 당신을 포함한 모두가 더 높은 수준의 성취를 이루도록 돕는다는 것을 기억하십시오.

의사결정 계발 전략

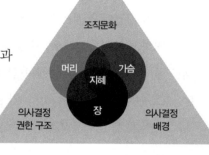

사람들은 매일매일 의사결정을 하지만 의사결정 과정에 대해서 생각하는 일은 드뭅니다. 가장 현명한 결정은 머리(논리적인 분석과 계획), 가슴(가치, 감정, 사람에게 미치는 영향), 장(행동을 취함)의 세 가지가 통합된 방식으로 사용되었을 때 이루어집니다. 직장에서의 의사결정은 다음과 같은 세 가지 요인, 즉 조직 문화, 조직의 의사결정 권한 구조, 결정 자체의 배경을 고려해야 합니다. 다음의 표는 4유형의 현명한 의사결정을 위한 지능의 중심(머리, 가슴, 장)을 계발시키는 방법을 나타냅니다.

4유형의 의사결정 계발활동			
지능의 중심	머리	객관적 분석	개인적 경험 및 느낌 때문에 치우친 관점으로 사실을 보지 마십시오. 보다 객관적으로 의사결정하십시오.
		예리한 통찰력	감정뿐 아니라 사고로도 통찰력을 키우십시오. "내가 느끼는 것이 진실인가?"라는 질문과 함께 "내가 생각하는 것이 진실인가?"를 자문하십시오.
		생산적 계획	논리적이고 직관적인 접근방식을 사용하여 의사 결정을 내려 보십시오. 두 개의 다른 답이 나오면, 어느 결정이 최선의 결과를 가져올지 질문해봅니다.
	가슴	공감	문제와 결정에 대해 다른 사람들이 느끼는 바에 대한 당신의 인식을 한 번 더 확인해 보십시오. 당신의 감정적 반응을 다른 사람들에게 투영하지 않도록 유의하십시오.
		진정한 관계	의사결정에 대한 사람들의 진실한 생각과 감정에 대해 들어봅니다. 그들이 말하는 내용에 대해 개방적으로 대하십시오.
		연민	의사결정 시 과도한 감정은 자신이나 다른 사람들에게 도움이 되지 않는다는 점을 기억하십시오.
	장	효과적인 행동 취하기	감정으로 인해 의사결정을 곤란하게 하지 마십시오. 감정을 억제하지 마십시오. 행동은 감정적 반응을 통해 일어나는 하나의 방식이기 때문입니다.
		흔들리지 않는 견고함	결정에 대해 과도하게 확고하고 고집스러운 것은 사람들을 참여시키는 데 도움이 안 되지만, 과도하게 고분고분하거나 수동적인 것도 도움이 되지 않습니다. 중용을 찾으십시오.
		본능적 이해	내가 진정으로 원하는 것은 무엇인가? 나는 여기서 무엇을 해야 하는가?의 질문에 본능이 어떻게 반응하는지에 대해 정기적으로 자문해 보십시오.

조직변화 계발 전략

현대의 조직에서 변화는 하나의 생활방식이 되었습니다. 기업은 늘어나는 경쟁, 줄어드는 자원, 부족한 마케팅 시간, 높아지는 고객의 기대 수준, 증가하는 법 규정, 수많은 과학 기술, 커지는 불확실성 등으로 이루어진 점점 더 복잡한 환경에 존재하고 있습니다. 조직은 성공을 위해 유연하고, 헌신적이며, 비용에 민감하고, 빠르게 대응해야 합니다. 그 결과 예측하지 못한 방향으로 전환해야만 하는 경우에, 모든 계층의 직원이 팀 내에서 유연하고 효과적으로 변화를 수용하며 역할을 다할 수 있어야 합니다.

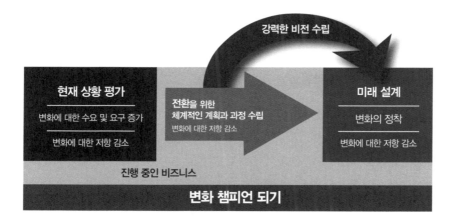

1. 자신에게 격려가 되는 말을 매일 하십시오

4유형은 자신에게 매우 엄격할 수 있으므로 스스로에게 매일, 최소 하루에 6번 이상 긍정적인 말을 해주는 것이 중요합니다. 자신이 말하는 것을 실제로 믿는다면 "나는 그 일을 아주 잘했어." "사람들과 즐거운 시간을 보내는 것은 정말 좋은 일이야." 등이 적합합니다. 3개월 동안 하루에 여러 번 자신에 대한 응원을 반복하면 부정적인 혼잣말을 덜

하게 될 것입니다.

2. 자신에 대한 긍정적인 정보와 부정적인 정보 모두에 대해 효과적인 필터를 계발하십시오

4유형은 자신이 믿는 것 중 거짓을 걸러내는 능력이 제한적이기 때문에 자신에 대한 부정적인 정보를 그대로 흡수하는 경향이 있습니다. 그리고 긍정적인 정보를 들으면 그 정보를 자신에 대한 인식에 통합하지 않고 무시해 버리는 경향이 있습니다. 당신이 그 정보에 대해 동의하기로 결정한 후에만 긍정적이거나 부정적인 정보를 흡수하도록 작동하는 필터를 계발하는 것은 중요합니다. 자신에 대해 누군가 이야기를 해줄 때마다 받아들이거나 무시해버리기 전에 내가 이 정보에 정말로 동의하는가를 자문해 보십시오.

3. 자신에게 맞는 감정 관리법을 계발하십시오

일부 4유형은 일기나 시를 씁니다. 악기를 다루거나 노래하거나 무용을 하거나 그림을 그리는 4유형도 있습니다. 단순히 친구나 가족과 이야기를 하기도 합니다. 자신에게 감정 표현 수단이 있다는 점과 감정을 자기 안에 가두어놓지 않는 것은 중요합니다.

변형 전략

4유형은 자신의 개인적 경험과 감정을 진정으로 표현할 때 살아 있음을 느끼며, 자신의 내면세계 그리고 타인들의 세계 모두와 깊이 연결되고 싶어하는 욕망이 있습니다. 여기에서 벗어나기 위해서는, 모든 사람과 모든 사물은 깊은 수준으로 연결되어 있다는 이해가 있어야 합니다. 이러한 이해를 바탕으로 4유형은 다음과 같은 변형을 향해 앞으로 한 발짝 나아갈 수 있게 됩니다.

1. 정신적 변형

우울(타인과 연결이 끊겼다던가 분리되었다는 생각으로 무엇을 잃어버렸는지 계속해서 생각하는 상태)이라는 정신적 패턴은 근원(우리의 발생 근원은 모두 동일하므로, 아무 것도 잃어버리지 않았으며 모든 사물과 모든 사람은 궁극적으로 깊이 연결되어 있다는 통찰)이라는 더 높은 차원의 신념으로 변형하십시오.

▶ 정신적 활동

무엇을 잃어버렸는지 현 상황에서 부족한 것은 무엇인지에 집중하여 긍정적인 면을 과소평가 하거나 무시하는 자신을 발견하면 다음을 떠올려 보십시오. 예전의 경험 중에서, 긍정적이고 부정적인 면 모두를 깨닫고 모든 사물 및 모든 사람과의 깊은 연결뿐 아니라 자신이 가지고 있는 것에 대해 진정으로 감사했던 경우를 한 가지 이상 기억해 봅니다. 평범했던 순간과 큰 사건 모두를 떠올려 보십시오. 이를 통해 자신의 기억으로 돌아가 당시 자신에게 일어났던 일을 최소 3분 이상 떠올려 보십시오.

2. 감정적 변형

시기(의식, 무의식적, 크고 작은 방식으로 자신을 타인과 반복해서 비교함으로써 열등감 또는 우월하다는 감정이 동반됨)라는 감정적 습관에서 균형(생각, 감정, 행동이 내면의 자아에서 발생한다는 명확하고 중심적인 방식으로 감정을 경험함)이라는 더 높은 차원의 자각으로 변형하십시오.

▶ 감정적 활동

자신을 타인과 비교하고 있음을 발견하면, 살면서 자신의 상황에서 자신이나 사물을 타인이나 다른 사물에 전혀 비교하지 않았던 때를 한 가지 이상 기억해 봅니다. 그 당시 어떤 느낌이었는지 기억해 보십시오. 아마도 아무런 노력을 하지 않았는데도 모든 일이 잘 돌아갔고 자신의 생각, 감정, 행동이 균형을 이루고, 명확하며, 조화롭게 작용했을 것입니다. 그 순간의 경험에 온전히 다시 연결될 때까지 당신의 마음과 생각속에 그 순간을 반복해서 떠올려 보십시오.

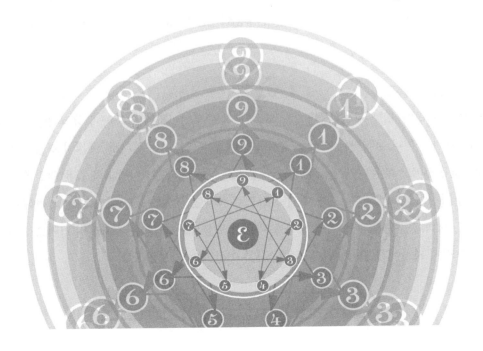

FIVE

에니어그램 5유형의 계발전략

에니어그램 5유형
지식과 지혜의 추구, 그리고 침범당하는 것과 에너지 소모의 회피

5유형은 정서적으로 분리되어 있고 사적이며 자기통제적입니다. 그리고 굉장히 독립적인(자주적이라는 말이 더 맞는 표현일 수도 있습니다) 5유형은 끝이 없이 알아야 한다는 욕구가 있습니다. 흥미를 일으키며 고민을 하게 만드는 분야에는 특히 그렇습니다. 모든 사물이 어떻게 작동하는지와 그것이 어떻게 조화롭게 연동하는지에 대해 충분히 이해하는 것은 5유형으로 하여금 지혜를 쫓는 올바른 길을 가고 있다고 느끼게 합니다. 뿐만 아니라 지식을 쌓는 것은 이들로 하여금 경험하고 싶지 않은 불가피한 뜻밖의 일들에 대비할 수 있게 해줍니다.

5유형의 사생활에 해당하는 영역과 범위는 매우 넓지만, 끊임없이 사생활 보호를 추구합니다. 어떤 5유형은 그들의 지식을 공유하고 싶어 하지만, 다른 5유형은 자신만의 것으로 소유하고 싶어 합니다. 어떤 5유형은 여가시간에 무엇을 하는지를 지극히 개인적인 사생활로 여기지만, 또 다른 5유형은 나이, 결혼 여부, 그리고 개인정보가 비밀의 영역에 있기를 바랍니다.

모든 5유형은 감정적인 경험의 순간에서 자동으로 감정을 분리시킵니다. 그리고 이 감정들을 나중에 조금 더 편리하고 개인적인 시간에 다시 꺼내봅니다. 또한 이들은 삶의 측면들을 분리하거나 고립시킵니다. 하지만 5유형이 분리하는 항목들은 다양합니다. 어떤 5유형은 직장생활과 집에서의 생활을 분리하며, 다른 5유형은 친구들을 서로에게서 분리시키며, 또 다른 5유형은 자신들을 다른 사람들로부터 고립시킵니다.

더 나아가서, 대부분의 5유형은 자신의 신체적 영역과 시간, 에너지를 침해받는 것과 열정적인 대인관계 교류를 요구받는 것을 극도로 경계합니다. 몇몇은 극도로 통제된 경계를 유지하며 은둔하고, 자신이 선정한 특별한 순간들에만 참여하는 반면에, 다른 몇몇은 외향적이고 사교적이며(하지만 대화의 주제가 그들의 흥미를 끄는 것이어야 합니다) 숭고한 이상에 큰 이끌림을 느껴 일상생활에 대한 흥미를 잃을 수 있습니다. 그리고 또 다른 5유형은 자신이 완벽히 믿고 특별한 유대감을 느끼는 몇몇의 사람하고만 유대관계를 맺습니다.

5유형의 대인관계 유형은 매우 자족적이며, 그들의 말투나 몸짓에는 생기가 없습니다. 그들은 정보를 제공함에 있어선 기꺼이 말하는 것처럼 보이지만, 모든 5유형은 어느 정도 거리감이 느껴집니다. 어떤 5유형은 다른 사람들을 끌어 모으려는 것처럼 보이지만, 대부분의 5유형은 무엇에 대해 이야기하고 어떻게 할 것인지에 대해 뚜렷한 경계를 만듭니다.

우리는 모두 감정적으로 분리될 수 있으며 많은 사람들이 흥미로운 정보들을 좋아합니다. 하지만 특히 5유형의 경우에는 지식과 지혜의 추구, 그리고 침해와 에너지 소모를 회피하는 것이 그들의 주요하고 강력한 내적동기입니다.

▶ 에니어그램 5유형을 위한 계발 전략

5유형에 속한 사람들은 지식을 갈망하고, 타인의 개입을 최소화하기 위한 방법으로 감정 분리를 사용합니다.

▶ 목차

지식knowledge

자기완성 self-mastery 을 위한 계발 전략

자기완성은 모든 개인적이고 직업적인 계발의 기초가 됩니다. 이것은 매일 마주하게 되는 새로운 도전이 성장을 위한 기회라고 인식하는 것을 바탕으로 자신의 생각과 느낌, 행동을 이해하고 수용하며 변형시킬 수 있는 능력을 말합니다. 자기완성은 자기인식으로부터 시작되고, 그림에서 보이는 요소들을 포함하면서 확장됩니다.

자기완성의 장은 다음과 같은 내용으로 구성되어 있습니다.

> ➤ 자기완성에 관련된 5유형의 세 가지 공통 이슈
> ➤ 5유형의 핵심 이슈를 다루기 위한 세 가지 계발 전략(각 전략별로 기본 활동과 심화 활동을 하나씩 포함)
> ➤ 5유형의 날개와 화살(스트레스 - 안정) 유형을 다루는 세 가지 계발 전략

자기완성에 관련된 5유형의 공통 이슈

습관적으로 자신의 감정 반응으로부터 멀어지려 하지 말고 실시간으로 감정 느끼기	자신의 생각, 감정, 개인적 경험 등 자기 자신에 대해 다른 사람과 더 많이 공유하기	주변에 머물지 말고, 사건, 대인관계, 조직에서 중심에 존재하기

5유형의 핵심 이슈를 다루기 위한 계발 전략

1. 타인의 도움이 필요함을 수용하십시오

기초 활동 매주마다 자신에게 제공할 수 없는 한 가지 일을 생각하고, 그러니 다른 사람의 도움이 필요하다는 것을 생각하십시오. 그리고 당신에게 도움을 제공해줄 수 있는 누군가를 생각하고, 그렇게 해줄 수 있는지 질문하십시오. 가장 중요한 것은 그 사람의 수락 여부가 아니라 자신에게 필요한 것이 있음을 파악했고 그것을 충족시키기 위해 다른 사람에게 요구했다는 사실입니다.

심화 활동 5유형은 자율성에 가치를 두기 때문에 타인의 도움이 별로 필요하지 않다고 믿습니다. 그렇기 때문에 자신이 현재 생각하는 것보다 훨씬 더 많이 타인의 도움을 필요로 하거나 필요로 할 수도 있다는 것을 인식하는 것은 놀라운 깨달음입니다.

➤ 종이를 한 장 준비하여 반으로 접으십시오.
➤ 종이의 왼쪽에는 현재 자신이 다른 사람을 필요로 하는 부분이나 필요로 할 것 같은 측면(예를 들면 지적인 소통 등)을 10가지 이상 적습니다.
➤ 종이의 오른쪽에는 타인이 자신의 필요를 채워 주는 것을 주저하는 측면 10가지에 대해 적습니다(예를 들면 대화를 시작하는 법을 알지 못함).
➤ 당신을 주저하게 만드는 것 중 일부는 왼쪽에 나열된 특정한 필요와 연관되어 있을 수 있습니다. 이 경우 목록에서 해당되는 두 항목들을 줄로 연결하십시오(예를 들어 '대화를 시작하는 방법을 모른다.'는 '지적인 소통'의 장애물이 될 가능성이 있습니다).
➤ 다음 날에는 왼쪽의 목록에서 하나를 선택하여 이를 만족시키기 위한 행동을 하려고 노력합니다.
➤ 오른쪽 목록에서 왼쪽 목록의 필요와 연관성이 높은 장애물을 제거하는 것은 매우

합리적이고 도움이 되는 첫번째 단계입니다. 그 중 하나에 대해서 일주일 내내 계속 작업을 합니다.

➤ 둘째 주에는 목록에서 새로운 항목을 선택하여 동일한 과정을 따릅니다. 전체 목록을 완료할 때까지 매주마다 필요 목록에서 새 항목을 선택하여 행동을 취합니다. 새롭게 주의를 끄는 필요나 장애가 있으면 주저하지 않고 목록에 추가합니다.

2. 당신의 감정과 연결하고 표현하십시오

기초 활동 2~3일 동안 매 시간마다 나는 지금 어떤 감정을 느끼는가?를 질문해 봅니다. 한마디로 짧게 대답하고 끝내지 마십시오. 그 다음에는 그 밖에 어떤 감정을 느끼는가?를 자문해 봅니다. 3일 후에는 두 가지 질문을 계속하되, 당신이 매우 분석적인 상태임을 인식할 때에만 질문하도록 합니다. 과도하게 분석하는 순간들이 될 때는 분석이 당신의 감정을 덮어 버릴 수 있습니다.

심화 활동 가능한 한 모든 것을 알고 싶어 하는 5유형은, 감정 세계도 지적으로 이해하려는 경향이 있습니다. 5유형은 감정으로부터 어떻게 분리하는지를 배웠기 때문에, 실제로 감정이 분리 되는 순간, 그들은 자신들이 원하는 시간에 검토하기 위해 감정을 꺼내 올 수 있습니다. 이같이 감정을 다루는 방식을 통해 자신의 감정을 이해할 수 있다고 믿으며 자신이 덜 연약하고 더 통제할 수 있다고 느낍니다.

5유형은 다양한 방식으로 자신의 감정을 분리합니다. 예를 들어 어떤 이들은 감정이 발생하면 단순히 다른 것에 대해 생각하기 시작합니다. 일부는 감정이 가라앉을 때까지 호흡을 참고 있고, 일부는 자신의 주의를 머리로 끌어올려 연구할 대상인 것처럼 자신을 관찰하기 시작합니다. 그렇기 때문에, 5유형에게는 감정 분리 과정이 너무나 자동적이고 습관적이어서 자신이 분리 행동을 하고 있음을 인식하지 못하는 것이 일반적입니다. 이들을 위한 계발 과정의 첫 번째 단계는 자신이 감정을 분리하는 방식과 정확한 시점에 주의를 기울이는 것입니다.

> ➤ 일주일 동안은 자신의 감정을 분리하는 방식만 관찰합니다.
> ➤ 관찰 결과를 매우 정밀한 용어로 기록하지만, 행동을 변화시키려고 하지는 마십시오.
> ➤ 매일 수 회에 걸쳐 이 행동을 해야 할 것입니다. 꾸준히 하다보면 일주일 만에 방대한 정보를 얻을 수 있습니다.
> ➤ 그 다음 주에는 감정을 분리시킬 때 관찰된 행동을 하지 않도록 연습합니다. 이렇게 할 때, 깊은 심호흡을 하도록 하십시오. 이것은 당신의 감정이 표면으로 떠오르도록 도울 것입니다.
> ➤ 그렇게 하는 것이 편안해질 때까지 당신의 감정에 연결하도록 자신을 허용하는 연습을 계속하십시오. 이때, 당신은 자신의 의지로 감정을 분리할 것인지 감정에 연결되어 머무를 것인지 선택할 수 있습니다.

실제로 감정이 일어나는 시점에 감정을 경험하는 법을 배우고 나면, 당신이 가지고 있는 다양한 감정에 대해서 좀 더 알아차릴 수 있게 됩니다.

다음 단계는 타인과 자신의 감정을 나누는 것입니다. 자신을 잘 아는 사람이나 신뢰하는 사람에게 최근에 자신이 느낀 감정에 대해 이야기하는 것이 가장 쉽게 시작하는 방법입니다.

> ➤ 일주일 동안에 세 사람을 선택해서 대화를 합니다.
> ➤ 효과적인 대화의 시작은 "시간 있으세요? 최근에 제가 느낀 감정에 대해 당신의 반응을 알고 싶습니다."라고 묻는 것입니다. 감정을 공유하기만 한다면 당신이 원하는 어떤 주제도 좋습니다. 예를 들어 '휴가 때 해외여행을 해야 할까 고민 중입니다'는 생각인데 반해 '해외여행을 가고 싶은데 아픈 어머니를 두고 가는 것이 마음에 걸립니다'는 감정입니다.

➤ 이 행동을 2주 더 연습해보고 매주 다른 사람들을 선택해 의논합니다.

➤ 최근의 감정에 대해 말하는 것이 편안해지면, 현재의 감정에 대해 의논하는 연습을 합니다. 매주 3명을 선택하고, 당신이 원한다면 동일한 사람들을 선택해서 "그 프로젝트는 정말 재미있었어요." 또는 "우리가 참석했던 회의의 진행방식이 정말 맘에 들지 않았어요." 같은 즉흥적인 감정을 나눕니다.

➤ 이 단계를 2주 동안 더 진행하되, 매주 다른 사람들을 선택합니다. 드디어 당신은 자신의 감정에 대해 잘 알지 못하는 사람과도 의사소통을 실천할 준비가 되었습니다.

➤ 매주 연습할 상대로 두 명을 선택합니다. 그들 각자와 함께 최근 감정 또는 즉흥적 감정에 대해 의사소통을 해 봅니다. 그들에게 자신의 마음을 드러낼 필요는 없습니다. 단지 자신의 감정을 드러내는 위험을 감수하고 연습을 하는 것뿐입니다. 바람직한 대화를 시작하는 말에는 "프로젝트에 대해 이야기할 시간이 있습니까? 마감일을 맞추지 못할 것 같아 점점 더 불안합니다."또는 "훌륭한 회의였지요? 그들이 우리 팀의 성취에 대해 칭찬할 때 진심으로 기뻤어요." 등이 있습니다.

3. 물러나지 말고 참여하는 능력을 키우십시오

기초 활동 모든 종류의 사회적 모임에 참여할 때, 의지적으로 사람들이 상호작용하고 있는 장소의 중앙에 가서 서거나 앉도록 하십시오. 이때 타인을 바라보며 웃어 주면 그가 당신에게 다가오기 쉬워집니다. 누군가가 당신에게 다가오면, 자신에 대한 정보를 제공하거나 질문을 하는 방식으로 대화에 참여 하십시오.

심화 활동 모든 사람은 참여와 물러섬의 주기가 있지만, 5유형은 참여보다 물러서는 경향이 훨씬 더 심합니다. 사실 이들은 습관처럼 방관하는 경향이 있습니다. 어떤 5유형은 말 그대로 또는 상징적으로 자신이 속한 그룹의 바깥에 앉기도 합니다. 일부는 사교적 만남에서 말을 거의 하지 않거나 행사장을 일찍 떠납니다. 일부는 어떤 질문에 아주 간단히 대답함으로써(퉁명스럽게 보일 정도로—역주) 사람들에게 대화를 원치 않는다는 인상을 줍니다.

➢ 참여 방법을 배우는 첫 번째 단계는 실제로 다른 사람과 연결되기를 원하는 것입니다.

➢ 두 번째 단계에는 참여하도록 하는 특정 행동이 포함됩니다. 이들이 이런 행동을 시작하려면 자신이 다른 사람과 연결되기를 원하는 이유에 대해 생각하고 그럴 수밖에 없는 합당한 이유를 찾아야 합니다. 그렇지 않으면 행동 변화에 동기가 부여되지 않습니다.

➢ 타인과 더 자주 연결되는 방법을 배우고 싶어진 다음에 세 가지 목록을 차례로 만듭니다. 첫 번째 칸에는 타인들과 자주 연결되면 얻어지는 이익에 대해 적습니다. 둘째 칸에는 자신의 물러서는 패턴 때문에 잃게 되는 사항을 적습니다. 세 번째 칸에는 자신을 상호작용에서 분리시키는 특정 행동을 적습니다. 예를 들어 회의에 일을 가져간다거나, 상대가 질문하지 않는 한 대화를 하지 않는다거나, 말 그대로 그룹의 바깥에 서있기 등입니다.

➢ 그 다음 2주 동안에는 타인과 상호작용하는 다른 사람들을 관찰하십시오. 특히 효과적으로 대화하는 사람을 관찰할 때는 앉거나 서는 장소, 말하는 내용과 방식, 말하는 시점, 신체언어 등을 자세히 살펴봅니다. 그 다음에는 그들의 행동 중 일부를 실험해 보고, 새로운 행동이 자신 및 다른 사람과의 상호작용에 끼치는 영향에 대해 주목해 보십시오.

➢ 2주가 지나면, 효과적으로 참여하는 사람을 선택해서 그에게 타인과 관계를 맺는 정보를 질문하십시오. "인맥을 잘 쌓으시던데, 제가 요즘 효과적인 인맥을 쌓는 법에 대해 탐구하고 있거든요. 몇 가지 팁이 있으면 좀 알려 주십시오." 등으로 대화를 시작하면 됩니다. 상대가 제안한 행동을 하나씩 시도해 보십시오.

5유형의 날개 및 화살(스트레스 – 안정) 유형을 통합하는 계발 전략

날개는 자신의 핵심 에니어그램 유형의 양 옆에 있는 에니어그램 유형을 말합니다. 화살은 자신의 핵심 에니어그램 유형에서 뻗어 나온 화살표가 가리키는 에니어그램 유형과, 자신의 에니어그램 유형을 가리키는 화살표가 시작되는 곳의 에니어그램 유형을 의미합니다.

날개 및 화살 유형은 자신의 핵심 에니어그램 유형을 변화시키는 것이 아니라, 생각과 감정의 방식을 넓히고 풍부하게 하며 행동을 강화하는 정보를 제공합니다. 날개 및 화살 유형은 한 사람 한 사람을 보다 복합적이고 다양하게 만들며, 자기계발에 필요한 도구로써 개인의 성격에 더 많은 특성을 제공합니다.

1. 4유형 날개를 통합하십시오

▶ 감정의 세계를 탐구하십시오

4유형은 감정 세계의 미묘한 차이에 대해 친숙하며 종종 감정을 자연스럽게 표현하는 반면, 5유형은 감정 영역과 직접적인 감정 표현에서 멀리 떨어져 있는 것이 일반적입니다. 따라서 5유형은 자신의 감정에 친숙해지고 다양한 감정을 계발시키기 위해 날개 유형인 4유형의 강점과 기술을 사용할 수 있습니다. 자신에게 중요한 일을 생각하거나, 실행하거나, 말할 때마다 나는 지금 어떤 감정을 느끼는가?를 자문합니다. "나는 지금 업무에 대해 생각 중이다." 처럼 감정대신에 사고가 떠오르면 그 생각에 대해서는 어떤 감정을 느끼는가?를 자문합니다.

두 번째 질문에 대답한 후에는 그 감정을 느낄 때 가슴 부분이 답답하다, 배꼽 부분에 어떤 느낌이 있다, 어깨에 통증이 있다 등 신체의 어느 부분이 감각을 경험하는지 정확한 위치를 아는 것이 도움이 됩니다. 이와 같은 신체 신호는 나중에 감정을 파악하는 데 도움이 됩니다. 예를 들어 분노는 다문 턱이나 팔 아래쪽이 당기는 것으로 표현될 수 있습니다. 자신의 정확한 감정을 바로 알지 못하는 경우에는 신체 감각을 인식하여 아, 내가 화가 났구나. 무엇에 대해 화가 난 것인가? 처럼 감정을 알아차릴 수 있습니다.

▶ 예술적 표현을 계발하십시오

감정은 종종 예술적 표현의 대상이 되며 예술적 표현을 통해 우리가 가지고 있는 감정을 이해하는 데 도움이 됩니다. 5유형의 날카로운 지성 능력에 감정의 표현을 결합하면 글(희곡, 산문, 시 등), 시각 예술(사진, 영화, 그림, 조소 등) 또는 공연 예술(연극, 무용, 기타 신체 예술) 등을 통해 자신을 표현하는 훌륭한 예술작품이 나올 수 있습니다. 자신에게 매력적인 예술 매체를 선택하십시오. 그 후에 내면에서 강한 감정이 올라왔던 특정 사건 또는 상황에 대해 숙고하십시오. 감정의 모든 미묘한 차이에 대해 깊게 숙고하고, 이런 감정을 드러내는 상징을 만드십시오. 상징에는 영상, 색채, 선, 도형, 단어, 움직임 또는 경험의 심층적 의미를 나타내는 모든 사물 등이 있습니다. 이러한 상징을 사용하여 자신의 예술적 감수성을 표현합니다.

▶ 깊은 수준에서 타인들과 관계를 맺으십시오

4유형은 깊은 수준에서 다른 사람과 관계를 맺으면 삶의 활기를 느끼므로 이를 즐깁니다. 주로 감정적 삶과 개인적 경험에 대한 이야기를 나누는 것을 통해 관계를 맺습니다. 이와는 대조적으로 5유형은 해당 정보를 자신만이 간직하며 오랫동안 즉, 몇 년이나 몇 달이나 몇 년이 아닌 수십 년 동안 알고 지냈던 사람 또는 신뢰하는 사람하고만 공유합니다. 5유형이 그다지 친하지 않은 친구들과 감정적으로 연결되는 법을 배우면, 현재 시점에서 자신과 타인의 감정을 느끼고 사람들의 개인적 경험에서 지혜를 얻게 됩니다.

5유형이 친밀한 관계를 맺고 싶어 하는 개인과 깊이 연결되는 연습을 하면 관계형성 과정을 빠르게 진전시킬 수 있습니다. 이를 실천하는 가장 좋은 방법은 매주 자신을 드러내는 기회를 이용하는 것입니다. 아는 사람 중에 평상시보다 더 행복해 보이거나 더 걱정스러워 보이는 한 사람을 관찰하게 되었을 때 두 사람이 사적인 이야기를 하는 사이라면, "무슨 걱정(혹은 행복한 일)이 있는 것 같아요."라고 말하기만 하면 됩니다. 그 사람은 자연스럽게 자신의 경험에 대해 이야기하기 시작할 것입니다. 그가 말하는 동안 통찰을 얻기 위해 몇 가지 질문을 더 하거나, 그가 말한 내용에 대한 자신의 반응을 공유합니다.

2. 6유형 날개를 통합하십시오

▶ 그룹에 집중하십시오

5유형은 그룹 환경에서 개별적인 참가자처럼 행동하는 반면, 6유형은 그룹에 더 많이 집중합니다. 5유형은 내가 그룹에 더 기여할 수 있는 방법은 무엇일까? 그룹이 나에게서 필요로 하는 것은 무엇이며, 나는 어떤 방식으로 그에 부응할 수 있을까? 그룹에 대한 나의 충성심과 헌신을 어떻게 보여줄 수 있을까?를 자문함으로써 그룹 또는 팀에 집중하는 법을 배울 수 있습니다.

5유형이 그룹이나 팀에 참여하는 경우에 주저하거나 움츠리는 듯 보여 오히려 타인들의 관심을 더 받을 때가 있습니다. 이들의 고독함은 그들을 껍질에서 나오게 하려는 타인들의 의지를 끌거나, 이들의 침묵과 신비한 분위기에 의아해하는 사람들을 매혹시키는 역할을 합니다. 모순되게도 이들이 점점 더 그룹에 참여하고 에너지를 발산하면 사람들의 관심이 줄어듭니다. 그 결과 5유형은 궁극적으로 다른 사람의 요구가 줄어드는 느낌을 받게 됩니다.

▶ 타인과의 상호작용을 늘리십시오

6유형은 관련된 질문을 하고 타인에게 세세하게 반응하므로 다른 사람과 쉽게 말을 주고받으며 대화에 관심이 있다는 인상을 줍니다. 이들은 잘 웃거나 타인에게 관심을 기울이곤 하는데, 이는 상대와 연대를 원한다는 표시입니다. 5유형도 다음 단계를 통해

6유형과 같이 할 수 있습니다.

다른 사람에 대해 예-아니요 질문보다는 개방형 질문을 하십시오. 예를 들어 "회의가 마음에 들었나요?"보다는 "그 회의에 대해 어떻게 생각하십니까?"라고 질문합니다. 세 문장 정도의 길이로 질문에 대해 답해 달라고 합니다(5유형은 매우 짧거나 매우 긴 대답을 하는 경향이 있습니다). 타인에게 관심을 기울입니다.

▶ 직관을 계발하십시오

5유형과 6유형은 모두 머리 센터이므로, 두 유형의 사람들은 논리적이고 분석적인 능력에 의지하는 경우가 많습니다. 그러나 6유형은 지적인 과정만큼 감정과 장반응에 근거한 직관도 많이 사용합니다. 보다 전체적인 직관은 이성에만 기반한 통찰력보다 일반적으로 더 신뢰할 수 있습니다. 5유형은 다음의 방법으로 머리, 가슴, 장의 통합에 기반한 직관을 계발시킬 수 있습니다.

상황에 대해 진정으로 어떻게 느끼는지 자문합니다. 그 상황에서 진정한 진실은 무엇인가? 신체의 반응을 살핍니다. 앞의 질문에 대한 답과 상황에 대한 자신의 논리를 결합합니다. 3개의 답이 서로 일관되지 않는 경우, 그 이유에 대해 신체의 반응을 살펴봅니다.

3. 스트레스 지점인 7유형 화살을 통합하십시오

▶ 더욱 즉흥적인 사람이 되십시오

7유형은 생각나는 대로 말하고, 자극에 대해 빠르게 반응하며, 최소한의 자의식을 지닌 상태에서 다른 사람과 관계를 맺는 즉흥적인 경향이 있습니다. 반대로 5유형은 자신이 할 말에 대해 미리 계산하고 생각하며, 행동을 통제하고, 타인과의 상호작용을 삼가거나 신중을 기하는 경향이 있습니다. 자신이 잘 아는 사람들과 보다 즉흥

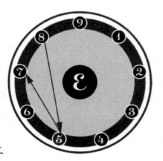

적으로 행동하도록 연습해 보십시오. 나중에는 즉흥성에 대해 보다 더 익숙해지고 친구와 지인의 범위를 넓혀도 동일한 행동을 할 수 있게 됩니다.

매일 하나의 사건이나 상호작용을 선택하고 이번에는 내 보호막을 내리고 생각하는 대로 행동하거나 말해보겠다고 다짐해보십시오. 그날 밤 잠자리에 들기 전에 그 경험에 대해 돌아보며 내가 잘 실천했는가? 즉흥적이었는가? 즉흥적 행동으로 긍정적인 일이 일어났는가? 부정적인 결과를 초래하지는 않았는가?를 자문해 봅니다. 이 활동을 매일 반복하십시오. 실천과 성찰의 강도를 높이면 점점 더 편안해질 것입니다.

▶ 자신의 에너지가 흐르도록 하십시오

5유형은 에너지의 공급이 제한적이라고 믿기 때문에, 자신의 에너지를 담아 두고 억제하는 경향이 있으며 그래서 에너지를 지켜야 한다고 생각합니다. 이와 대조적으로 7유형은 자신의 에너지가 자신에게서 외부로, 외부에서 자신에게로 흐르도록 합니다. 7유형은 타인과 환경으로 인해 바뀔 수 있는 에너지가 풍부하게 존재하며 이와 같은 순환으로 인해 사용 가능한 총에너지양이 증가된다고 여깁니다. 5유형에게 이와 같은 패러다임의 변화는 도전이 될 수 있지만, 자신과 타인들 사이에 에너지가 흐르는 것처럼 행동하면 단 몇 분만에라도 더 많은 에너지를 만들어낼 수 있으며 세상에 존재하는 매우 새로운 방식을 경험할 수 있습니다. 예를 들어 연설을 할 때 청중을 열심히 바라보고 그들의 긍정적인 반응을 받아들입니다. 타인들에게 정보를 제공하는 경우, 보답으로 그들의 생각과 아이디어를 자신에게도 제공하도록 요청합니다.

▶ 좀 더 즐기십시오

5유형은 진지하거나 수줍어 보이는 반면, 7유형은 매우 장난스러워 보일 수 있습니다. 다수의 5유형은 작업 환경 밖에서, 자신이 잘 알고 신뢰하는 사람들 주위에서는 즐거울 수 있습니다. 이와 같이 5유형은 어떤 맥락에서는 즐거운 사람이 되는 법을 이미 알고 있으므로 새로운 환경, 즉 업무 환경 또는 잘 모르는 사람들과의 환경에서도 즐거운 사람이 되도록 노력할 수 있습니다. 최소 일주일에 한 번은 실천해봅니다. 이런 행동이 더 편안해지면 더 자연스럽고 규칙적으로 된다는 것을 알게 될 것입니다.

4. 안정 지점인 8유형 화살을 통합하십시오

▶ 개인적 능력을 자랑하십시오

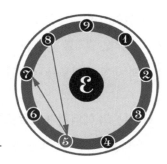

대부분의 8유형은 쉽게 자신의 힘을 드러냅니다. 8유형이 방안에 들어서면 사람들은 그의 존재를 느낍니다. 8유형은 타인들보다 더 많은 공간을 차지하는 것처럼 보입니다. 반대로 5유형은 그룹 안에서 보이지 않게 머무는 것을 선호하며 신체언어와 말하는 방식도 이를 반영합니다.

5유형이 타인들 앞에서 개인적 힘을 좀 더 드러내고 싶다면, 실제 자신보다 상징적으로 더 작은 모습으로 보이려는 경향을 극복해야 합니다. 다음과 같은 방법을 사용하여 이를 실현할 수 있습니다.

> ➤ 자신이 상호작용하는 시간 내내 타인을 바라봅니다. 웃거나 찡그리거나 하고 싶은 대로 하지만 대화에서 제외되었다는 느낌을 주지 않도록 합니다.
> ➤ 대화 초기에 의견(질문이 아님)을 말해서 자신의 존재를 알리십시오.
> ➤ 대화하는 내내 숨을 깊게 들이쉬고 얕은 숨을 쉰다는 인상을 주지 않도록 합니다. 깊게 숨을 들이 쉬면 당신의 온몸에 에너지가 쌓여서 얕은 숨을 쉴 때보다 더 큰 존재감을 드러낼 수 있습니다.
> ➤ 타인의 아이디어에 대해 짧게 의견을 말하십시오.
> ➤ 대화의 주제와 연관된 일을 어떻게 구성하고 실행할 것인지에 대해 명확하고 실용적인 제안을 하십시오.
> ➤ 말하는 사람을 바라보는 등 눈의 움직임을 사용하고 좋은 의견에 고개를 끄덕이는

방식으로 대화에 주목합니다.

▶ 자기 주장을 하십시오

8유형은 자신이 없어도 의지를 가지고 자기주장을 할 수 있습니다. 반대로 5유형은 쉽게 주장을 내세우지 못하며, 그렇게 하기 위해서는 미리 계획하고 전략을 짜야 하는 경우가 많습니다.

마케팅 상황에서 8유형은 고객이 알아야 할 것과 자신이 그 서비스를 제공하는 방식에 대해 말하는 반면, 5유형은 필요한 기술과 도구를 다 가졌음에도 불구하고 고객에게 자신의 서비스를 사용하라고 권하는 데 어려움을 느낍니다. 5유형은 자신의 충분한 능력이 왜 평가절하되는지 고민하는데, 정작 자신의 기술과 능력에 대해 효과적으로 분명하게 표현하지 못하는 것은 깨닫지 못합니다.

다음 단계를 실천하는 것이 어렵지만 5유형에게 유용할 것입니다.

매주, 타인이 통제하는 일 중에서 자신이 하고 싶은 일의 목록을 만드십시오. 매주 해당 목록에서 한 사람을 선택하여 대화를 시작합니다.

처음에는 안부를 교환한 다음, 자신이 원하는 일과 그 일을 할 사람으로 자신을 선택해야 하는 이유를 말하도록 합니다. "저는 이 그룹의 차기 관리자가 되고 싶습니다."라고 직선적으로 말하는 대신에 이렇게 말해보십시오.

"그 관리직에 여러 사람을 고려하고 있음을 알고 있습니다. 저의 강력한 기술 경력과 더불어 사람들과 함께 일하는 능력, 모든 유형의 사람들과 성과를 내는 능력을 감안하여 그 자리의 후보로 저를 고려해 주시기 바랍니다. 저에게는 당신이 바라는 바를 이루어낼 능력이 있으며, 그렇게 하기 위해 최선을 다할 것을 약속합니다."

이와 같이 말하는 방식은 강하고, 자신감이 있으며, 설득력 있게 들립니다.

▶ 더 많은 공간을 차지하십시오

8유형은 신체적 존재감이 대단하므로 침묵할 때조차 사람들이 잘 알아차리곤 합니다.

이들이 말을 걸 때 사람들은 8유형을 방해하지 않기 위해 자리를 움직이곤 합니다. 반대로 5유형은 안 보이는 상태를 유지하고 싶어합니다. 그 결과 실제로 부여받아야 할 공간보다 더 작은 신체적 공간을 차지하게 되며 걸을 때도 다른 사람을 위해 길을 내주곤 합니다.

5유형은 두 가지 활동을 통해 평소에 차지하는 공간보다 더 많은 공간을 확보할 수 있습니다.

➤ 인도를 걷고 있을 때 자신을 향해 걸어오는 사람이 있으면, 그 사람에게 길을 내주기 위해 움직이지 말고 앞으로 계속 걷습니다. 그러면 상대가 매우 머뭇거리더라도 마지막 순간에는 길을 비켜 줄 것입니다.

➤ 회의나 사교 모임 상황에서 본인이 말하고 있지 않을 때는 계속해서 깊게 숨을 쉬고, 자신의 존재감을 유지하며, 마치 자신이 말하는 중인 것처럼 모든 대화와 상호작용에 온 힘을 기울여 집중합니다. 이를 통해 그 공간을 완전히 채울 수 있습니다.

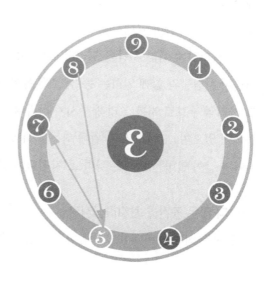

의사소통 계발 전략

다른 사람과 의사소통을 할 때 세 종류의 의도하지 않은 왜곡, 즉 말하는 방식, 신체언어, 맹점이 발생할 수 있습니다. 말하는 방식이란 전반적인 말하는 패턴을 의미합니다. 신체언어에는 자세, 얼굴표정, 손짓, 몸의 움직임, 에너지 수준, 그 외 수백 가지의 비언어적 메시지가 포함됩니다. 맹점이란 자신은 인식하지 못하지만 다른 사람에게는 매우 잘 보이는 의사소통의 요소로서, 자신에 대한 정보를 포함하고 있습니다. 우리 모두는 말하는 방식과 신체언어, 그리고 다른 추론적 자료를 통하여 무의식적으로 정보를 전달합니다.

메시지를 수신하는 사람도 자신의 왜곡 필터로 듣는 내용을 왜곡합니다. 왜곡 필터는 수신자의 에니어그램 유형을 토대로 다른 사람의 말을 바꾸어 듣게 하는 무의식적인 관심과 가정들입니다.

말하는 방식   신체언어   맹점   왜곡
필터

한 번에 한 가지씩 의사소통 방식을 변화시키십시오

가능하면 다음의 순서대로 한 번에 한 가지의 행동을 변화시키는 것이 가장 효과적입니다. 말하는 방식, 신체언어, 맹점, 경청시 왜곡필터의 순서로 변화시키는 것이 바람직합니다. 우리가 잘 인식하고 있는 행동을 변화시키는 것이 가장 쉽습니다. 가장 잘 인식하고 있는 것부터 가장 인식하기 어려운 것으로의 변화가 일반적인 순서입니다.

5유형의 말하는 방식

➤ 간결하게 말하거나 장황하게 말함
➤ 단어 선택에 매우 신경을 씀
➤ 제한적인 개인 정보를 말함
➤ 감정보다 생각을 나눔

5유형의 신체언어

➤ 수동적인 신체언어를 사용하고 자족하며 스스로 통제하는 듯이 보임
➤ 대화를 할 때 타인과 자신의 물리적 거리를 보통 사람들보다 50% 더 넓게 유지하려고 함
➤ 대화할 때 자기 자신을 관찰하는 듯이 보임
➤ 사람과 아이디어에 대한 자신의 반응을 얼굴에 거의 나타내지 않음

5유형의 경청시 왜곡 필터

➤ 다른 사람으로부터 예측 못한 요구와 기대
➤ 부적절한 느낌
➤ 타인으로 부터 압도감을 느낌
* 실제로 그렇든 그렇지 않, 5유형은 타인이 사생활을 지켜줄 것에 대해 믿음
➤ 너무 가까운 느낌이 드는 신체적 접근

5유형의 맹점

➤ 따뜻함이 잘 느껴지지 않음
➤ 멀리 떨어져 있거나 무관심해 보임
➤ 단어를 너무 적게 사용해서 다른 사람이 이해하지 못할 수 있음
➤ 너무 많이 말하여 듣는 사람이 자리를 뜨게 함
➤ 지나치게 부끄러워하거나 엘리트로 보임

※ 이러한 특징들은 긍정적일 수도 있고 몇몇은 부정적일 수도 있으며 중립이거나 혼합된 것일 수도 있습니다. 이 목록은 당신이 선택할 수 있는 것들에 대하여 전체적인 아이디어를 주기 위하여 만들어진 것입니다.

당신의 언어 표현을 확장하고 변화시키기 위하여 문자나 이메일을 사용하십시오

➤ 문자나 이메일을 보내기 전에 자신의 언어 선택과 어조를 확인해보십시오.

➤ 간단하게 문자나 이메일을 썼다면, 각 아이디어에 대해 좀 더 정교하게 쓰십시오.

➤ 긴 이메일을 썼다면, 좀 더 간결하게 만드십시오.

➤ 생각뿐만 아니라 감정도 포함하여 쓰십시오.

➤ 문자나 이메일 수신자가 당신의 메일이나 문자를 받은 후 특정한 일을 하기 원한다면, 당신이 원하는 것에 대해 메일이나 메시지 앞부분에 명확하게 표현하십시오.

피드백 계발 전략

정직하고 긍정적이며 건설적인 피드백은 다른 사람들의 행동에 대해 직접적이고 객관적이며 단순하고 정중한 관찰을 의미합니다. 이러한 피드백은 인간관계와 직무 수행 모두를 향상시킵니다. 피드백을 할 때, 에니어그램의 통찰이 결합된 피드백 공식을 사용하면 원하는 성과를 내는 데 도움이 됩니다. 상대방이 당신에게 피드백을 할 때, 상대가 말하고자 하는 내용을 당신이 수용적으로 받아들일수록 새로운 시각을 얻으며, 더 나은 해결 방법을 활용할 수 있습니다.

피드백 공식

행동 관찰	행동의 영향	선호 행동
데이터	영향	선택
"당신이 ~했을 때"	"그 영향은 ~였다."	"만약 당신이 ~한다면 나도 그것을 선호한다."

모두에게 이 3단계 공식을 사용하라

5유형의 피드백 전달 능력 향상 방법

다른 사람에게 피드백할 때에는 당신이 먼저 준비되어 있어야 하고, 피드백을 받는 사람도 가능한 수용적인 자세여야 바람직합니다. 피드백을 전달하는 방법과 시점이 실제로 말하는 내용만큼이나 중요하다는 점을 기억하십시오.

피드백을 계획하고 전달하려면 피드백 공식의 3가지 요소와 함께 다음의 제안을 활용하십시오.

➤ 정확함을 유지하되, 다른 사람이 이해하지 못할 정도로 너무 간략히 말하지 마십시오.

➤ 자신의 접근법에 대해 지속적으로 엄격히 검토하되, 피드백을 받는 사람에게 과도한 정보를 주지 않도록 주의합니다.

➤ 과제에 대한 명확한 이해를 유지하되, 다른 사람의 감정적 반응도 살펴보십시오.

➤ 피드백을 받는 사람은 명확하게 정의된 논리적 접근법보다 생각과 감정이 통합된 상호작용을 선호할 수 있습니다.

5유형이 피드백을 좀 더 수용적으로 받는 방법

➤ 타인이 긍정적이거나 부정적인 피드백을 당신에게 제공하려고 할 때, 눈을 맞추는 것을 피하거나 뒤로 물러서게 되면 피드백을 원치 않는다는 비언어적 암시를 그에게 줄 수 있습니다. 당신이 피드백을 원치 않는 이유는 타이밍이 적절치 않거나, 준비되지 않은 감정적 반응을 상대가 기대하고 있다는 느낌이 들었기 때문일 수도 있습니다. 상대는 피드백 시점이 적절한지 여부를 물어볼 필요가 없다고 생각할 수도 있습니다. 그러나 당신이 관심 없는 것으로 보여 상대가 제공하지 않았던 피드백 가운데는 가치 있는 통찰도 있음을 기억하십시오.

➤ 다른 사람에게 긍정적 혹은 부정적 피드백을 주는 것을 연습하십시오. 피드백에 큰 가치가 있음을 객관적으로 이해할 수 있는 기회가 됩니다. 그렇게 되면 당신이 피드백을 받는 입장이 되었을 때 좀 더 수용적인 자세가 됩니다.

➤ 당신은 논리적이고 간략하게 전달되는 피드백을 좋아하더라도, 감정과 세밀한 내용이 포함된 피드백을 받는 것이 실제로 매우 유용하다는 점을 기억하십시오.

갈등관리 전략

　직장과 가정에서 인간관계는 어느 정도의 갈등을 포함하고 있습니다. 갈등은 다양한
요인 때문에 발생하며, 일반적으로 다음과 같은 핀치(분노유발)-크런치(충돌 상황) 사이클을
따라갑니다.

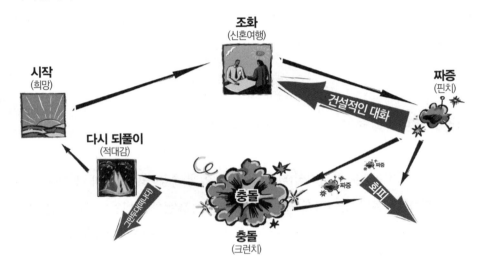

　갈등의 근본 원인이 무엇이든지 간에 개입된 핵심 당사자의 에니어그램 유형은 갈등
의 역동성 및 해결에 있어서 중요한 요소가 됩니다. 에니어그램을 사용하면 당사자 모두
가 파괴적인 경험이 아니라 건설적으로 갈등을 해결할 수 있습니다. 자신에 대해 잘 알
고, 갈등상황에서 자신의 책임에 대해 잘 이해하며, 건설적으로 자기관리를 할수록, 그
리고 에니어그램 지식을 통해 타인에게 접근하는 최선의 방법을 잘 아는 만큼, 신속하고
효과적인 결과를 얻을 수 있는 기회가 커집니다.

　모든 에니어그램 유형에는 독특한 핀치(분노 유발자)가 존재합니다. 즉 어떤 유형의 사람
에게는 항상 분노를 유발하는 특정 상황이 다른 유형의 사람에게는 영향을 미치지 않을
수 있습니다. 5유형의 경우 다음과 같은 상황이 핀치가 됩니다.

나를 화나게 하는 것들

5유형의 개인적인 정보를 타인에게 공개. 깜짝 놀라거나 보호막이 없음. 타인의 불성실(예: 합의한 시간에 최상의 업무 성과를 내지 못하는 사람). 통제 불능의 상황. 압도되는 업무. 상대가 5유형이 원하지 않는 감정적 반응을 기대하는 경우.

분노를 성장의 기회로 변화시킬 수 있는 계발 전략

1. 업무 관계가 시작될 때 나를 화나게 하는 것이 무엇인지 공유하십시오

대부분의 5유형은 업무 관계의 초기에 자신을 드러내 보이는 것을 힘들어 할 수 있지만, 여기에는 많은 장점이 있음을 기억하십시오. 감정 노출의 정도는 다음과 같이 단순하게 할 수 있습니다.

"다른 사람과 함께 일하는 최선의 방법에 대해 논의하여 우리의 관계가 생산적이 되도록 합시다. 매우 중요한 점 몇 가지 있습니다. 나는 관리가 잘 되고 통제 가능한 상태에서 일하는 것을 좋아하며, 놀라운 사건을 싫어합니다. 여기서 '놀랍다'는 것은 불필요하거나 갑작스러운 요구, 이미 다른 계획이 있는데 초과 업무를 요구하는 상황 등을 말합니다. 그리고 당신은 이미 알고 있는 조직이나 프로젝트를 더 잘 이해하는 데 도움이 되는 정보가 나에게는 공유되지 않아 놀라는 상황도 좋아하지 않습니다. 나는 서로 정보가 공유될 때 함께 일하는 것을 좋아합니다."

2. 핀치를 느끼거나 화가 나는 것을 느끼는 즉시 말하십시오

이 방법은 자신과 다른 사람 모두가 놀라는 상황을 최소화해주는 실제적인 좋은 방법입니다. 업무 스타일을 논의하기 위한 초기 대화에서는 함께 일하다 보면 발생할 수 있는 핀치에 대해 의논하기로 합니다. "어떤 핀치나 결함이 발생하면 바로 의논하여 생산적인 업무 관계를 유지하기로 합의합시다."와 같은 간단한 문장은 누구에게나 잘 받아들여집니다.

이 합의를 기억하며, 아무리 작은 우려라도 생기는 즉시 공유하기로 약속합니다. 이는 이미 합의된 사항이므로 다른 사람에 대한 침해가 아닙니다. 5유형의 가장 큰 문제는 실제로 무엇인가를 말해야 한다는 점입니다. 왜냐하면 무엇인가 마음에 걸리며, 감정에 연결되어 있음을 인정해야 하고, 자기 주장을 펴야 하며, 타인에게 접근해야 하기 때문입니다.

3. 핀치나 스트레스에 따른 행동이 시작되려고 하면 운동이나 산책 등 신체 활동을 하십시오

5유형은 자신의 감정을 분리하고 다른 사람에게서 멀어지기 위해 저마다 다른 방법을 사용합니다. 예를 들어 어떤 5유형은 깊게 숨쉬는 것을 멈추고 숨이 목까지만 내려가게 짧게 호흡하기 시작합니다. 일부는 자신의 지성에 모든 주의를 쏟아 생각의 폭풍 속으로 들어갑니다. 또 일부는 힘든 사건들을 정신적 아이디어로 범주화하여 머릿속에 넣어 둡니다. 범주화한다는 것은 정보, 경험, 개인적 행동을 정신적 범주 또는 '상자'에 담는 과정이며 각 상자는 서로 분리되어 있습니다. 한 고위관리자는 집을 샀는데 (갑작스러운 방문이 싫어서) 아무에게도 말하지 않았고, 8년 동안 결혼생활을 유지했음에도 (결혼생활에 문제가 생길까 두려워) 동료나 친구에게 비밀로 했습니다. 실제로는 걱정했던 바가 일어나지 않았습니다!

5유형이 분리나 격리를 위해 어떤 방법을 사용하든지 그들이 선택하는 방법은 늘 자신의 신체 및 감정과의 접촉을 줄이는 결과를 낳습니다. 모든 종류의 신체활동은 신체와 정신 사이의 연결을 다시 확립해 줍니다. 감정은 신체에 내재된 감각에 반응하므로 5유형은 운동을 통해 자신의 감정과 다시 연결되기도 합니다.

4. 부정적인 반응이나 핀치를 느낀다면 자신에게 질문하십시오

5유형으로서의 나에 대해 말하는 상대방의 행동은 무엇인가? 이 상황에 대한 나의 반응은 무엇인가? 그리고 여기서 내가 계발할 수 있는 영역은 무엇인가?에 대해 질문해 보십시오.

핀치와 크런치에 대해 심도 있게 탐구하는 것을 통해 어떻게 내 안에서 최상의 것을 끌어낼 수 있을까요?

대부분의 5유형은 지식과 이해하는 것을 갈망하기 때문에 자아 발견의 추구에도 매우 적합한 유형입니다. 중대한 고려사항은 위의 질문에 대해 감정적이면서도 객관적인 방식으로 대답하는가입니다. 감정적 측면에는 감정을 생각과 동등한 정도로 중요하게 다루는 것과 감정에 대한 탐구가 필요합니다. 위의 질문에 객관적으로 대답하려면, 자신의 관점뿐만 아니라 이들은 타인의 관점에서도 스스로를 파악해야 합니다.

나는 5유형으로서 나의 반응을 이해하지만, 나머지 여덟 유형의 사람들은 내 반응을 어떻게 인지할까? 타인들의 관점에서 나는 무엇을 배울 수 있을까?를 자문하는 것이 도움이 됩니다.

5유형에게 있어서 자기 발견은 감정적 삶과 경험 그리고 타인들로부터 자신을 분리하는 방식을 이해하도록 합니다.

팀 계발 전략

집단과 팀 간에는 차이가 있습니다. 집단은 공통 관심사가 있는 개인들의 집합을 말합니다. 팀은 하나 이상의 목표를 공유하는 구성원으로 구성된 특정 유형의 그룹입니다.

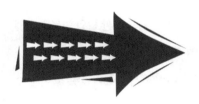 팀 구성원 간 상호의존성이 최적일 때에만 팀의 해당 목표를 달성할 수 있습니다. 또한 팀 구성원에게는 각각의 역할이 있습니다. 이 역할은 자신의 에니어그램 유형과 연관되어 예상 가능한 행동 패턴에 의한 경우가 많습니다.

과업 역할에는 과업 자체에 초점이 맞추어진 행동이 포함됩니다. 관계 역할에는 감정, 관계 및 의사결정과 갈등 해결 등의 팀 프로세스에 초점을 맞춘 행동이 포함됩니다. 그리고 팀은 형성기, 혼동기, 규범기, 성취기로 이루어진 4개의 연속 발달 단계를 거치기 때문에 독특하면서도 예측 가능한 역동이 존재합니다. 각 단계마다 다음 단계로 이동하기 전에 해결해야 하는 다음의 질문들이 있습니다.

팀 발달 단계	질문
형성기	우리는 누구인가, 우리는 어디로 가는가, 우리 모두 함께 그곳으로 갈 것인가?
혼동기	건설적이고 생산적인 방식으로 서로의 의견을 달리할 수 있는가?
규범기	최상의 팀을 조직하고 함께 일을 잘할 수 있는 방법은 무엇인가?
성취기	소진되지 않고 높은 수준에서 지속적으로 성과를 창출할 수 있는 방법은 무엇인가?

5유형 팀원과 팀 리더들을 위한 계발 전략

1. 팀 목표

당신은 매우 정밀하고, 견고하며, 유용하고, 통제 가능한 팀 목표를 선호합니다. 그러나 다른 팀원들은 보다 고결하고, 압도적이며, 가치 지향적인 목표가 필요할 수 있습니다. 따라서 팀 목표를 만들 때는 큰 그림을 보고 비전을 지향하도록 노력하십시오.

2. 팀 상호의존성

당신은 팀원 모두가 능력 있고 효율적인 팀, 즉 상호의존성이 낮고 개인 자율성이 높은 팀에서 근무하기를 선호합니다. 그러나 몇몇 팀은 '중간'에서 '높음' 정도의 상호의존성이 요구되는

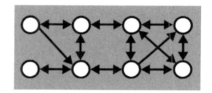

상태에서 효율적으로 일할 수 있으며, 모든 팀원이 당신이 원하는 만큼 효율적일 수는 없다는 점을 기억하십시오. 당신이 선호하는 자율성 중 일부를 포기하더라도 팀이 필요로 하는 상호의존성 수준을 지원하도록 하고, 효율성이 부족하거나 능력을 발휘하는 데 타인보다 시간이 더 걸리는 팀원들에 대한 인내심을 기르십시오.

3. 팀 역할

5유형의 전형적인 업무관련 팀 역할은 시간, 자금, 인사, 재료 등의 팀 자원에 주의를 기울이고 감시하는 팀 자원 관리가 될 확률이 높습니다. 5유형이 맡는 관계관련 팀 역할은 다음과 같습니다. 크고 복잡한 환경에서 복잡한 쟁점들에 대해 단순하고 솔직한 방식으로 언급하거나 문제를 재구성함으로써 대안적 견해와 행동 절차를 고려할 수 있도록

새로운 관점을 제공하는 일이 포함됩니다. 이와 같은 전형적인 역할을 넘어서 다음과 같은 추가적인 팀 과업 역할 및 관계 역할을 맡아보십시오.

▶ 새로운 과업 역할
더욱 원대한 목적의 정의, 팀의 사명을 명료화하고 확장하는 데 도움을 주는 역할을 하십시오.

과업 역할

▶ 새로운 관계 역할
당신의 감정 반응을 다른 팀원과 공유하고 다른 사람에게도 표현하도록 도움으로써 감정을 표현하는 역할을 하십시오.

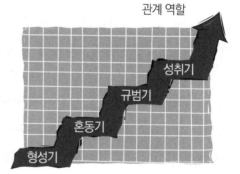

4. 팀 역동

4개로 구성된 팀 발달 단계(형성기, 혼동기, 규범기, 성취기)에서 다음의 방법을 통하여 당신의 행동 목록을 계발하도록 시도하십시오.

관계 역할

형성기
혼동기
규범기
성취기

형성기	현재의 과제 초점에 강력한 관계 초점을 추가하십시오. 팀원들이 서로에 대해 잘 알고 각자가 팀 업무에 어떤 기술이나 강점을 활용할 수 있는지 알아내도록 팀원들을 격려하는 방법을 사용하십시오.
혼동기	현재 팀의 진행상황에서 자신이 느끼는 감정에 대해 허용함으로써 팀 갈등에 대해 보다 편안해지십시오. 그리고 진짜 감정을 드러내도록 경청하는 것과 자신과 팀원들을 지지하는 것을 허용하십시오.
규범기	팀원들이 더 효과적으로 일할 수 있는 방식을 제안하고, 당신의 자율성을 조금 축소하더라도 팀 전체에는 이익이 되는 제안에 대해 개방적 자세를 취하십시오.
성취기	다른 사람들의 업무가 과다한 경우 자원해서 돕고, 당신에게 도움이 필요할 때 요청하며, 당신의 지식을 계속해서 공유하십시오.

5유형 리더를 위한 추가적인 팀 계발 전략

1. 단순한 언어 이외의 방법으로 감정을 표현하십시오

5유형은 의사소통을 할 때 자신의 신체언어를 통제하고 말에만 의존하는 경향이 있지만, 팀은 더 많은 정보를 필요로 합니다. 당신에게 중요한 것에 대해 말하는 자신을 비디오로 녹화해 보십시오. 코치나 자신이 존경하는 사람과 함께 영상을 보면서 당신이 어떻게 하고 있는지에 대한 상대의 피드백을 구하십시오. 마지막으로 직원들과의 회의 중에 말과 신체언어가 일치하도록 노력하며 감정에 대한 의사소통을 실천해 보십시오.

2. 당신의 진실한 반응에 대해 생각할 시간이 필요하다는 것을 명확히 밝히십시오

자신의 상황에 대해 생각할 시간이 필요하다고 타인 또는 집단에게 말하는 것은 매우 좋습니다. 당신과 상대 모두, 가장 진실되고 사려 깊은 반응을 토대로 일할 자격이 있습니다. 반응에 대해 생각하는 시간이 필요함을 명확히 밝히는 것이 아무런 반응이 없는 것처럼 행동하는 것보다 바람직합니다. 곰곰히 생각하는 동안, 다음과 같은 질문을 통해 최초로 느낀 감정에 대해 넘어설 수 있게 됩니다.

그래, 근데 나는 왜 이렇게 느끼는 걸까? 깊이 성찰할수록 당신의 가장 진실한 감정과 더 심층적으로 연결됩니다. 이 때 느낀 감정을 타인들과 공유할 수도 있고 하지 않을 수도 있지만, 적어도 자신의 진실한 감정에 대해 알게 될 것입니다.

3. 신체언어를 명확하게 해석하는 법을 배우십시오

다른 사람들의 말만큼 그들의 신체언어에도 주의를 기울이면, 비언어적 신호를 알아차리는 전문가가 될 수 있습니다. 이 기술을 습득하는 좋은 방법은 전에 본 적이 없는

DVD를 음소거 상태에서 15분 동안 보는 것입니다. DVD를 시청하면서 어떤 일이 일어나고 있는지에 대한 당신의 생각과 주인공이 느끼는 감정에 대한 상상과 영화 전반의 느낌 또는 분위기가 어떠할 것이라는 생각을 적습니다. 그 다음에는 볼륨을 키우고 동일한 내용을 다시 봅니다. 당신이 해석한 비언어적 행동의 정확성을 평가해봅니다. 그다지 정확하지 못했다면 동일한 부분을 다시 시청하여 자신이 무엇을 빠뜨렸는지 파악합니다. 당신이 신체언어를 읽어내는 기술에 대해 더 잘 알게 되었다고 느껴질 때까지 동일한 DVD 또는 다른 DVD를 이용해 앞의 활동을 반복합니다.

리더십 계발 전략

리더십 계발을 위한 치열한 도전들은 복잡하면서 힘들고 예측 불가능하지만 흥미진진하면서도 충분한 보상이 따르는 일입니다. 그 도전에는 유쾌한 상황이나 스트레스 상황에서도 수백 명의 사람들과 효과적으로 상호작용하고, 자신을 관리할 수 있는 능력이 요구됩니다.

이러한 이유로 리더들은 정직한 자기성찰의 시간을 반드시 가져야 합니다. 비범한 리더가 되는 사람은 미래를 예상할 수 없더라도 도전에 직면함으로써 진취적이고 혁명적인 방법으로 성장할 수 있습니다.

탁월한 리더십은 여러 가지 형태로 나타나며 특정한 에니어그램 유형의 전유물은 아닙니다. 당신의 에니어그램 유형은 리더로서의 강점이 있지만, 성공으로 가는 길에 장애물을 만들어내곤 합니다.

5유형의 리더는 보통 객관성의 중시라는 특별한 재능을 가지고 있습니다. 그러나 가장 뛰어난 장점은 또한 가장 취약한 약점이 될 수도 있습니다. 5유형 리더는 타인을 의지하지 않고 스스로 해결하려는 성향이 있습니다. 그리고 지적 이해에 대한 끊임없는 목마름 때문에, 조직에 감정 요소를 완전히 통합하지 못하여 자신의 모든 재능을 인정받지 못하는 위험에 처하게 됩니다.

리더십 향상을 위한 계발 전략

1. 팀의 상호의존성에 초점을 맞추십시오

팀원 각자의 역량과 자율성을 최적화하는 방법에 초점을 맞추기보다는 서로에게 관심을 가지고 도와주며 화합을 이루는 과정을 최적화하는 데 주의를 기울이십시오.

2. 전략 수립을 중지하고 행동을 시작하십시오

생각하는 것은 행동하는 것과 다르며, 전략을 수립하는 것은 행동을 취하는 것과 같지 않습니다. 행동 측면에서 무엇이 잘못됐고 무엇을 해야 할지 잘 모르는 경우, 존경하는 사람들에게 조언을 구하십시오. 그리고 신속하게 행동으로 옮겨야 합니다.

3. 정치적인 것에 좀 더 주의를 기울이십시오

과도한 전략 수립이나 무시하기, 정치적 관계에 신경 쓰지 않는 방식보다는 생산적인 방식으로 그들에게 영향을 끼치는 방법을 배우십시오.

성과창출 전략

지속적으로 높은 품질의 성과를 보이고, 성과를 위해 매진하며, 자신의 잠재력에 도달함으로써 고객에게 신뢰를 얻는 것은 중요한 일입니다. 이를 통해 생산성이 증가되고, 신제품 개발 분야의 한계가 넓어지며, 자신의 분야에서 리더로서 조직을 지원하게 됩니다.

1. 행동하기 전에 생각하십시오. 그러나 행동하고 또 행동하십시오

생각하고, 검색하며, 계획을 세우는 일은 훌륭한 결과를 얻는 데 필수적인 요소입니다. 그러나 행동을 취하는 것 역시 중요하다는 점을 기억하십시오. 지금 속도보다 두 배 더 빨리 행동을 하십시오. 과거 프로젝트 중 3개를 고른 후에 다음과 같은 질문을 하십시오.

각 프로젝트를 더 신속하게 진행하기 위해 내가 할 수 있는 일은 무엇이었을까?

효과적인 행동을 신속히 취하는 사람 중에 업무적으로 존경하는 사람을 생각해 보십시오. 그 사람의 행동을 관찰하거나 빠르게 행동하는 방법에 대해 질문해 보십시오.

2. 중요한 질문을 하십시오

프로젝트의 모든 측면에서 다음의 내용을 자문해 봅니다. 왜 우리는 이 프로젝트를 하는 걸까? 이 프로젝트가 조직과 사업 양측에서 비전과 전략 모두를 어떻게 부합시킬 수 있을까?

3. 끊임없이 의사소통하십시오

5유형은 자신의 사고 과정과 아이디어를 내면에 감춰두는 경향이 있으므로, 업무 과정 중에 타인들과 끊임없이 아이디어를 공유하도록 노력하면 크게 성장할 수 있습니다. 의사소통 빈도를 5배로 늘린다 해도 여전히 부족합니다. 당신은 지속적으로 의사소통을 해야 하며, 의사소통은 상호작용이라는 점을 기억하십시오.

전략 계발

팀과 조직이 최상의 성취도와 효율성에 도달하려면, 리더들과 각 공헌자들은 조직의 진정한 비즈니스가 무엇인가를 이해하고 다방면으로 생각해서 전략적으로 행동해야 합니다.

'비즈니스 파악하기'와 '전략적으로 사고하고 행동하기'는 서로 밀접하게 연관되어 있습니다. 비즈니스를 이해하지 않고, 전략적으로 사고하고 행동하기란 있을 수 없습니다. 이 사실을 알고 있다면, 이것을 전략적인 방법으로 사용할 필요가 있습니다. 그 방법으로는 공통의 강력한 비전을 갖고 일하기, 고객에게 초점을 맞춘 미션, 훌륭한 전략, 그리고 그 전략과 일치되는 효과적인 목표와 전술이 있습니다.

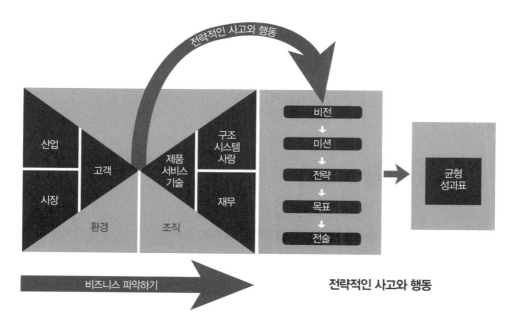

전략적인 사고와 행동

1. 당신의 지성만큼 감정과 장 반응gut reactions을 사용하십시오

지식의 가장 깊은 부분, 즉 통찰과 지혜는 지성에서만 생겨나는 것이 아닙니다. 자신의 감정을 신뢰하는 능력을 키운다는 것은 우선 자신의 감정을 실시간으로 깊이 있게 경험하는 것을 의미합니다. 비록 이것이 당신의 안전지대를 벗어나도록 떠민다 할지라도, 습관적으로 감정을 분리하지 않도록 노력하십시오. 그리고 장 반응에 주목하십시오. 분석하는 대신에 이 상황에 대해 내 본능이 무엇이라고 말하는가를 자문하십시오. 자연스럽게 떠오르는 답을 해 봅니다. 감정 능력과 신체 본능을 계발시키면, 이러한 다른 종류의 정보에도 접근이 가능하게 되므로 지적인 자료에 과도하게 의존하는 성향이 감소하는 것을 알 수 있을 것입니다.

2. 비전을 계발시키는 데 헌신하십시오

당신의 업무를 위하여 분명하고, 목적에 부합하며, 가치에 기반한 비전을 갖고 있는지 확인하십시오. 그리고 이 비전이 다른 팀원들의 비전과 함께 연결되어 있는지 확인하십시오. 물론 이를 위해 시간은 들겠지만, 지금이 바로 시간과 에너지를 잘 활용할 수 있는 때임을 알게 될 것입니다.

3. 사람들과 이야기를 나누십시오

정보제공자와 공감자로서 사람들을 활용하는 방법을 배우십시오. 이렇게 함으로써 당신이 더 나은 정보 기반을 만드는 데 도움이 될 뿐만 아니라, 다른 사람들로 하여금 당신의 사업을 이해하는 과정에 있어서 당신이 전략적으로 생각하며 행동하는 파트너라는 느낌을 갖게 할 것입니다.

의사결정 계발 전략

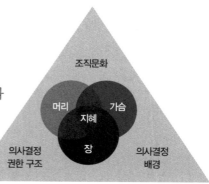

사람들은 매일매일 의사결정을 하지만 의사결정 과정에 대해서 생각하는 일은 드뭅니다. 가장 현명한 결정은 머리(논리적인 분석과 계획), 가슴(가치, 감정, 사람에게 미치는 영향), 장(행동을 취함)의 세 가지가 통합된 방식으로 사용되었을 때 이루어집니다. 직장에서의 의사결정은 다음과 같은 세 가지 요인, 즉 조직 문화, 조직의 의사결정 권한 구조, 결정 자체의 배경을 고려해야 합니다.

다음의 표는 5유형의 현명한 의사결정을 위한 지능의 중심(머리, 가슴, 장)을 계발시키는 방법을 나타냅니다.

5유형의 의사결정 계발활동			
지능의 중심	머리	객관적 분석	논리적 분석이 반드시 객관적일 필요는 없다는 점을 기억합니다. 논리를 어떻게 사용하느냐에 따라 논리 그 자체에 편견과 모순이 존재할 수 있습니다.
		예리한 통찰력	자신의 통찰에 사실뿐만 아니라 감정에 대한 정보도 포함되어야 함을 명심하십시오.
		생산적 계획	과도하게 계획을 짜거나 전략화하지 않습니다. 계획을 세우기 전에 모든 일을 다 알지 못할 수 있음을 기억하십시오.
	가슴	공감	일이 발생한 다음이 아니라, 바로 지금 자신의 감정을 느끼는 법을 배우십시오. 이를 통해 다른 감정을 보다 정확하게 읽어내어 의사결정에 정보로 사용할 수 있습니다.
		진정한 관계	자신과 다른 사람들 사이의 장벽을 최소화하십시오. 그러면 사람들이 더 진실한 정보를 줄 것입니다.
		연민	당신이 어떻게 결정을 내리게 되었는지에 대해 사람들에게 말하고, 자신의 감정도 공유합니다. 곤란한 정보를 전달할 때는 친절해야 합니다.
	장	효과적인 행동 취하기	당신의 지성, 감성, 장에서 오는 정보를 활용하여 제때에 의사결정을 내리십시오.
		흔들리지 않는 견고함	지성, 감성, 의지를 통합하여 내린 의사결정에 대해 확고한 자세를 가집니다. 지성만 이용해서 내린 결정은 융통성을 가지고 재고하도록 합니다.
		본능적 이해	장의 신호를 읽는 방법을 배우면 자신의 장에서 오는 직관을 신뢰하게 됩니다. 그렇게 할 때 보다 빠르고 더 나은 결정을 할 수 있습니다.

조직변화 계발 전략

현대의 조직에서 변화는 하나의 생활방식이 되었습니다. 기업은 늘어나는 경쟁, 줄어드는 자원, 부족한 마케팅 시간, 높아지는 고객의 기대 수준, 증가하는 법 규정, 수많은 과학 기술, 커지는 불확실성 등으로 이루어진 점점 더 복잡한 환경에 존재하고 있습니다. 조직은 성공을 위해 유연하고, 헌신적이며, 비용에 민감하고, 빠르게 대응해야 합니다. 그 결과 예측하지 못한 방향으로 전환해야만 하는 경우에, 모든 계층의 직원이 팀 내에서 유연하고 효과적으로 변화를 수용하며 역할을 다할 수 있어야 합니다.

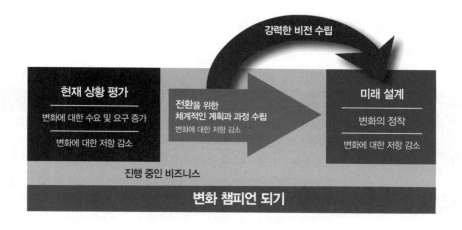

1. 이야기를 공유하십시오

사람들이 불안감을 느끼는 경우, 변화에 대해 우려를 했지만 긍정적인 결과를 얻었던 일화를 공유하십시오. 사람들이 분노를 느끼는 경우, 때로는 분노와 같은 부정적 감정도 긍정적 행동을 취하는 데 에너지로 바뀌어 사용됐던 일화를 공유하십시오. 긴 이야기일 필요는 없지만 설득력 있는 이야기여야 합니다. 이야기의 공유는 사람들을 하나로 끌어 당기므로, 당신이 리더가 아니더라도 상관없이 도움이 됩니다. 모든 이야기에 긍정적인 메시지가 담겨 있어야 합니다.

2. 감정(자신의 감정을 포함)을 공유하십시오

사람들(자신 포함)은 큰 변화를 겪는 중에 시간이 흐르면서 여러 가지 다양한 감정의 변화를 느낍니다. "이 일에 대해 어떻게 느끼십니까?" 등의 간단한 질문을 통해 감정 표현을 수용하십시오. 당신의 감정을 나눔으로써 다른 사람도 감정을 공유하도록 격려하십시오. 이런 변화에 대해 긍정적인 느낌이 들면 자신에게 긍정적인 감정을 불러일으켰던 실제 경험을 공유해 봅니다. 이런 느낌에 대해 우려가 되면, 관련 경험도 공유합니다. 당신의 의도와 메시지가 타인들이 자신의 감정을 받아들이는 데 도움이 되고 변화를 지지하는 데 도움이 되는지 확인하십시오.

3. 자신에 대해 공유하십시오

사람들이 새로운 방향을 지향한다 할지라도 누구에게나 변화는 힘든 일입니다. 조직의 모든 직원들은 자신을 위해 당신을 필요로 합니다. 진정으로 경청하고 진실을 말함으로써 자신에 대해 나누는 것이 중요합니다. 예를 들어 5유형 리더는 핵심관리직의 부하직원이 승진에서 제외된 이유를 설명할 때, 부하직원의 경험부족을 이유로 그런 의사결정이 이루어졌다고 간략하게만 설명할 수 있습니다. 그러나 좀 더 그 결정에 대해 깊이 생각해 보면 처음부터 그 자리는 부하직원에게 맞지 않는 자리였으나, 자신은 그를 신뢰하고 그에게 다른 자리를 주어야겠다고 생각하고 있음을 깨닫게 됩니다.

변형 전략

5유형은 지식을 추구하고 감정 분리를 사용해서 다른 사람과 최소한의 관계를 유지하는 것을 추구합니다. 여기에서 벗어나기 위해서는 지성, 감정, 경험이 온전히 통합되어 생겨나는 보편적 지혜가 있다는 이해가 있어야 합니다. 이러한 이해를 바탕으로 5유형은 다음과 같은 변형을 향해 앞으로 한 발짝 나아갈 수 있게 됩니다.

1. 정신적 변형

인색함(지식, 시간, 공간, 개인 정보에 대해 공유를 꺼리고 지적으로 알고자 하는 끊임없는 갈증과 자신의 환경을 통제하는 방법을 전략화하는 패러다임)이라는 정신적 **패턴**을 **박식함**(직접적인 개인 경험과 온전한 몰입을 통해서만 모든 것을 알 수 있다는 통찰)이라는 더 높은 차원의 신념으로 변형하십시오.

▶ 정신적 활동

정보에 대한 갈증, 정보를 자신만 가지고 있거나, 직접 경험으로부터 자신을 멀어지게 하거나, 환경을 통제하기 위해 확장된 전략을 수립하는 자신을 발견해 보십시오. 이러한 경우에 진정한 지혜는 직접 경험을 통해 완전한 관계를 맺어야만 성취할 수 있다는 점을 이해했던 때들을 기억하십시오. 그 순간을 생각하며 당시에 자신 안에서 일어났던 일들을 되새겨 봅니다.

2. 감정적 변형

탐욕(정보, 신체 및 감정적인 프라이버시, 에너지, 자원 등 자신과 관련된 모든 것을 지키려는 강렬한 욕망으로서 자동적으로 감정을 분리하는 습관과 결합됨)이라는 감정적 습관을 무집착(감정, 사람, 경험으로부터의 분리는 집착하지 않는 것이 아니며, 반드시 관계를 맺고 집착해봐야만 진정으로 집착하지 않게 되고 탐욕 없이 감사할 수 있음을 직접 경험하는 상태)이라는 더 높은 차원의 자각으로 변형하십시오.

▶ 감정적 활동

타인과 지식, 시간, 물리적 공간, 감정 등을 공유하지 않고자 멀어지는 자신을 발견하면, 삶에서 타인과 온전한 공유를 이루고 자신을 드러냈던 순간을 한 가지 이상 떠올려봅니다. 당시 환경, 느낌, 경험을 기억하고, 그 순간의 경험에 완전히 다시 연결될 때까지 당신의 마음과 생각 속에 그 순간을 반복해서 떠올려 보십시오.

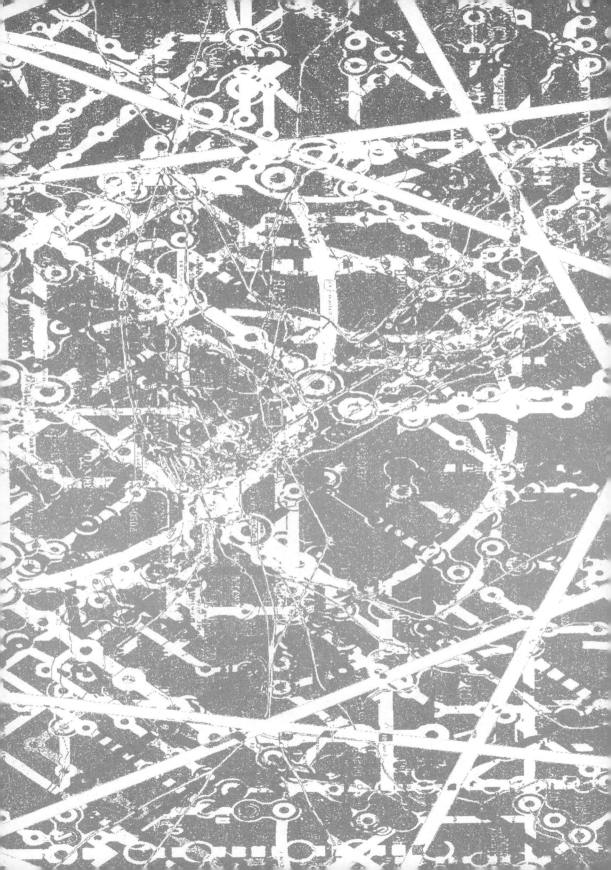

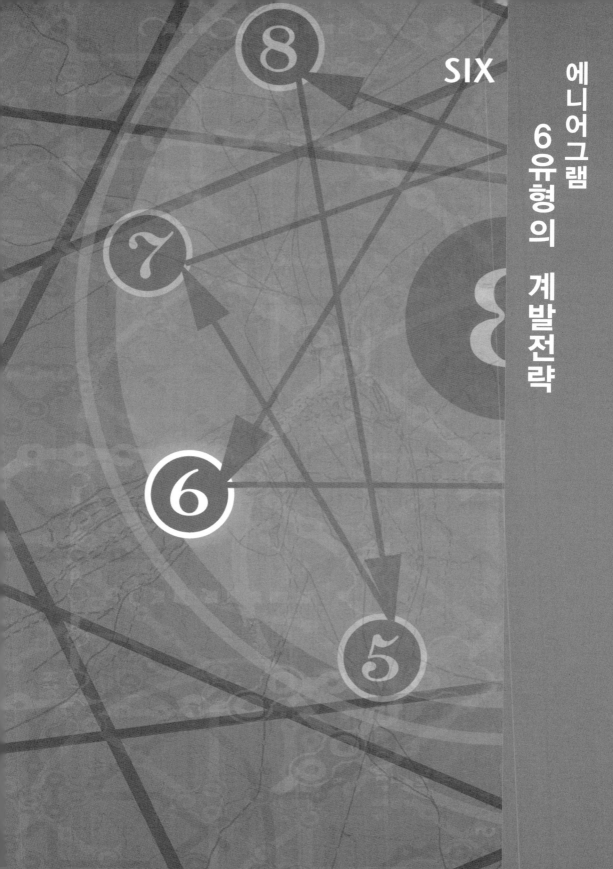

SIX

에니어그램
6유형의 계발전략

에니어그램 6유형
의미, 확신, 믿음을 추구, 그리고 부정적인 시나리오의 회피

예리한 머리를 가진, 통찰력 있는, 그리고 충실한 6유형은 문제 식별자이며 해결사입니다. 이들은 정신적·정서적 안테나를 통해 문제가 일어나기 전에 그것을 예상하며, 이를 통해 대처 방법과 비상 계획을 세웁니다. 이것은 최상의 결과를 낳고 최악의 상황을 방지하기 위함입니다.

많은 6유형은 공포순응형과 공포대항형의 특징을 보입니다. 공포순응 6유형은 공포를 느끼고 있는 것을 명확하게 보여줍니다. 반대로 공포대항 6유형은 극적인 위험감수(항상은 아니지만 대개 신체적인 위험)를 함으로써 아드레날린을 분비시켜 자신이 그 순간만큼은 공포를 느끼지 않는다는 것을 보여주며 자신의 공포를 숨깁니다.

모든 6유형은 걱정을 정신적 습관처럼 하지만, 어떤 6유형은 이것을 미리 세우는 즉각적인 계획 또는 문제해결이라 부르며, 또 다른 6유형은 걱정을 자신도 모를 만큼 자연스럽게 합니다. 또한 6유형에게는 주요한 차이가 있습니다. 어떤 6유형은 따뜻해지고, 사람을 끌어들이며, 강력하고 충직한 사회적 동맹을 맺음으로써 그들의 걱정을 해소하며, 다른 6유형은 굉장히 순종적이며 규칙을 엄수하여 길을 방황하지 않고 문제를 일으키지 않으려 합니다.

공포대항형들은 무의식적으로 힘을 과시하여 자신의 공포에 맞섭니다. 이것은 자신의 용맹함을 자기 자신 뿐만 아니라 다른 사람들에게 납득시키려는 것입니다. 현실에서 대부분의 공포순응형들은 공포대항형의 특징을 갖고 있습니다. 예를 들어, 이들은 권위 혹은 권위자들에게 공격적으로 변할 수 있습니다. 그리고 대부분의 공포대항형들은 그들이 믿는 사람에게는 자신의 공포와 근심을 비언어적 행동을 통해 드러냅니다.

6유형은 다양한 대인관계 유형이 있습니다. 하지만 대부분은 따뜻하고 충실하며, 진실해 보이고, 상대적으로 자만심을 적게 보이며, 솔직하고, 근심을 바로 표현하며, 자신에 대해서 솔직하게 얘기하려는 의지가 있습니다.

우리는 모두 걱정을 하고, 통찰력 있으며, 살면서 일어날 수 있는 다양한 시나리오를 준비하고 싶습니다. 그러나 특히 6유형은 의미, 확신, 그리고 믿음을 추구하고, 부정적인 시나리오의 발생을 회피하는 것이 주요하고 강력한 내적동기입니다.

▶ 에니어그램 6유형을 위한 계발 전략

의심doubt

6유형은 통찰력이 있으며 예측 가능한 시나리오나 최악의 시나리오를 상상해서 무엇인가가 잘못되었을 때를 대비하려고 합니다.

▶ 목차

자기완성self- mastery을 위한 계발 전략

자기완성은 모든 개인적이고 직업적인 계발의 기초가 됩니다. 이것은 매일 마주하게 되는 새로운 도전이 성장을 위한 기회라고 인식하는 것을 바탕으로 자신의 생각과 느낌, 행동을 이해하고 수용하며 변형시킬 수 있는 능력을 말합니다. 자기완성은 자기인식으로부터 시작되고, 그림에서 보이는 요소들을 포함하면서 확장됩니다.

자기완성의 장은 다음과 같은 내용으로 구성되어 있습니다.

➤ 자기완성에 관련된 6유형의 세 가지 공통 이슈

➤ 6유형의 핵심 이슈를 다루기 위한 세 가지 계발 전략(각 전략별로 기본 활동과 심화 활동을 하나씩 포함)

➤ 6유형의 날개와 화살(스트레스 - 안정) 유형을 다루는 세 가지 계발 전략

자기완성에 관련된 6유형의 공통 이슈

통찰과 투사(상상력을 기초로 한 어떤 것)의 차이점 배우기	타인 또는 외적 권위에서 의미와 확신을 얻는 대신 자신의 내적 권위를 신뢰하기	자신과 타인에게 어떤 일이 생기더라도 그것을 처리할 수 있다는 믿음 갖기

6유형의 핵심 이슈를 다루기 위한 계발 전략

1. '절반밖에 없다'에서 '절반이나 있다'로 관점을 바꾸십시오

기초 활동 매일 아침, 15분간 모든 것이 문제없이 잘 되고 있다는 생각으로 하루를 시작하십시오. 그것은 집안 문제일 수도 있고, 업무 문제나 자신의 어떤 면일 수도 있습니다. 이 훈련은 실제로 당신의 두뇌회로의 어떤 변화를 시작하게 합니다.

심화 활동 6유형은 잘못될 가능성에 초점을 맞추는 경향이 있기 때문에 대부분 '잔에 물이 반 밖에 없다'고 생각합니다. 어떤 것에서든 부정적인 부분을 찾아내려는 성향을 고치려면 의식적으로 '잔에 물이 반이나 차 있다'라는 태도로 바꾸어야 합니다. 이런식으로, 이 세상의 모든 것이 효율적이며 올바르고 제자리에 있다는 생각을 의식적으로 해야 합니다. 예를 들어 만약 당신이 출장을 가게 된다면 택시를 잡지 못해 비행기를 놓쳐서 프레젠테이션이 잘 되지 않을 것이라는 걱정을 하기보다는, 요즘은 콜택시가 제때 오지 않는 경우가 거의 없다거나, 공항의 보안이 강화되어 안전에는 문제가 없다거나, 프레젠테이션에서 다루는 정보를 다른 사람들이 얼마나 유용하게 사용할 수 있는가에 대해 생각 합니다.

다음의 활동은 당신이 좀 더 긍정적인 시나리오에 초점을 두는 데 도움이 될 것입니다.

2주일 동안 하루 일과가 끝날 무렵 10분 정도 그날 잘 되었던 일의 목록을 작성해 보십시오. 그리고 다음 2주 동안에는 매일 아침에 적어도 그날 잘될 것이라고 생각되는 다섯 가지 목록을 써 보십시오. 그 다음에는 한 달 동안, 매일 저녁 10분 정도 시간을 내어 그 날 좋은 결과로 끝난 일을 모두 써보십시오.

매일 잘 지나간 일들의 목록을 만들고 각 항목 옆에 그러한 성공을 위해서 자신이 무엇을 했는지 정확히 적으십시오. 한 달째 되는 날에 자신을 돌이켜보면 부정적인 시나리오 못지않게 긍정적인 시나리오로 당신의 초점이 전환된 것을 알게 될 것입니다. 그리고 당신은 긍정적인 결과를 만드는 자신의 역할을 더 잘 이해했기 때문에 자신감이 증가할 것입니다.

2. 자신의 권위를 믿으십시오

기초 활동 자기 스스로의 충고를 따라서 그 충고가 잘 이루어진 경우의 목록을 만들어 보십시오. 그리고 각 항목 옆에 충고를 따랐을 때 얻게 된 이득도 써 보십시오. 이런 자기충고를 자신이 가진 내적 권위에서 오는 지혜라고 생각하십시오. 어떻게 해야 할지 확신이 서지 않을 때는 다음의 질문을 던지십시오. 만약 내가 나의 내적 권위를 따른다면, 나에게 주는 충고는 무엇일까? 그런 다음 그 충고를 따르십시오.

심화 활동 6유형은 어떠한 결정을 내리기 전에 여러 사람에게 조언을 구하는 것이 이상한 일이 아닙니다. 그들은 의심이 많기 때문에 사실상 자신의 판단이 더 뛰어남에도 권위 있는 타인의 판단을 더 신뢰합니다. 또한 자신을 신뢰해야 할 때에도 타인에게 자신의 힘을 주어버립니다.

모순되게도 이들은 주로 타인들에게 훌륭한 조언을 주지만 동일한 문제에 대해서 타인들에게 조언을 구하기도 합니다. 다음과 같은 방법은 그들의 현명한 내적 권위를 생각으로 풀어내게 하는 좋은 기술로써 유용합니다.

특별한 주제에 대해서 타인의 조언이 필요하다는 생각이 들면 일단 멈추고, 다음의 질문을 스스로 해보십시오. 나는 이 문제에 대해서 어떻게 생각하지? 그에 대한 답이 만약 '잘 모르겠어'라면 다시 자, 내가 이 문제에 어떻게 대처해야 할지 알고 있다고 가정해 보자. 과연 그 방법은 무엇일까?라고 물어봅니다.

보통 이렇게 유발된 자기 충고는 따를 만한 가치가 있습니다. 또 다른 다양한 자기 질문의 기술들은 다음과 같습니다. 만약 어떤 사람이 나에게 와서 이와 비슷한 문제로 조언을 구한다면, 나는 어떤 방법을 제시해 줄 수 있을까?

3. 통찰과 순수한 투사를 구별하십시오

기초 활동 통찰insight과 투사projection를 구별할 수 있습니까? 당신이 실제로 지각한 것(통찰)과 투사(현실을 반영하는 대신 자신의 생각, 감정, 원하는 바를 반영하여 자신의 마음속에서 전적으로 무엇인가를 만들어낸 것)를 구별할 수 있습니까?

매일 아침 15분 동안 오늘 일어날 것이라고 여겨지는 일들에 관한 자유롭게 떠오르는 생각의 목록을 만들어 보십시오. 그날 밤 하루가 지나기 전에 당신의 목록을 재검토해 보십시오. 목록의 각 항목 별로 이 질문들에 대답하십시오. 이것은 통찰인가 투사인가? 아니면 이 두 가지의 혼합인가? 이 차이를 어떻게 알 수 있는가?

몇 주간 이러한 활동을 연습하고 그 차이를 내가 어떻게 말할 수 있을까?라는 질문에 대답하는 것은 당신에게 유용한 정보를 줄 것입니다.

심화 활동 6유형에게 가장 어려운 과제 중 하나는 통찰과 투사를 구별하는 것입니다. 통찰은 기민한 인식이고 정확한 것으로 따라서 실행가능한 것입니다. 투사는 어떠한 사람의 진실이나 어떤 대상에 대한 관찰보다는 이해하는 사람의 심리를 반영한 것입니다. 따라서, 6유형은 투사와 통찰에 관한 생각들 그리고 순수한 투사와 순수한 통찰 사이에서 차이를 구별할 필요가 있습니다.

이것을 구별하게 도와주는 두 가지 활동이 있습니다. 첫째, 순수한 통찰은 날카로운 직관적인 지각이고, 대부분 지각하는 사람의 감정이 거의 없다는 것입니다. 따라서 견해에 감정이 들어갈수록 이것은 투사일 가능성이 높고 감정이 덜 들어갈수록 신뢰할 수 있는 통찰일 가능성이 높습니다.

어떤 관점이 투사라고 생각되거나 적어도 부분적으로는 투사라는 느낌이 들면, 이를 확인하는 가장 좋은 방법은 자신에게 다음과 같이 질문하는 것입니다. 지금 이 생각에는 나의 주관성이 포함되어 있지 않은가?

예를 들어 누군가가 당신에게 진실하지 않다는 생각이 들면 다음과 같이 자문해 보십시오. 나는 그 사람에게 어느만큼 진실하지 않은가? 당신이 다른 사람에게 어느 정도 진실하지 않다는 것을 깨달았을 때 이렇게 질문하십시오. 내가 어느 정도는 진실하지 않음을 깨달았는데, 이 사람이 나에게 진실하지 않을 것이라고 짐작하는 다른 어떤 이유가 있는가?

투사인지 아닌지 알아볼 수 있는 두 번째 방법은 당신의 생각을 타인에게 이야기해서 피드백을 받는 것입니다. 선입견을 가질 특별한 이유가 없는 여러 사람에게 피드백을 받고 나면 당신의 생각이 정확한지 아닌지를 알 수 있습니다. 시간이 흐름에 따라 이런 방법은 당신의 통찰이 갖고 있는 속성과 투사의 패턴을 이해하는 데 도움이 될 것입니다.

6유형의 날개 및 화살(스트레스 – 안정) 유형을 통합하는 계발 전략

날개는 자신의 핵심 에니어그램 유형의 양 옆에 있는 에니어그램 유형을 말합니다. 화살은 자신의 핵심 에니어그램 유형에서 뻗어 나온 화살표가 가리키는 에니어그램 유형과, 자신의 에니어그램 유형을 가리키는 화살표가 시작되는 곳의 에니어그램 유형을 의미합니다. 날개 및 화살 유형은 자신의 핵심 에니어그램 유형을 변화시키는 것이 아니라, 생각과 감정의 방식을 넓히고 풍부하게 하며 행동을 강화하는 정보를 제공합니다. 날개 및 화살 유형은 한 사람 한 사람을 보다 복합적이고 다양하게 만들며, 자기계발에 필요한 도구로써 개인의 성격에 더 많은 특성을 제공합니다.

1. 5유형 날개를 통합하십시오

▶ 사고 과정의 속도를 늦추십시오

6유형은 대체로 빠른 속도로 생각하고 분석합니다. 특히 그들이 근심하거나 불안할 때 더욱 그렇지만 흥분하거나 희망적일 때도 마찬가지입니다. 5유형은 그와 반대로 느린 속도와 더욱 신중한 분석 경로를 거치는 경향이 있으며 이것은 가능성들을 더욱 조직적으로 심사숙고하게 합니다. 생각하는 과정을 늦추는 다른 방법을 시도할 수 있습니다.

첫 번째 방법은 간단하게 자신의 사고 과정의 속도를 알아차리고 자기 스스로에게 말하는 것입니다. 지금 너무 빠르게 생각하고 있어. 한 번에 한 가지 아이디어를 가지고 완전하게 심사숙고해봐.

두 번째 방법은 심호흡을 하는 것입니다. 6유형의 생각, 느낌, 행동이 빨라질 때 그들의 호흡은 얕고 빠르게 되는 경향이 있습니다. 예를 들어, 한 호흡당 10초 이상의 횡격막까지 들어가는 깊은숨을 들이마시기보다는 한 호흡당 2초가량의 겨우 목까지만 가는 숨을 쉽니다. 속도를 늦추고 숨을 깊게 쉬는 것은 주로 사고 과정의 속도를 느리게 하는 결과를 낳습니다.

▶ 당신이 일어나기를 바라는 일을 계획하십시오

6유형은 끊임없이 계획하지만 계획은 대체로 부정적인 결과를 회피하기 위해 대비하려는 것입니다. 5유형도 계획하지만 원하는 결과를 위해서 계획합니다. 이를 위해서 6유형은 일어나지 않기를 바라는 것에서 어떤 것이 일어나기를 바라는지로 초점을 바꾸어야 합니다.

어떤 상황에서 6유형은 특정한 결과를 피하기 위해서 계획하고 있음을 인지하고 스스로에게 물어보아야 합니다.

이 상황에서 나는 어떠한 일이 일어나기를 원하는가? 6유형은 대부분 부정적으로 대답하는 경향이 있기 때문에 이 부분은 많은 노력을 필요로 합니다. 예를 들면 나는 이러한 일이 일어나지 않았으면 좋겠어, 또는 나는 이것이 일어나지 않았으면 해라고 생각합니다.

그럼에도 불구하고 6유형이 나는 이러한 것이 일어났으면 좋겠어와 같은 확정된 목표를 명확히 표현하게 되는 즉시, 그들은 긍정적인 결과에 초점을 둔 계획과정을 사용할 수 있게 됩니다.

▶ 자제를 연습하십시오

5유형은 대부분 항상 높은 자제력을 가지고, 다른 이들이 어떤 말을 하거나 행동을 하든지 눈에 띄는 반응을 거의 드러내지 않습니다. 이와 반대로 6유형은 말과 몸짓을 통하여 매우 빠르게 반응하기 때문에 쉽게 읽혀집니다. 물론 이런 표현력이 자산이 될 수도 있지만 특정한 상황에서 6유형은 즉흥적으로 나중에 후회할 말들을 하거나 생각보다 앞선 성급한 행동을 하고, 행동하기 전에 자신의 반응에 대해 고려했어야 했다고 후회합니다.

자신의 생각이나 느낌을 표현할지 또는 표현하지 않을지에 대한 선택권을 가지고 있는 것은 항상 유리합니다. 가장 좋은 방법은 자신의 의지로 스스로 평온하게 만드는 것을 배우는 것입니다. 평온함을 느끼면 선택할 수 있는 행동들이 더 많아집니다. 이것은 평온함이 반응의 반대이기 때문입니다. 당신이 평소 반응이 필요 없는 상황에서 스스로 평온함을 연습한다면, 당신은 어떠한 것에 스트레스를 받을 때 이 기법을 쉽게 사용할 수 있게 될 것입니다. 자기 스스로에게 간단한 자기선언문을 반복적으로 이야기하면서 숨을 쉬는 것은 매우 도움이 됩니다. 다음 중에서 당신에게 와 닿는 것을 골라 보십시오. 이 세상에는 의미와 확실성이 있어. 나는 괜찮아, 그리고 모든 것은 다 잘될 거야. 나는 이것을 잘 해낼 수 있어. 나는 나 자신과 타인들 모두를 신뢰할 수 있어.

2. 7유형 날개를 통합하십시오

▶ 순간을 즐기는 법을 배우십시오

6유형은 다음과 같은 중요한 질문을 스스로에게 해봐야 합니다. 나는 얼마나 자주 순간을 즐기는가?

6유형은 주로 쉬거나 자신을 위해 순간을 즐기는 것을 어려워합니다. 이는 자신의 시간에 대한 충성심을 증명하거나 의무를 다하며, 예상되는 부정적인 시나리오들에 대비하기 위하여 걱정하거나 계획하는 데 쓰기 때문입니다. 반대로 7유형은 거침없이 일에서 즉흥적인 상호작용으로 바꿀 수 있으며, 만약 흥미로운 아이디어나 활동이 생각나면 대부분 그것을 추구하고 노력하며 온전히 참여할 수 있습니다. 6유형은 다음과 같은 행동을 취할 수 있습니다.

매일 하루에 한 번, 30분 동안 전혀 계획하지 않은 즐거운 어떤 것을 하십시오. 산책이나 드라이브, 서점이나 박물관을 가거나 친구와 대화를 나누거나 또는 순수하게 즐길 수 있는 것이라면 어떠한 것도 좋습니다. 이 시간에 걱정이나 의무가 머리에 떠오르면 스스로에게 이렇게 말하십시오. 좋아. 나는 그것들을 나중에 할 수 있어.

이 활동은 걱정이나 죄책감을 느끼지 않게 될 때까지, 자유롭게 누릴 수 있을 때까지 매일 실행하십시오. 이것이 자연스러워지면 매일 또는 매 주마다 즉흥적으로 하는 재미있는 시간을 늘리십시오.

▶ 긍정적인 가능성들에 초점을 맞추십시오

6유형과 7유형은 모두 미래의 가능성들에 초점을 맞추고 이러한 시나리오들을 위해 계획을 짜지만 이들은 서로 다른 관점으로 일을 합니다. 6유형은 부정적인 가능성들에 초점을 두고 이것들이 일어나지 않기 위해 어떻게 대비하는지에 중점을 둡니다. 그러나 7유형은 긍정적인 가능성에 초점을 두며 어떻게 하면 긍정적인 결과를 얻을 수 있는지에 중점을 둡니다. 이것은 유리컵을 반이나 채워진 것과 반이나 비어 있는 것으로 보는 방식과 유사합니다. 6유형이 어떤 상황에서 부정적인 가능성에 집중한다는 것을 알게 되면 그들은 다음과 같은 말을 스스로에게 해야 합니다. 잠시 동안 7유형처럼 행동해 봅시다.

어떤 것이 가능성 있는 긍정적인 시나리오인가? 그런 일이 일어나려면 무엇을 해야 하는가? 또 다른 긍정적인 결론은 없는가? 이 중에 하나를 나는 어떻게 계획해야 하는가?

▶ 엉뚱한 창의력을 발휘하십시오

6유형은 풍부한 상상력을 가졌기 때문에 매우 창의적일 수 있습니다. 7유형은 대부분 창의적인 경우가 많습니다. 7유형의 창의성은 표면상으로 관련 없어 보이는 아이디어, 장면, 경험들의 경계가 없는 유동적인 사고과정의 결과이며, 이것들을 더욱 새로운 방식으로 연결하는 데서 창출됩니다. 이것 때문에 7유형은 매우 자유로운 상상력을 가지고 있고, 그들은 아이디어를 사전보다는 오히려 사후에 검열합니다. 6유형은 7유형에게서 불가능해 보이는 꿈을 꾸는 법과 흘려보내는 법을 배울 수 있습니다.

이것을 경험하기 위해서 문제를 해결하기 위한 창의적 도구인 '마인드맵'으로 브레인스토밍을 시도해볼 수 있습니다.

작은 원을 종이 가운데 그리고, 그 원 가운데 당신이 흥미 있어 하는 단어를 적으십시오. 그 단어를 보고 어떤 것이 떠오르든 검열하지 말고 아이디어를 떠올려 보십시오. 원으로부터 어느 방향으로든 줄을 긋고 그 줄에 단어나 강조 어구를 쓰십시오. 또 다른 단어나 아이디어를 떠올리십시오. 당신이 그린 첫 번째 줄의 단어와 연관되었으면 그 첫 번째 줄에서 또 줄을 그어 새로운 단어나 강조 어구를 쓰십시오.

위의 과정을 10분 동안 반복합니다. 어떠한 검열 없이 새로운 아이디어를 허락하고 어떤 줄이든 연관되는 것을 새로운 단어들과 연결하십시오.

3. 스트레스 지점인 3유형 화살을 통합하십시오

▶ 결과에 집중하십시오

6유형은 주로 어떠한 행동을 취해야 할지 결정하기 전에 여러 가지 선택들을 생각하고 그에 따른 부정적인 결과의 가능성들에 대해서 염려합니다. 반면에, 3유형은 자신이 원하는 결과와 목표를 위한 행동에 집중하는 경향이 있습니다. 어느 정도의 스트레스는 6유형에게 도움이 됩니다. 왜냐하면 결과를 얻는 데 시간적인 압박

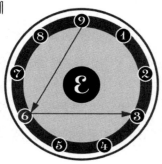

이 있다면 의심하느라 지연시키는 그들의 경향을 억제할 수 있기 때문입니다. 그들이 어떠한 일을 할 수 있는지 또 어떠한 일이 잘못될 것인지 생각하는 대신, 6유형은 필요한 특정 목표에 집중하고 스스로에게 물어볼 수 있습니다. 이 특정한 목표를 이루기 위하여 가장 효과적이고 효율적인 방법은 무엇인가?

이 질문에 대답을 할 수 없을 때, 6유형은 자기 스스로 다음과 같이 물어봄으로써 결과에 집중하는 전략을 사용할 수 있습니다. 이 상황에서 내가 아닌 타인이라면 나는 그 사람에게 어떠한 것을 권유할 것인가?

6유형은 종종 구체적이고 확실하며 초점이 맞는 조언들을 타인들에게 더 잘 해 주는 경향이 있습니다.

▶ 행동하십시오

행동하기 위해 준비하고 행동하는 것은 총을 쏘는 3가지 단계와 비슷합니다. 준비, 조준, 발사.

6유형들은 행동하지 않으면서 행동을 취하거나 준비, 조준, 준비, 조준만 하며 발사하지 않는 경향이 있습니다. 3유형은 그에 비교하면 조준, 발사, 조준, 발사하는 경향이 있습니다. 3유형을 통해서 6유형은 더 자주 발사하는 행동을 배울 수 있습니다.

이 행동을 통해 그들 내면의 대화를 '잘못된 행동을 하는 것보다 아무런 행동을 하지 않는 게 더 나아'에서 '아무런 행동을 하지 않는 것보단 뭐라도 하는 게 더 나아'라고 바꿀 수 있습니다. 실제로 6유형이 미루거나 모호해지기 시작하면 다음과 같이 스스로에게 말할 수 있습니다.

아무런 행동을 하지 않는 것보다 뭐라도 하는 것이 더 낫다. 왜냐하면 지금은 행동이 필요하기 때문이다.

▶ 당신의 기여를 인정하십시오

6유형은 자신이나 자신이 이룬 것을 주목 받지 않으려는 경향이 있습니다. 그들이 프로젝트나 팀의 노력을 성공시키는 데 어떠한 기여를 했는지 물어보면 이들은 '팀이 해낸 거에요'라고 말하곤 합니다. 실제로 이들은 자신의 개인적인 기여를 단언하기 매우 어렵습니다. 물론 3유형 또한 기여를 팀으로 돌릴 수도 있지만, 자신의 개인적인 기여를 드러내는 것에 별다른 어려움을 가지고 있지 않습니다.

6유형은 자신의 기여가 탁월했을 때조차도 전혀 인식하지 못할 수 있습니다. 다음과 같은 활동으로 이러한 부분을 더 많이 인식할 수 있습니다.

성공적인 활동이나 프로젝트를 한 다음에 바로 그 결과에 자신이 기여한 바를 3가지 적어 보십시오. 그 다음 당신의 일을 잘 알고 있는 다른 3명의 사람들에게 당신의 기여가 무엇이라고 생각하는지 묻고 원래 목록에 그것들을 적으십시오.

두 목록을 비교해 보십시오. 자신의 기여도를 무시하는 경향이 있음을 인지할 수 있습니까? 예를 들면 당신은 이것들을 확인한 후 이것들이 어떤 것이었는지 바로 잊는다던가, '맞아, 하지만……'이라고 말하며 이것들을 당신에게 최소화시키거나 바로 다른 개인들이나 팀이 전체적으로 기여한 부분이라고 생각을 바꾸고는 합니다. 매일 당신의 리스트에 하나를 선택하여 그 항목을 자기 스스로에게 적어도 하루 15번씩 반복하십시오.

위의 절차를 매일 새로운 항목을 추가하며 모든 항목을 다 마칠 때까지 반복하십시오.

4. 안정지점 9유형을 통합하십시오

▶ 여유로워지는 법을 배우십시오

특히 6유형에게는 행동하는 것보다 말하는 것이 더 쉽지만, 안정지점인 9유형으로의 접속을 늘리는 것이 여유로워지는 법을 배우는 데 도움이 될 수 있습니다. 6유형에게는 생각 속의 활동들을 멈추고 충분히 긴장을 푸는 것이 어려울 수 있지만 9유형이 쉽게 하는 것을 따라 함으로써 배울 수 있습니다.

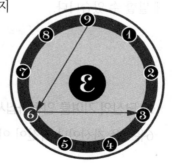

휴식을 허락된 시간보다 길게 누리십시오. 무엇을 고르든 당신이 즐거울 수만 있다면 어떤 것이든 상관없습니다. 긴장을 풀게 하는 활동을 찾고 장시간에 걸쳐 그 활동을 하십시오. 예를 들면 오랫동안 산책하기, 쇼핑하기, 욕조에 몸 담그기, 친구들과 대화하기, TV시청하기 또는 집 치우기도 좋습니다. 무엇이든지 즐거운 활동을 하십시오. 이러한 일을 즐기면서 몇 시간 동안 하게 되면 당신의 생각은 느린 속도로 움직이기 시작할 것입니다.

추가적으로, 장시간 쉬는 활동을 하는 동안은 생각 속의 활동을 하지 않게 됩니다. TV를 보거나 친구들과 이야기할 때는 생각하기가 힘듭니다.

▶ '흘러가는 대로' 시간을 보내십시오

6유형은 무엇을 할 것인지를 미리 생각하고 엄밀하게 그렇게 하는 경향이 있습니다. 9유형은 전형적으로 '흐름을 따라 가는' 법을 압니다. 이것은 모든 것을 미리 꼭 계획할 필요는 없다는 것을 의미합니다. 하나의 사건이나 행동은 노력 없이도 다른 것으로 이어지는 9유형처럼 미리 생각하거나 염려하지 않고 한 순간이 다음 순간으로 이어지는 흐름을 따라가는 것을 배울 수 있습니다. 물론 처음에는 조금 어색하게 느껴지지만 시간이 지나면 즐길 수 있게 됩니다.

스스로 아무것도 계획하지 않거나 할 일을 구조화하지 않은 채 혼자서 30분 정도 보내십시오. 당신이 해야 하기 때문이 아닌, 누군가가 당신이 이 일을 하기를 기대하고 있기 때문이 아닌 또는 어떤 것을 하기 전에 해야 하는 것이 아닌 정말로 즐거워서 하고 싶은 것이 생각날 때까지 아무것도 하지 마십시오. 당신이 하고 싶은 무엇인가가 생기면 원하는 만큼 그것을 하십시오. 그 활동을 당신이 즐겁게 하는 동안 그것이 당신이 하고 싶은 일을 하도록 인도할 것입니다. 당신이 하고 싶은 다른 것이 나올 때까지 이 활동을 지속하고, 30분 이상 하십시오.

매일 이 흐름이 기대될 때까지 이 연습을 계속하십시오. 기쁨의 감각을 한번 느끼고 이것이 숙달되면 동일한 과정을 다른 사람과 함께 교감하며 해보십시오. 예를 들면 30

분 동안 쇼핑하기, 하지만 당신이 원하는 만큼 다른 사람과 함께 교감하는 것을 스스로에게 허락하고 그러한 교감이나 대화가 당신을 어디로 데려가는지 따라가 보십시오. 더이상 지속하고 싶지 않을 때는 다른 상점에 가거나 또 다른 타인과 상호작용하며 교감해보십시오.

▶ 정기적으로 자연 속에 거하는 것을 자신에게 허용하십시오

자연에 나가 시간을 보내는 것은 너무 많이 생각하는 것보다 감각과 정신을 고요하게 해줍니다. 하루에 한 번, 자연으로 나가 단순하게 경험을 할 수 있게 스스로 허용하십시오.

예를 들면 산책, 조깅 또는 앉아 있기 등 경험 그 자체를 누리는 것입니다. 이러한 것에 익숙해지기 시작하면, 매일 스케줄에 맞추어 나가지 말고, 언제든지 당신이 가고 싶을 때 자연으로 나가도록 허용하십시오.

9유형은 밖으로 나가기 위해 단순히 그들이 하는 일을 멈추고 시간을 갖습니다. 반면에 6유형은 대체로 자연을 좋아하지만 자신의 일을 다 마친 후에 나가거나 자연으로 나가는 것이 자신의 스케줄에 들어있을 때만 합니다.

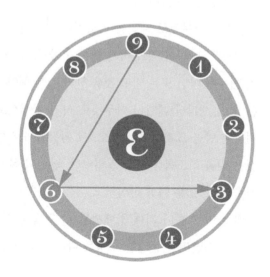

의사소통 계발 전략

다른 사람과 의사소통을 할 때 세 종류의 의도하지 않은 왜곡, 즉 말하는 방식, 신체언어, 맹점이 발생할 수 있습니다. 말하는 방식이란 전반적인 말하는 패턴을 의미합니다. 신체언어에는 자세, 얼굴표정, 손짓, 몸의 움직임, 에너지 수준, 그 외 수백 가지의 비언어적 메시지가 포함됩니다. 맹점이란 자신은 인식하지 못하지만 다른 사람에게는 매우 잘 보이는 의사소통의 요소로서, 자신에 대한 정보를 포함하고 있습니다. 우리 모두는 말하는 방식과 신체언어, 그리고 다른 추론적 자료를 통하여 무의식적으로 정보를 전달합니다.

메시지를 수신하는 사람도 자신의 왜곡 필터로 듣는 내용을 왜곡합니다. 왜곡 필터는 수신자의 에니어그램 유형을 토대로 다른 사람의 말을 바꾸어 듣게 하는 무의식적인 관심과 가정들입니다.

말하는 방식　　　신체언어　　　맹점

한 번에 한 가지씩 의사소통 방식을 변화시키십시오

가능하면 다음의 순서대로 한 번에 한 가지의 행동을 변화시키는 것이 가장 효과적입니다. 말하는 방식, 신체언어, 맹점, 경청 시 왜곡필터의 순서로 변화시키는 것이 바람직합니다. 우리가 잘 인식하고 있는 행동을 변화시키는 것이 가장 쉽습니다. 가장 잘 인식하고 있는 것부터 가장 인식하기 어려운 것으로의 변화가 일반적인 순서입니다.

6유형의 말하는 방식

➤ 상황을 분석하는 말로 대화 시작
➤ 자신감과 주저함이 번갈아 나타남
➤ 걱정, 우려
➤ '~ 하면 어쩌지'에 대해 말함

6유형의 신체언어

➤ 눈빛은 대담하고 똑바로 응시하지만 불안감을 느끼면 시선이 위험을 탐지하듯 좌우로 왔다 갔다 함
➤ 따뜻하고 공감적이거나 걱정이 드러나는 얼굴 표정
➤ 위험을 느끼면 표정이나 몸짓에 금방 드러남

6유형의 경청시 왜곡 필터

➤ 타인이 권위를 행사하는 것이 적절한지 아닌지를 파악함
➤ 상대방에게 자신의 생각과 느낌을 투사하지만 인식하지 못함
➤ 타인을 신뢰할 수 있는가에 대한 의문

6유형의 맹점

➤ 부정적인 시나리오 때문에 상대방에게 회의적이고 매사에 부정적이며 '할 수 없어'라는 태도를 보임
➤ 걱정과 자기의심으로 인해 자신의 능력에 의문을 가질 수 있음
➤ 아무리 걱정을 위장하려고 노력해도 걱정하고 있다는 것이 얼굴에 여전히 드러남

※ 이러한 특징들은 긍정적일 수도 있고 몇몇은 부정적일 수도 있으며 중립이거나 혼합된 것일 수도 있습니다. 이 목록은 당신이 선택할 수 있는 것들에 대하여 전체적인 아이디어를 주기 위하여 만들어진 것입니다.

당신의 언어 표현을 확장하고 변화시키기 위하여 문자나 이메일을 사용하십시오

➤ 문자와 이메일을 보내기 전에 자신의 언어 선택과 어조를 검토하십시오.

➤ 당신이 무언가 불편할 때, 반드시 문자나 이메일의 시작에 받는 사람의 이름이 포함되었는지 확인하십시오. 이를 통해 더욱 따뜻한 분위기의 소통이 될 것입니다.

➤ 받는 사람이 응답하기 전까지 관심 주제에 대한 자신의 생각과 감정을 종합하여 한 통의 이메일만을 보내므로 자신의 근심이 표출되는 것을 막으십시오.

➤ 두려움, 걱정, 우려를 내포하는 단어의 사용을 줄이십시오.

➤ 수신자가 발생한 일을 효과적으로 처리할 수 있다는 메시지를 당신의 문자나 이메일에 포함하십시오.

피드백 계발 전략

  정직하고 긍정적이며 건설적인 피드백은 다른 사람들의 행동에 대해 직접적이고 객관적이며 단순하고 정중한 관찰을 의미합니다. 이러한 피드백은 인간관계와 직무 수행 모두를 향상시킵니다. 피드백을 할 때, 에니어그램의 통찰이 결합된 피드백 공식을 사용하면 원하는 성과를 내는 데 도움이 됩니다. 상대방이 당신에게 피드백을 할 때, 상대가 말하고자 하는 내용을 당신이 수용적으로 받아들일수록 새로운 시각을 얻으며, 더 나은 해결 방법을 활용할 수 있습니다.

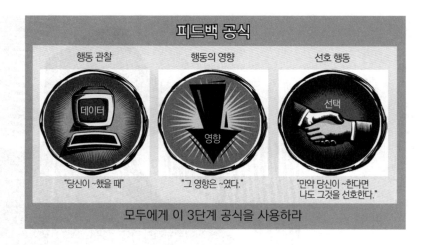

6유형의 피드백 전달 능력 향상 방법

  다른 사람에게 피드백할 때에는 당신이 먼저 준비되어 있어야 하고, 피드백을 받는 사람도 가능한 수용적인 자세여야 바람직합니다. 피드백을 전달하는 방법과 시점이 실제로 말하는 내용만큼이나 중요하다는 점을 기억하십시오.

피드백을 계획하고 전달하려면 피드백 공식의 3가지 요소와 함께 다음의 제안을 활용하십시오.

➤ 무엇을 말할 지 계획하는 것에 초점을 맞추십시오. 그러나 피드백을 토론하기 전에 마음의 평정을 갖도록 하십시오.

➤ 상세한 피드백을 하되, 항상 전체 상황을 염두에 둡니다.

➤ 예상되는 잠재적 시나리오에 대한 당신의 강점을 유지하는 것은 유용하지만, 긍정적인 가능성과 함께 부정적인 가능성에 균형을 가지도록 노력하십시오.

➤ 자신의 통찰력을 존중하되, 그러나 당신의 생각들이 정확하다는 가정은 멀리하고 그것들을 가설로서만 대하고, 피드백 수신자로부터 답을 구합니다.

➤ 피드백을 제공하고 난 뒤에는, 그 상황을 해결하려는 짐을 당신이 짊어져야 한다고 여기기보다는 피드백 수신자가 긍정적인 결과를 얻도록 책임을 질 수 있게 허용할 필요가 있음을 기억하십시오.

6유형이 피드백을 좀 더 수용적으로 받는 방법

➤ 누군가가 당신에게 부정적인 피드백을 주면, 이것은 당신의 의심과 걱정에 불을 붙일 수 있습니다. 이러한 때에는 당신의 걱정과 싸우는 것보다 인정하는 것이 최상입니다. 왜냐하면 당신의 걱정을 억제하는 것은 대부분 걱정을 더 강하게 만들기 때문입니다. 단순히 당신이 '걱정 상태'로 들어가는 것을 눈치챈다면 다음과 같이 스스로에게 말하십시오. 어! 걱정 상태로 들어가네. 저 사람이 뭐라고 하는지 한번 마음을 열어 보자.

➤ 누군가가 당신에게 긍정적인 피드백을 제공하면, 당신은 이것을 축소시키거나 나중에는 기억하지 않는 경향이 있습니다. 당신이 받은 긍정적인 피드백을 유지하거나 통합하는 것을 돕기 위해서는 그 정보를 다른 말로 바꾸어 다른 사람에게 확인

을 받거나 나중에 종이에 써서 당신이 확인할 수 있도록 합니다.

➤ 피드백은 받는 사람에 대해 그 사람이 줄 수 있는 가장 많은 것을 말한다는 것을 기억하십시오. 당신이 이것을 가슴속에 새겨들으면 이것은 자신을 더욱 수용적이게 되도록 도와줄 것이며 자신의 인식과 추측을 비교할 수 있는 더 많은 자료를 줄 것입니다.

갈등관리 전략

직장과 가정에서 인간관계는 어느 정도의 갈등을 포함하고 있습니다. 갈등은 다양한 요인 때문에 발생하며, 일반적으로 다음과 같은 핀치(분노유발)-크런치(충돌 상황) 사이클을 따라갑니다.

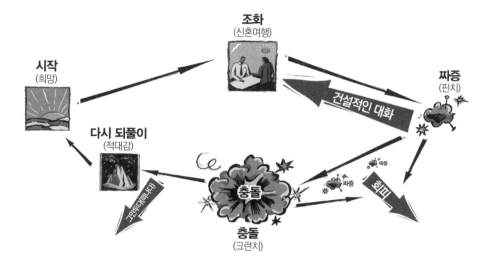

갈등의 근본 원인이 무엇이든지 간에 개입된 핵심 당사자의 에니어그램 유형은 갈등의 역동성 및 해결에 있어서 중요한 요소가 됩니다. 에니어그램을 사용하면 당사자 모두가 파괴적인 경험이 아니라 건설적으로 갈등을 해결할 수 있습니다. 자신에 대해 잘 알고, 갈등상황에서 자신의 책임에 대해 잘 이해하며, 건설적으로 자기관리를 할수록, 그리고 에니어그램 지식을 통해 타인에게 접근하는 최선의 방법을 잘 아는 만큼, 신속하고 효과적인 결과를 얻을 수 있는 기회가 커집니다.

모든 에니어그램 유형에는 독특한 핀치(분노 유발자)가 존재합니다. 즉 어떤 유형의 사람에게는 항상 분노를 유발하는 특정 상황이 다른 유형의 사람에게는 영향을 미치지 않을 수 있습니다. 6유형의 경우 다음과 같은 상황이 핀치가 됩니다.

나를 화나게 하는 것들
타인으로부터의 압력. 타인의 진솔함 부족.
타인의 헌신 부족. 권한의 남용.

분노를 성장의 기회로 변화시킬 수 있는 계발 전략

1. 업무 관계가 시작될 때 나를 화나게 하는 것이 무엇인지 공유하십시오

이 전략은 간단하면서도 실용적인 방법으로, 대부분의 6유형은 이것을 들었을 때 좋은 아이디어로 여길 것입니다.

일을 같이 할 새로운 사람과 앉아서 편안한 태도로 이야기를 나누십시오. 그러다가 토론이 거의 끝날 무렵 "좋은 마음으로 일할 수 있도록 서로 기대하고 있는 것을 지금 이야기하면 어떨까요?"라고 시작합니다. 그리고 업무의 목표, 개인이 맡은 일, 책임들, 앞으로의 일 등을 의논합니다. 이러한 주제에 대해서 토론한 후에 핀치에 대한 생각이 다음과 같은 방법으로 소개될 수 있습니다. "지금까지 겪어본 바로는 일하다가 불편하다고 느낄 때 즉시 이야기를 나누면 오해를 막을 수 있다는 것을 알게 되었습니다. 다른 업무관계에서 있었던 우리의 핀치들에 대해 나눌 수 있다면 어떻게 대하는 것이 서로에게 잘 맞을지 알 수 있습니다."

우리가 서로 핀치에 대해 나누게 될 때, 6유형은 다른 사람의 압력(예 - 진행상황을 점검하기 위한 여러 통의 전화)에 잘 반응하지 않는다는 것을 알 수 있습니다. 왜냐하면 그들은 탁월한 기억력을 갖고 있기 때문입니다. 6유형은 일을 하는 내내 스스로에게 부담을 많이 지우는 경향이 있기 때문에 다른 사람으로부터의 압력은 스트레스를 배가시켜 핀치가 증폭될 수 있습니다.

2. 핀치를 느끼거나 화가 나는 것을 느끼는 즉시 말하십시오

핀치가 발생했을 때, 핀치에 대해 나누기로 서로 합의가 되었기 때문에 누가 먼저 핀치에 대한 대화를 시작할 것인지 고민할 필요는 없습니다. 기억하십시오. 핀치는 낮은 수준의 실망 같은 것이기에 쉽게 고쳐질 수 있습니다. 핀치를 공유하는 일이 일어날 때 생산적인 대화와 함께 상호공감과 신뢰, 팀워크도 일어납니다.

3. 핀치나 스트레스에 따른 행동이 시작되려고 하면 운동이나 산책 등 신체 활동을 하십시오

산책을 하거나 그 밖의 가벼운 신체활동을 하면 염려에 대해 편안해지고 산만한 생각도 잠잠해집니다. 핀치, 특히 크런치를 느낄 때 신체활동을 하면 생각과 감정에만 쏠리던 초점이 신체로 돌아옵니다. 6유형에게는 바깥에서 하는 신체활동이 긴장을 풀어주고 자유로운 느낌을 주기 때문입니다. 좀 더 편안해질 때, 잠재적인 어려운 상황을 다루고 인지하기 위한 새로운 방식들을 찾아낼 수 있습니다.

4. 부정적인 반응이나 핀치를 느낀다면 자신에게 질문하십시오

6유형으로서의 나에 대해 말하는 상대방의 행동은 무엇인가? 이 상황에 대한 나의 반응은 무엇인가? 그리고 여기서 내가 계발할 수 있는 영역은 무엇인가?에 대해 질문해 보십시오.

핀치와 크런치에 대해 심도 있게 탐구하는 것을 통해 어떻게 내 안에서 최상의 것을 끌어낼 수 있을까요?

5유형과 마찬가지로 6유형은 그들의 삶의 모든 영역을 이해하고 싶어 합니다. 6유형이 위의 질문에 대한 답을 찾는 데 있어 주의할 점은 지나치게 분석하는 것을 자제하고 그 대신에, 단순히 자신의 내면의 과정과 반응을 관찰하는 것으로 작업해야 합니다. 이것을 하는 유익한 방법은 자신의 반응과 핀치와 크런치의 시간 동안 진행되는 과정을 특히 주의 깊게 살펴보는 것입니다. 예를 들어 핀치를 받은 6유형은 충성, 성실성, 신뢰, 권위 혹은 다른 요소를 드러내주는 사건들에 집중할 수 있습니다. 사고 과정에 주의를 기울이면, 어떤 사건을 떠올릴 때마다 그에 대해 느끼는 감정이 자꾸만 강화되고, 비슷한 감정을 겪었던 경험이 끊임없이 떠오르고, 따라서 감정이 더 동요되고 격해지는 악순환을 겪는다는 사실을 깨달을 것입니다.

여기에서 한 걸음 더 나아가 자신이 항상 최악의 상황을 상상하고 그에 대비하느라 시간을 허비하지는 않는지 생각해 보는 것이 도움이 됩니다. 어떤 행동을 늘 반복한다면 거기에는 반드시 어떤 목적이 숨어 있습니다. 물론 처음에는 그 목적이 무엇인지 명확하게 떠오르지 않을 것입니다. 그럴 때는 다음과 같은 질문을 자신에게 해 보십시오.

➤ 최악의 상황을 상상하는 것이 과연 내 인생에 어떤 영향을 끼치고 있을까?
➤ 나의 생각과 두려움을 다른 사람에게 투사하려는 경향의 기본 목적은 무엇일까?
➤ 충성은 내게 왜 그렇게 중요한가? 어떤 감정을 피하기 위해서, 또는 해야 할 일을 하지 않기 위해서 그러는 것은 아닐까?
➤ 타인을 신뢰하는 것에 초점을 맞추지만, 나 자신을 신뢰하는 것에 더 집중한다면, 나는 무엇을 배울 수 있을까?

팀 계발 전략

집단과 팀 간에는 차이가 있습니다. 집단은 공통 관심사가 있는 개인들의 집합을 말합니다. 팀은 하나 이상의 목표를 공유하는 구성원으로 구성된 특정 유형의 그룹입니다.

팀 구성원 간 상호의존성이 최적일 때에만 팀의 해당 목표를 달성할 수 있습니다. 또한 팀 구성원에게는 각각의 역할이 있습니다. 이 역할은 자신의 에니어그램 유형과 연관되어 예상 가능한 행동 패턴에 의한 경우가 많습니다.

과업 역할에는 과업 자체에 초점이 맞추어진 행동이 포함됩니다. 관계 역할에는 감정, 관계 및 의사결정과 갈등 해결 등의 팀 프로세스에 초점을 맞춘 행동이 포함됩니다. 그리고 팀은 형성기, 혼동기, 규범기, 성취기로 이루어진 4개의 연속 발달 단계를 거치기 때문에 독특하면서도 예측 가능한 역동이 존재합니다. 각 단계마다 다음 단계로 이동하기 전에 해결해야 하는 다음의 질문들이 있습니다.

팀 발달 단계	질 문
형성기	우리는 누구인가, 우리는 어디로 가는가, 우리 모두 함께 그곳으로 갈 것인가?
혼동기	건설적이고 생산적인 방식으로 서로의 의견을 달리할 수 있는가?
규범기	최상의 팀을 조직하고 함께 일을 잘할 수 있는 방법은 무엇인가?
성취기	소진되지 않고 높은 수준에서 지속적으로 성과를 창출할 수 있는 방법은 무엇인가?

6유형 팀원과 팀 리더들을 위한 계발 전략

1. 팀 목표

당신은 팀의 목표가 팀과 팀원 모두에게 실질적이고 의미 있는 것을 선호합니다. 그러나 다른 팀원들은 제한적이고 한정적인 팀의 목표보다는 개인적인 기여에 더 집중하고 싶어 할 수도 있습니다. 팀의 목표를 만들 때 구체적이고 정확하게 하며 개인적인 목표는 팀의 목표만큼이나 중요하다는 아이디어를 지지하십시오.

2. 팀 상호의존성

당신은 팀원들이 상호 호감을 갖고, 역량 중심적이며 충성스런 팀 문화에서 일하는 보통 수준이거나 또는 높은 수준의 상호의존적인 팀을 더 선호할 수 있습니다. 그러나 어떤 팀들은 가장 효율적이기 위해 더 낮은 수준의 상 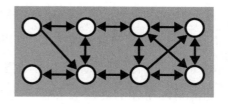 호의존성에서 일할 필요가 있다는 점을 기억하십시오. 또 어떤 팀들은 높은 수준의 상호연결성을 갖거나 다른 팀원들의 생각이나 팀의 방향에 대해 반드시 동의해야만 충성심의 대가로 여겨지는 팀 환경을 싫어할 수도 있습니다. 팀이 필요한 상호의존 수준을 유지하고 당신이 원하는 충성심이나 응집력의 정도가 보이지 않는 팀 안에서도 편안해질 수 있는 능력을 기르십시오.

3. 팀 역할

당신의 전형적인 업무관련 팀 역할은 평가에 반응하거나 타인이 제시한 아이디어와 정보에 질문함으로써 팀 안에서의 정보를 평가하는 것이라고 할 수 있습니다. 당신의 적당한 관계관련 팀 역할은 고려되어야 할 부분들이나 팀이 실행을 하기 전에 극복해야 할 방해물들을 확실히 구분함으로써 선의의 비판자 역할을 하는 것입니다. 이와 같은 전형적인 역할을 넘어서 다음과 같은 추가적인 팀 과업 역할과 관계 역할로 자신을 확장시키십시오.

과업 역할

▶ **새로운 과업 역할**
아이디어를 생성하고 정교하게 만들기, 새로운 아이디어들을 가져오고 이미 논의 중인 아이디어를 뒷받침할 추가적인 아이디어를 제공

▶ **새로운 관계 역할**
긴장 완화, 유머나 간단한 이야기를 하는 것과 같은 다른 행동으로 팀의 긴장을 감소

관계 역할

4. 팀 역동

4개로 구성된 팀 발달 단계(형성기, 혼동기, 규범기, 성취기)에서 다음의 방법을 통하여 당신의 행동 목록을 계발하도록 시도하십시오.

형성기	이 단계에서는 단순히 팀의 역동을 관찰하기보다는 스스로 좀 더 역동적이 되십시오. 예를 들면 어떻게 팀이 진행해야 할지를 제안하거나 팀원들이 서로 알 수 있도록 도우십시오
혼동기	권한과 권위에 관련된 이슈보다 다른 이슈에 대해 알도록 하십시오. 사람들이 이슈와 감정에 대해 나누도록 격려하고 당신 자신의 반응을 기꺼이 나누려고 해보십시오.
규범기	업무적 동의에 이르도록 팀을 돕는 당신의 강점은 유지하고, 팀 협력 만큼이나 개인적 자율성을 허용하도록 지지하고 제안하는 생각들을 확실히 하십시오.
성취기	다른 사람들이 결과물에 초점을 둘 수 있도록 유지해 주고 팀원들의 기여를 인정해주면서, 자신의 기여에 대해서도 다른 사람들이 알 수 있도록 하십시오.

6유형 리더를 위한 추가적인 팀 계발 전략

1. 권위와 권한을 편안하게 생각하십시오

대부분의 권위자들은 완전히 긍정적이지도 부정적이지도 않으며, 일반적으로 이러한 2가지가 혼합된 모습을 보인다는 사실에 초점을 맞추어 권위와 권한에 대한 자신의 관계에 대해 살펴 보십시오.

종이 한 장을 세 칸으로 나누고 '긍정적인 권위자, 부정적인 권위자, 이 2가지가 혼합된 권위자'라고 적으십시오. 그런 다음 과거 상사들의 이름을 적절한 칸에 써 보십시오. 그리고 각각의 이름 옆에 그 사람이 갖고 있는 가장 훌륭한 리더 자질을 적어 넣으십시오.

그런 다음 각 칸을 다시 살펴보십시오. 긍정적인 권위자 칸에 또 다른 리더의 이름이 있습니까? 부정적인 권위자 칸에 더 있습니까? 혹은 그 두 가지 특징 모두를 가지고 있는 권위자가 더 있습니까? 아니면 다른 성향에 있습니까?

긍정적인 권위자 칸에 기입된 사람들의 부정적인 점을 적어보십시오. 또한 부정적인 권위자 칸에 기입된 사람들의 긍정적인 점을 적어보십시오. 그리고 자신의 이름을 적은 다음, 리더십과 관련된 자신의 긍정적인 특징과 부정적인 특징을 써 보십시오. 이런 과정을 통해 대부분의 리더들이 긍정적인 특징과 부정적인 특징을 함께 갖고 있다는 사실을 알 수 있습니다.

2. 자신의 긍정적인 점을 스스로에게 이야기해 주십시오

6유형은 스스로를 과소평가하고 자신의 긍정적인 특징들을 이야기하는 것을 꺼리는 경향이 있습니다. 리더로서 또는 한 개인으로서 자신의 긍정적인 점들을 모두 기입하되, 적어도 20가지 이상 쓰도록 하십시오. 날마다 관심을 기울일 만한 한 가지 주제를 정해 스스로 탐구하십시오. 하루에 적어도 세 번은 거울을 보며 큰소리로 이렇게 말하십시오. 나는……한 내 모습을 진정으로 좋아한다(…… 부분에는 그날 자신의 모습이나 행동을 표현하는 단어나 어구를 넣도록 합니다).

3. 타인들에게 긍정적인 피드백을 요청하십시오

칭찬을 받으려고 애쓰기보다 타인들이 당신의 바람직한 특성을 어떻게 받아들이는지 알기 위해 그들에게 진심에서 우러난 긍정적인 피드백을 구하십시오.

첫 주에는 잘 알고 존경하는 3명을 선택해서 그들 각각에게 당신이 잘 모르고 있다고 생각하는 어떤 점에 대해 한 가지 긍정적인 피드백을 해달라고 요청하십시오. 그리고 그것을 써보십시오. 둘째 주에는 다른 3명을 선택해서 똑같은 과정을 반복하십시오.

이후 이것을 2주간 계속하면 적어도 12가지의 긍정적인 피드백 목록을 가질 수 있습니다. 이러한 목록을 밤마다 살펴보고 상기하며 자신이 갖고 있는 자산에 감사하십시오.

리더십 계발 전략

리더십 계발을 위한 치열한 도전들은 복잡하면서 힘들고 예측 불가능하지만 흥미진진하면서도 충분한 보상이 따르는 일입니다. 그 도전에는 유쾌한 상황이나 스트레스 상황에서도 수백 명의 사람들과 효과적으로 상호작용하고, 자신을 관리할 수 있는 능력이 요구됩니다.

이러한 이유로 리더들은 정직한 자기성찰의 시간을 반드시 가져야 합니다. 비범한 리더가 되는 사람은 미래를 예상할 수 없더라도 도전에 직면함으로써 진취적이고 혁명적인 방법으로 성장할 수 있습니다.

탁월한 리더십은 여러 가지 형태로 나타나며 특정한 에니어그램 유형의 전유물은 아닙니다. 당신의 에니어그램 유형은 리더로서의 강점이 있지만, 성공으로 가는 길에 장애물을 만들어내곤 합니다.

6유형의 리더는 보통 통찰과 계획이라는 특별한 재능을 나타냅니다. 그러나 가장 뛰어난 장점은 또한 가장 취약한 약점이 될 수도 있습니다. 그들 자신과 타인, 그들의 주변에 대한 날카로운 통찰력과 함께 자신과 타인 모두에 대해 의심하는 경향이 있습니다. 6유형 리더들은 굉장한 안정성이나 충성심, 아니면 불신, 또는 2가지 다 오락가락하는 패턴의 업무 환경을 만들 수 있습니다.

리더십 향상을 위한 계발 전략

1. 당신의 권위 이슈를 다루십시오

상사나 권위를 가진 인물과의 지난 관계를 곰곰히 생각해보십시오. 특히 당신이 권위에 반발하느라 당신이나 동료의 경력에 흠집을 줄 수 있었던 상황을 돌이켜 보십시오. 이러한 과거 경험에서 배우려고 노력하십시오.

2. 불안감을 다스리는 법을 배우십시오

불안감이 엄습하기 전에 경계신호가 느껴지면 최악의 경우를 상상하면서 불안감을 키우지 말고, 산책이나 대화, 그밖에 불안감을 낮출 수 있는 활동을 찾아서 하십시오. 조바심을 낸다고 문제가 해결되지 않는다는 사실을 기억하십시오.

3. 적당한 경쟁자를 찾아내십시오

팀원들 가운데 충실한 사람을 찾아내려는 그 열정으로 동료나 부하직원 가운데 당신의 호적수가 될 만한 사람을 찾아내십시오. 당신이 리더로서 성장하고 자질을 계발하는 데 자극이 될 것입니다.

성과창출 전략

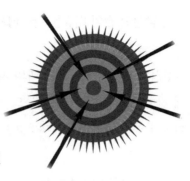

지속적으로 높은 품질의 성과를 보이고, 성과를 위해 매진하며, 자신의 잠재력에 도달함으로써 고객에게 신뢰를 얻는 것은 중요한 일입니다. 이를 통해 생산성이 증가되고, 신제품 개발 분야의 한계가 넓어지며, 자신의 분야에서 리더로서 조직을 지원하게 됩니다.

1. 최악의 시나리오를 생각할 때마다 최상의 시나리오 또한 생각하십시오

당신이 일어날 수 있는 문제들을 예견하지 않는다는 것은 거의 불가능한 일이지만 상상하는 시나리오가 긍정적이 되도록 해야 합니다. 부정적인 시나리오가 아닌 긍정적인 시나리오를 덧붙여서 만들 수 있도록 자신을 훈련하십시오. 이러한 행동을 계획하는 절차를 규칙적으로 사용하면 점차적으로 긍정적이고 부정적인 대안들이 쉽게 떠오를 것입니다.

2. 최악의 시나리오를 말하기 전에 최상의 시나리오 계획을 팀에게 말하십시오

최악의 시나리오보다는 최상의 시나리오에서 오는 계획으로 시작하는 것이 최상입니다. 이것이 사람들을 앞으로 나아갈 수 있도록 동기를 부여시킵니다. 반대일 경우 그들의 에너지와 집중력을 고갈시킬 수 있습니다. 긍정적인 가능성들을 의논한 후에 최악의 시나리오를 고려하는 것은 현실에서 계획을 결정하고 기초하는 데 매우 유용합니다.

3. 위기상황에서 평온을 지키십시오

상황들이 어긋나면 (대부분 그러할 것입니다) 사람들은 당신에게서 아이디어, 계획, 대안과 평온을 찾으려 할 것입니다. 상황을 해결하기 위해서 서두르는 것은 문제가 되지 않습니다. 그러나 평온하고 신중한 방법으로 하는 것이 최고의 방법입니다. 가끔은 반응을 하기 전에 산책을 하거나 평온한 단어들을 스스로에게 말하는 것이 도움이 됩니다.

예를 들면 전에도 일이 해결되었잖아. 그리고 이번에도 그럴 거야. 혹은 내가 6유형의 걱정으로 또 들어가는 것을 나는 알아. 그리고 내가 원한다면 계속 걱정할 것인지 멈출 것인지 선택할 수 있어.

전략 계발

팀과 조직이 최상의 성취도와 효율성에 도달하려면, 리더들과 각 공헌자들은 조직의 진정한 비즈니스가 무엇인가를 이해하고 다방면으로 생각해서 전략적으로 행동해야 합니다.

'비즈니스 파악하기'와 '전략적으로 사고하고 행동하기'는 서로 밀접하게 연관되어 있습니다. 비즈니스를 이해하지 않고, 전략적으로 사고하고 행동하기란 있을 수 없습니다. 이 사실을 알고 있다면, 이것을 전략적인 방법으로 사용할 필요가 있습니다. 그 방법으로는 공통의 강력한 비전을 갖고 일하기, 고객에게 초점을 맞춘 미션, 훌륭한 전략, 그리고 그 전략과 일치되는 효과적인 목표와 전술이 있습니다.

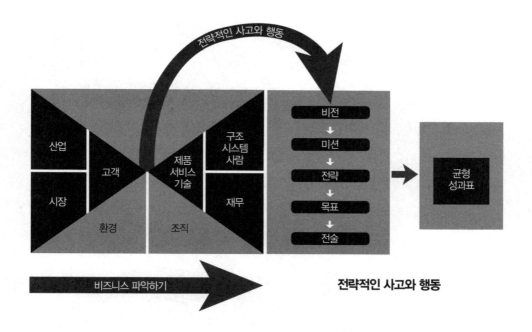

1. 자신에게 생산적인 발전 기회를 제공할 프로젝트나 업무를 선택하십시오

자기 스스로를 과소평가하거나 능력에 비해 너무 쉬운 일을 맡아서는 안 됩니다. 그래서는 자신의 능력을 확장할 수 없습니다. 반면에, 자신이 전에 경험했던 것보다 훨씬 더 복잡한 업무나 새로운 도전의 즐거움과 위험에 지나치게 마음을 빼앗기지 않도록 주의하십시오. 이것 역시 훌륭한 전략 계발 방법이라 할 수 있습니다. 자신의 능력을 충분히 계발할 수 있는 시간을 주십시오.

2. 목표와 전술을 향해 나아가기 전에 비전과 전략을 확실히 계발하십시오

6유형은 미션, 목표, 전술과 같은 구체적인 영역보다는 안전하게 일하는 것을 더 편하게 느낄지도 모르지만, 그런 곳에 머무른다면 조직 내에서 성장할 수 있는 기회를 놓칠 수도 있습니다. 더 높은 수준에서 당신은 비전과 전략을 통해 사람들을 이끌 필요가 있습니다.

3. 당신의 반응을 긍정적인 방식으로 구조화하십시오

타인의 아이디어에 대해 잘 안될 것 같은 이유를 대며 반응하기보다, 일단 처음에는 어떻게 하면 그 생각이 실현될 수 있을지 대답해 주고, 그 후에 잠재적인 문제점에 대한 자신의 생각을 덧붙이십시오. 비록 6유형의 리더가 종종 낙관적인 것보다는 비관적인 생각을 갖지만, 그들도 강력한 현실 감각과 함께 낙천주의자처럼 생각할 수 있습니다. 최악의 시나리오를 가정할 경우, 그것을 말로 표현하기보다 스스로에게 다음과 같은 질문을 던지십시오. 나는 어떤 일이 일어나는 것을 막으려 하는가? 반대로 내가 일어나기를 바라는 것은 무엇인가?

의사결정 계발 전략

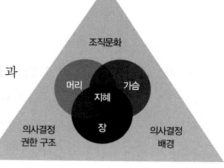

사람들은 매일매일 의사결정을 하지만 의사결정 과정에 대해서 생각하는 일은 드뭅니다. 가장 현명한 결정은 머리(논리적인 분석과 계획), 가슴(가치, 감정, 사람에게 미치는 영향), 장(행동을 취함)의 세 가지가 통합된 방식으로 사용되었을 때 이루어집니다. 직장에서의 의사결정은 다음과 같은 세 가지 요인, 즉 조직 문화, 조직의 의사결정 권한 구조, 결정 자체의 배경을 고려해야 합니다. 다음의 표는 6유형의 현명한 의사결정을 위한 지능의 중심(머리, 가슴, 장)을 계발시키는 방법을 나타냅니다.

			6유형의 의사결정 계발활동
지능의 중심	머리	객관적 분석	불안해하거나 자신이 똑같은 생각을 반복하고 있다는 사실을 깨달았으면 결정과 관련된 정보의 분석 속도를 늦추십시오.
		예리한 통찰력	자신의 감정과 동기를 정직하게 살핌으로써 자신의 투사와 객관적인 통찰력을 구분하는 방법을 배우십시오. 이것은 당신의 의도를 명확히 하는 데 도움을 주고 더 나은 결정을 하도록 할 것입니다.
		생산적 계획	긍정적인 시나리오와 부정적인 시나리오 모두를 위한 계획을 세운 후 계획하는 것을 멈추고 행동에 돌입해야 할 때를 알아야 합니다.
	가슴	공감	타인의 행동이 당신을 괴롭히고 화나게 할 때조차 공감할 수 있도록 하십시오.
		진정한 관계	타인의 도움이 필요할 때와 그들에게 무엇인가를 바랄 때조차 자신에게 진실하십시오. 그들의 마음에 들기 위한 행동을 하고자 노력하지 마십시오.
		연민	다른 사람에게 하듯이 스스로에 대해서도 연민을 가지십시오. 당신의 의사결정에 당신도 포함시키십시오.
	장	효과적인 행동 취하기	흥미롭기만 한 것이 아니라 바람직한 위험을 기꺼이 감수하는 결정을 내리십시오. 지나친 분석을 피하기 위해 본능에 따라 행동하십시오.
		흔들리지 않는 견고함	자신의 결정에 확신을 갖고 신뢰하며 자신의 신념이 반대에 부딪힐 경우 반항적인 태도보다는 유연한 자세로 대하십시오.
		본능적 이해	어떤 일을 해야 할지 확신이 서지 않을 때는 걷기와 같은 신체 활동을 하면서 당신의 본능에게 최고의 대안이 어떤 것인지를 물어보십시오.

조직변화 계발 전략

현대의 조직에서 변화는 하나의 생활방식이 되었습니다. 기업은 늘어나는 경쟁, 줄어드는 자원, 부족한 마케팅 시간, 높아지는 고객의 기대 수준, 증가하는 법 규정, 수많은 과학 기술, 커지는 불확실성 등으로 이루어진 점점 더 복잡한 환경에 존재하고 있습니다. 조직은 성공을 위해 유연하고, 헌신적이며, 비용에 민감하고, 빠르게 대응해야 합니다. 그 결과 예측하지 못한 방향으로 전환해야만 하는 경우에, 모든 계층의 직원이 팀 내에서 유연하고 효과적으로 변화를 수용하며 역할을 다할 수 있어야 합니다.

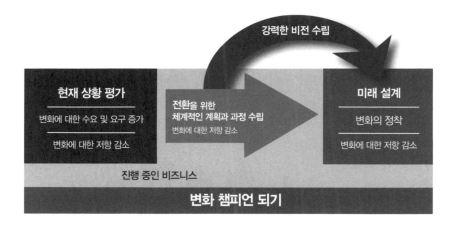

1. 이유 있는 위험을 감수하십시오

단지 성공 가능성에 대한 불안 때문에 변화를 주도하는 것을 거부하지 않도록 자신의 감정에 주의를 기울이십시오. 모든 변화는 불확실성을 내포하고 있습니다. 동시에 스릴을 기반으로 해서 변화를 이끄는 일에 동의해서는 안 됩니다. 그렇게 한다면 당신은 결국 거의 성공하는 것이 불가능한 상황에 처하게 될 것입니다.

2. 직장 상사와 현실적인 관계를 구축하십시오

자신이 한 일에 대해 직장 상사가 부정적인 반응을 나타내면 6유형은 크게 상심하는 경향이 있어서 이들은 대부분 상사에게 초점을 맞춥니다. 언제나 상사의 지지를 받을 수 있다면 좋겠지만, 이것은 현실적으로 불가능합니다. 보다 중요한 것은 상사가 그의 의견을 자유롭게 말하더라도 파국에 치닫지 않을 정도로 서로간의 관계를 형성하는 것입니다.

3. 저항을 단지 해결해야 할 또 하나의 문제로 인식하는 방법을 배우십시오

변화에 대한 저항은 당연한 것이고 피할 수 없으며 심지어 이상적인 것이기도 합니다. 6유형은 사람들이 건설적인 방법으로 반대 의견을 내기를 바랍니다. 반대 의견이 종종 더 나은 방법을 이끌어내기 때문입니다. 덧붙여서, 변화가 진행되는 동안 직접적으로 다뤄지지 않은 저항은 뒤늦게 더 심각한 모습으로 다시 드러나곤 합니다. 저항을 해결해야 할 문제로 간주하는 것은 감정적인 반응을 줄이고 생산적인 결과에 대한 가능성을 높일 수 있습니다.

변형 전략

6유형은 일어날 수 있는 일을 이해하고 일이 잘못되었을 때에 대한 준비를 하기 위해서 통찰을 사용하여 예측이나 최악의 시나리오를 만들어내려고 합니다. 여기에서 벗어나기 위해서는, 세상에는 의미와 지원이 있다는 이해가 있어야 합니다. 이러한 이해를 바탕으로 6유형은 다음과 같은 변형을 향해 앞으로 한 발짝 나아갈 수 있게 됩니다.

1. 정신적 변형

겁냄(끊임없이 최악의 시나리오를 예상하고 의심과 걱정하는 생각)이라는 정신적인 패턴을 신뢰(나와 타인 모두가 인생의 도전에 맞설 수 있으며, 세상에는 확실성과 의미가 존재한다는 믿음)라는 더 높은 차원의 신념으로 변형하십시오.

▶ 정신적 활동

끊임없는 걱정과 자신을 의심하는 마음이 생기며 최악의 시나리오를 상상하는 것을 알아차리면, 불확실한 상황이나 결과에서도 자신과 타인에 대해 온전히 신뢰하고 건설적이고 의미 있는 방식으로 용기 있게 도전했던 때를 하나 이상 기억해 보십시오. 그 당시에 당신 안에서 일어났던 것을 되살려서 당신의 생각 속에 그 순간이 되돌아오도록 하십시오.

2. 감정적 변형

　두려움(최악의 사태가 일어날 것이고 타인을 신뢰할 수 없으며 어려움을 이겨내지 못할 것이라는 우려)이라는 감정적 습관으로부터 용기(두려움 때문에 아무런 행동도 하지 않거나 두렵지 않은 척하는 것이 아닌, 자신의 행동을 충분히 자각하는 것을 통해 두려움을 극복할 수 있다는 감정)라는 더 높은 차원의 자각으로 변형하십시오.

▶ 감정적 활동

　두려움, 불안감, 깊은 염려나 공포를 느낄 때면 삶에서 자신이 용기를 내었던 때를 기억해보십시오. 그리고 두려움을 온전히 의식적이고 침착한 방법으로 극복했던 때를 떠올려보십시오. 그 상황과 자신의 의지대로 행동했을 때의 느낌을 기억해내고, 그 시간에 당신이 경험했던 것을 기억하십시오. 그 순간의 경험에 온전히 다시 연결될 때까지 당신의 마음과 생각 속에 그 순간을 반복해서 떠올려 보십시오.

SEVEN

에니어그램
7 유형의

계발전략

에니어그램 7유형
즐거움과 자극을 추구, 그리고 고통과 불편함의 회피

즉흥적이면서 매력적인, 그리고 동시에 일을 굉장히 잘하는 7유형은 낙관적이고, 에너지가 넘치며, 모든 선택지가 열려있다는 것을 느껴야 합니다. 이들은 정교하게 미래를 계획하고, 몽상가이며 꿈을 꾸는 자들입니다. 열정이 있고 한계를 도전하는 이들은 새로운 아이디어를 생각해내고, 자신을 즐겁게 해주는 활동을 하거나 사람을 만나고, 부정적인 경험을 긍정적인 상황으로 재구성하는 합리화를 통해 고통스러운 경험을 회피합니다.

대부분의 7유형은 한 번에 하나씩 집중하는 것을 힘들어합니다. 그들의 관심은 하나의 아이디어, 활동, 사람에서 관심을 사로잡는 또 다른 것으로 옮겨가며, 모든 것이 가능하다는 생각에서 비롯되는 낙관주의를 지닙니다. 어떤 7유형은 거대한 소셜 네트워크를 만들어 자신이 하는 모든 일이 최상의 결과를 얻도록 지지해주는 대리 가족집단을 형성합니다. 어떤 7유형은 공동체를 지원하는 데에 자신을 희생하는 방법의 일환으로 자신의 욕구를 자제합니다. 또 다른 7유형은 부끄러움을 모르는 몽상가들이며, 자신을 즐겁게 하고 자극시키는 새로운 것들을 찾습니다.

그들은 대인관계를 할 때 빠르게 말을 하며 생각은 그보다 더 빠른 유형이라고 설명할 수 있습니다. 그들의 생각 과정은 시간당 1,000마일을 달리며 한 주제에서 다른 주제로 뛰어다닙니다. 어떤 7유형은 조용하지만, 대부분은 머릿속에 생각나는 것을 즉시 말로 표현합니다. 이들의 아이디어는 다른 이들과는 큰 연관성이 없어 보이지만, 7유형은 이런 연결된 연상들을 즉흥적으로 생각하여 열정과 에너지가 넘치는 목소리로 아주 빠르게 전파합니다.

우리는 모두 창의적으로 생각하며, 아드레날린의 분비를 즐기고 고통보다 즐거움을 더 선호합니다. 그러나 특히 7유형의 주요하고 강력한 내적 동기는 즐거움과 자극을 추구하고, 고통과 불편함을 회피하는 것입니다.

▶ 에니어그램 7유형을 위한 계발 전략

선택option

7유형에 속한 사람들은 새로운 아이디어, 사람, 경험이 주는 자극을 추구하며, 고통을 회피하고 언제든지 다른 대안을 선택할 수 있도록 정교하게 미래 계획을 세웁니다.

▶ 목차

자기완성self-mastery을 위한 계발 전략

자기완성은 모든 개인적이고 직업적인 계발의 기초가 됩니다. 이것은 매일 마주하게 되는 새로운 도전이 성장을 위한 기회라고 인식하는 것을 바탕으로 자신의 생각과 느낌, 행동을 이해하고 수용하며 변형시킬 수 있는 능력을 말합니다. 자기완성은 자기인식으로부터 시작되고, 그림에서 보이는 요소들을 포함하면서 확장됩니다.

자기완성의 장은 다음과 같은 내용으로 구성되어 있습니다.

➤ 자기완성에 관련된 7유형의 세 가지 공통 이슈

➤ 7유형의 핵심 이슈를 다루기 위한 세 가지 계발 전략(각 전략별로 기본 활동과 심화 활동을 하나씩 포함)

➤ 7유형의 날개와 화살(스트레스 - 안정) 유형을 다루는 세 가지 계발 전략

자기완성에 관련된 7유형의 공통 이슈

의지를 가지고 정신적, 정서적, 신체적으로 집중하기	진실된 감정을 가지고 일관되게 공감하기	현실의 고통과 불편함을 기쁨과 함께 수용하고 통합하기

7유형의 핵심 이슈를 다루기 위한 계발 전략

1. 다른 사람들의 이야기를 온전하게 들어 주십시오

기초 활동 누군가와 대화를 나눈 뒤 상대에게 질문하십시오. 대화 시간 중에 당신이 이야기한 시간과 내가 이야기한 시간의 비중이 어떠한가요? 대화 중 내가 대화를 방해하거나, 경청하지 않거나, 딴생각을 하고 있다고 느낀 적이 있나요?

매일 적어도 한 번씩 타인에게 이 질문을 하십시오. 당신이 한 것과 하지 않은 것에 대해 변명이나 설명하려 하지 말고 그 대답을 마음속 깊이 새기십시오. 당신이 해야 할 일은 당신이 동의하던 동의하지 않던, 당신의 행동을 거울처럼 비춰주는 사람을 갖도록 하는 것입니다.

심화 활동 7유형은 가슴보다는 머리로 듣습니다. 그러나 온전하게 듣는다는 것은 가슴과 머리 모두로 듣는다는 의미입니다. 타인의 말을 들을 때면 자신에게 다음과 같이 물어보십시오. 저 사람은 자신의 생각과 느낌에 대해서 무슨 말을 하고 있는 것일까?

또 7유형은 상대방이 무슨 말을 할지 다 알고 있다고 생각하기 때문에 상대의 말이 끝나기도 전에 딴생각을 하거나 말꼬리를 자릅니다. 상대의 말을 온전히 듣기 위해서는 상대가 말을 끝내고 당신이 말을 시작하는 사이에 적어도 3초의 간격을 두는 것이 좋습니다.

이때는 방금 들은 말의 내용과 거기에 담긴 느낌을 '바꾸어 말하기*paraphrase*'가 도움이 됩니다. '바꾸어 말하기'란 상대방이 한 말에 담긴 생각과 느낌을 다른 말로 다시 표현해 보는 것입니다.

예를 들어 직장동료가 '이 회사는 업무체계가 엉망진창이야.'라고 말했다면, 다음과 같이 바꾸어 말할 수 있습니다. '많이 실망하셨나봐요, 무슨 일이 있었나요?'라고 바꾸어 말하기를 할 때 상대방이 당신의 표현에 긍정하는지, 그렇지 않은지를 확인하는 것도 중요합니다. 상대의 피드백을 확인하면 듣는 능력의 정확도를 높일 수 있습니다.

위의 예에서 동료가 '실망한 정도가 아냐. 뚜껑이 열리기 직전이라고! 내 월급을 올려준다고 할 때는 언제고, 이제는 내가 제출한 보고서를 못 찾겠대.'라고 말할 수도 있습니다.

이런 예에 있어서 바꾸어 말하기가 두 사람 사이에서 더 깊은 수준의 소통으로 이끌어주는 것은 일반적인 일입니다.

2. 내면으로 들어가는 법을 배움으로써 초점을 유지하십시오

기초 활동 당신에게 가장 큰 도전은 신체 감각과 감정 반응에 초점을 맞추는 것입니다. 매일 1시간씩 자신의 감정과 신체 감각에 관심을 집중시키는 연습을 하십시오. 이렇게 하는 능력이 계발되었으면, 규칙적으로 그리고 특히 감정적 자극이 최고점에 있거나 걱정 가운데 있을 때 내면에 집중하는 연습을 하십시오.

심화 활동 한 번에 한 가지에만 집중하는 것은 7유형에게 가장 어려운 일입니다. 이들의 마음과 관심은 한 가지 영역에서 다른 영역으로 빠르게 옮겨가기 때문입니다. 다음의 방법은 당신 삶의 모든 영역에서 도움이 되고 적용할 수 있는 유용한 것입니다.

당신이 무엇을 하든, 즉 아이디어를 찾거나 식사를 하거나 감정을 느끼거나 대화를 나누는 등 어떤 활동을 하든지 생각의 초점이 다른 활동, 다른 생각, 다른 감정으로 옮겨가는 때가 언제인지 주의해 보십시오. 그런 다음 주의를 원래대로 돌리고 1분 이상 그대로 유지합니다. 당신이 재집중하는 데 익숙해지게 될 때, 재집중하는 삶의 영역을 확장시키고 의식적으로 집중하는 시간은 늘리고 그 경험에 주목하십시오.

이 기술을 연습하는 구조적인 방법 중 하나는, 매일 아침 8분 동안 집중하는 데 시간을 보내는 것입니다. 우선 의자에 앉거나 선 채로 몸을 최대한 움직이지 않으면서 그 순간에 보이거나, 들리거나, 냄새를 맡을 수 있는 무언가에 집중합니다. 그것만 생각하면서 2분을 보냅니다. 주의가 다른 곳으로 전환되려고 하면 그 사실을 알아차리고 원래의 대상으로 되돌립니다.

그 다음 2분 동안은 감정, 몸에서 느끼는 감각, 호흡 등 자신의 몸 안에서 찾을 수 있는 무엇인가에 집중합니다. 역시 주의가 전환되는 것을 관찰하고 의도된 초점으로 돌아갑니다. 그 다음에는 외부대상에 초점을 두고 동일하게 2분 동안 집중합니다. 마지막 2분 동안은 자신의 몸 안에서 찾을 수 있는 무엇인가에 집중합니다.

처음에는 2분 동안 한 가지에 집중하는 것이 무척 힘들게 느껴지겠지만 연습을 거듭할수록 쉬워지고 재미도 느낄 것입니다. 알람 시계를 사용하여 2분 간격으로 알람을 해두면 도움이 될 수 있습니다. 중요한 것은 매일 빠짐없이 해야 한다는 사실입니다.

3. 당신의 감정적 레퍼토리를 개발하십시오

기초 활동 분노, 기쁨, 슬픔, 두려움의 4가지 범주를 만들어 과거에 자신이 그런 감정을 느꼈던 때를 기록하고, 이 감정들 중에서 자신이 가장 많이 느낀 감정은 무엇인지 분석해보십시오. 1시간 정도를 내서 4개 범주 내에서 가장 적게 느껴 본 감정을 찾아 어떻게 하면 자신의 감정의 폭을 넓힐 수 있을지 생각해 보고 답을 적어보십시오. 이러한 활동은 자기 자신 및 타인과 더욱 친밀한 관계를 맺을 수 있도록 도와줍니다.

심화 활동 자신이 느끼는 감정의 종류와 폭을 확장하고 타인의 감정에 좀 더 공감하는 것은 7유형에게는 아주 힘든 도전입니다. 이들은 타인의 감정에 곧잘 화답하고 긍정적인 감정을 표현하는 데는 능숙하지만, 두려움, 분노, 특히 슬픔과 같은 감정은 일부러 재미있는 생각을 하거나 자극적인 행동을 해서 가능한 차단하려고 합니다. 7유형은 자신의 감정을 다루는 데 서툴기 때문에 타인의 감정을 깊이 공감하지 못합니다. 이런 패턴을 바꾸기 위한 몇 가지 방법이 있습니다. 자신에게 인내심을 가지며 특히 감정의 종류와 폭을 확장하는 것은 오랜 시간이 걸리는 일이라는 사실을 명심해야 합니다.

우선 위에서 소개한 '생각의 초점 유지하기' 방법을 실천하면 감정에 적응하기가 매우 쉬워집니다. 두번째로 《Bring out the best in your work(진저 라피드 보그다 著)》의 1장 "당신의 에니어그램 유형 찾기"에서 감성지표를 활용하여 분노, 슬픔, 기쁨, 두려움이라는 네 가지 감정 중에서 자신의 현재 감정을 찾아보십시오. 그리고 잘 느끼지 못했던 감정은 보다 많이 느끼고, 그 강도가 낮은 감정은 보다 강렬하게 느끼는 연습을 합니다.

세번째는 다른 사람이 그들의 감정에 대해 이야기하는 것을 듣고, 깊은 곳에 있는 당신의 감정을 이야기하는 것을 통해 감정의 레퍼토리를 늘릴 수 있습니다.

네번째는 감성을 자극하는 영화나 연극을 본 후 그 경험에 대해 이야기를 나누십시오.

7유형이 가장 느끼기 힘들어하는 감정이 슬픔이라는 사실에 주의하십시오. 7유형의 기본 성격은 즐거움을 추구하고 고통은 피한다는 것입니다. 슬픔은 정서적 고통에 해당합니다. 고통은 인간 경험의 자연스러운 일부입니다. 그 고통을 피하는 것을 멈추도록 돕는 몇 가지 아이디어가 있습니다.

첫째, 슬프다고 느껴지는 상황을 모두 적어 목록으로 작성합니다. 처음에는 별로 쓸 것이 없겠지만, 매일매일 생각나는 대로 채워가면서 자신의 감정에 주목하다 보면 놀랍게도 그 상당수가 고통과 관련이 있으며 단지 표면 아래에 숨어 있을 뿐이라는 사실을 알게 될 것입니다.

둘째, 일상에서 아주 약간이라도 슬픔이 느껴지면 깊고 고르게 숨을 쉬어봅니다. 얕은 호흡은 일반적으로 사람들에게 자신의 감정을 차단합니다. 반면에, 깊은 호흡은 우리가 그것을 인식할 수 있을 만큼 감정이 충분히 강해지도록 허용하는 경향이 있습니다.

7유형의 날개 및 화살(스트레스 – 안정) 유형을 통합하는 계발 전략

날개는 자신의 핵심 에니어그램 유형의 양 옆에 있는 에니어그램 유형을 말합니다. 화살은 자신의 핵심 에니어그램 유형에서 뻗어 나온 화살표가 가리키는 에니어그램 유형과, 자신의 에니어그램 유형을 가리키는 화살표가 시작되는 곳의 에니어그램 유형을 의미합니다. 날개 및 화살 유형은 자신의 핵심 에니어그램 유형을 변화시키는 것이 아니라, 생각과 감정의 방식을 넓히고 풍부하게 하며 행동을 강화하는 정보를 제공합니다. 날개 및 화살 유형은 한 사람 한 사람을 보다 복합적이고 다양하게 만들며, 자기계발에 필요한 도구로써 개인의 성격에 더 많은 특성을 제공합니다.

1. 6유형 날개를 통합하십시오

6 7 8
7유형의 날개

▶ 권위를 인정하십시오

7유형은 자신들이 권위를 인정한다고 말하지만 실제로는 대부분 자신이 스스로의 보스인 것처럼 굴며, 권위 있는 인물과 친하게 지내고 관계를 평등하게 만들거나 혹은 자신이 최고인 것처럼 굴면서 권위를 무시하는 행동을 합니다. 권위 인정은 누군가가 특정한 역할을 갖고 있음을 인식하는 것 이상입니다. 이것은 누군가가 당신보다 더 많은 권한을 가지고 있음을 받아들이는 것, 7유형이 선호하는 방법보다 그들의 지시를 따르는 것, 특히 그들이 7유형인 자신에게 행하는 방식이 당연하다고 인정하는 것을 의미합니다. 반면에 6유형은 일반적으로 권위 있는 인물의 역할을 존중하며 수용하지만 이들이 폭력적이거나 독단적인 경우는 경계합니다. 7유형은 몇 가지 어려운 질문들을 스스로에게 물어봄으로써 권위 관계를 검토할 수 있습니다.

➤ 당신의 이전 직장 상사들을 생각하면서, 각각의 상사들과 당신과의 관계를 어떻게 설명할 수 있는가?

➤ 만약 당신이 당신의 상사와 친구 같은 관계를 갖는 경향을 깨달았다면 그 친구관계가 당신에게 어떤 편의를 주었거나 당신을 보호했는가?

➤ 당신이 생각하기에 어떤 상사가 당신이 그들의 권위를 온전히 인정하지 않았다고 말할 것 같은가?

➤ 만약 상사가 당신에게 따뜻하게 대하지 않는다면 당신은 어떻게 느낄 것 같은가?

➤ 상사의 따뜻함이나 수용하는 느낌들이 당신에게는 왜 중요한가?

▶ 두려움을 직면하십시오

6유형과 7유형은 모두 머리 센터지만 6유형이 두려움에 대해 더 많이 의식합니다. 7유형의 두려움 또는 불안(두려움보다 가벼운)은 두려움을 피하는 방법으로 흥미롭고 자극적인 것을 찾음으로써 7유형으로 하여금 주의초점을 흐리는 방아쇠가 될 수 있습니다. 6유형은 자신의 두려움을 똑바로 직면하는 경향이 있어 7유형도 이렇게 할 때 유익합니다. 당신이 불편하거나 긴장되거나 또는 평정을 잃는 것 같은 감정을 느끼거나 당신의 행동, 생각, 느낌, 말에서 당신의 주의가 흐트러지면 당신 스스로에게 다음과 같은 질문을 떠올려보십시오. 내가 무엇에 대하여 두려움을 느끼는가?

표면상으로는 아무것도 두려운 게 없다는 자신의 대답을 받아들이지 말고 두려움 밑바닥에 나는 무엇을 걱정하거나 두렵게 느끼는가?와 같은 탐색적 질문을 스스로에게 던짐으로써 자신의 대답에 신중을 기하십시오.

▶ 깊은 수준의 통찰력을 추구하십시오

6유형은 문제와 역할을 시험하는 데 많은 시간을 할애하고, 그것들을 이해하려 합니다. 또 긍정적인 결과를 만들어낼 계획을 세우고 부정적인 결과들을 방지하려고 하기 때문에 이들은 대부분 깊은 통찰력을 계발합니다. 반면에 7유형은 핵심 이슈들을 파악하려 애쓰지만, 불편한 이슈들에 대해 시간을 짧게 할애하며, 다음으로 빨리 이동하려 합니다. 이로 인해 7유형은 더 치밀한 분석을 통해 얻을 수 있는 심층적인 관점을 놓칠 수 있습니다. 7유형은 문제가 생길 때마다 스스로에게 다음과 같이 질문함으로써 더 심층적인 훈련을 할 수 있습니다.

➤ 내가 놓치기 쉬운 생각은 무엇인가?

➤ 나는 이 상황에 대하여 어떻게 느끼며, 내 관점이 달라지는 이유는 나의 어떠함 때문인가?

➤ 나의 관점이 아니라 타인의 관점에서 볼 때 내가 어떻게 이해해야 하는가?

7유형의 생각은 한 아이디어에서 다른 아이디어로 자동적으로 매우 빨리 이동하고, 도약하기 때문에 답을 구하기 위해 특정한 질문을 하는 것이 중요합니다. 구체적인 질문은 당신의 생각에 집중하도록 도와주고 보다 심층적인 수준의 통찰에 이르게 합니다. 당신 안에서 불편을 느끼는 그 부분에 대해 가장 많이 숙고하며 시간을 가지도록 하십시오. 이것은 7유형에게 큰 통찰력을 얻게 합니다.

2. 8유형 날개를 통합하십시오

▶ 리더십을 갖추십시오

8유형은 그들의 리더십유형에서 권위 있는 경향이 있고 7유형은 보다 제안자적인 경향이 있습니다. 일반적으로 8유형은 다른 유형보다 힘을 가지거나 권위적인 역할을 하는 것에 대해 편안해 합니다. 반면에 7유형은 대부분의 리더십 역할에 대해 보다 많은 양면성을 보입니다. 또한 권위를 인정하는 초기의 행동들은 8유형처럼 7유형도 스스로 강력한 주장을 할 수 있습니다.

다른 머리 센터들처럼, 7유형은 머리로는 호흡한다고 하지만 대부분 몸 안으로 깊이 숨 쉬지 않습니다. 힘은 단전으로부터 옵니다. 우선 당신의 배꼽 바로 밑의 단전으로 숨 쉬는 훈련을 해보십시오. 그리고 이것을 장기간에 걸쳐서 지속하십시오. 그 다음에 당신의 '단전에 의식을 두고' 걷고 움직이는 연습을 하면서 깊게 숨 쉬도록 하십시오. 마지막으로 이렇게 깊게 숨 쉬며 타인들과 상호작용을 할 수 있습니다. 단전을 통해서 말하는 것은 실제로 머리나 가슴 부분으로 말하는 것보다 주장과 힘이 더 잘 전달됩니다.

▶ 자신의 행동을 조절하십시오

전력 사용 조절을 생각하면 도움이 될 것입니다. 7유형은 전기 에너지로 가득 찰 수 있지만, 의도하지 않은 폭발이 일어나지 않기 위해서는 조치를 취할 필요가 있습니다. 8유형은 그와 반대로 행동을 취할 때 전형적으로 신중하고 의도적입니다. 행동을 취하기 전에 고려해야 할 몇 가지 내용이 있습니다.

> ➤ 이 행동이 의도하는 것과 의도하지 않은 결과는 무엇인가?
> ➤ 이 행동이 성공적으로 이루어지기 위해 누가 권한을 가졌으며 영향력이 있는가?
> ➤ 어디에서부터 이 행동의 저항이 일어날 수 있는가? 그렇게 되면 어떠한 일이 일어날 수 있으며, 누구에 의해서인가? 이러한 것을 극복하기 위해 무엇을 주의해야 하는가?
> ➤ 일이 되도록 하기 위해 존재하는 모든 자원들을 사용하는가?
> ➤ 보다 더 영향력을 끼치고, 잠재적인 저항을 최소한으로 줄이고, 적은 자원을 사용하며 효율적으로 결과를 성취하기 위해서 어떠한 대안들이 필요한가?

▶ 타인들에게 더 영향력을 끼치기 위하여 말을 줄이십시오

대부분의 7유형은 빠르고 연속적으로 다양한 주제에 대해 생각한 것이 무엇이든지 자주 말합니다. 이것 때문에 타인들은 어떤 아이디어가 가장 중요한 것이고 언제 그 아이디어에 대해서 의견을 주어야 하는지 적당한 타이밍을 알기 어렵습니다. 이와 반대로 대부분의 8유형은 그들이 말하려는 것에 무게를 두고 언제 말할지를 미리 결정하고 자신의 의견을 위해서 가장 좋은 타이밍을 고려하기에 그들의 영향력은 최대화됩니다. 7유형이 이러한 것을 배우게 되면, 그들의 영향력을 키울 수 있습니다.

가장 쉽게 배우는 방법은 대화를 할 때 억제하는 것으로 타인들의 의견을 들을 때까지 말하는 것을 참는 것입니다. 기다리고 들으면서 이 질문을 스스로에게 해 보십시오. 내가 듣고 내가 생각 하는 것 중에서 사람들이 가장 많이 반응하기를 바라는 것은 무엇인가?

당신의 답이 정해지면 당신의 진술을 한 문장으로 만드십시오. 그 다음, 타인을 똑바로 쳐다봅니다. 당신의 생각을 정리하면서 다른 곳을 쳐다보지 마십시오. 만약 다른 이들이 바로 언급을 하지 않더라도 당신의 아이디어를 재설명하지 말고 조금만 기다리십시오. 만약 그들이 혼란스러워하면, 그들이 당신에게 질문을 하도록 하되 간단하게 대답하십시오. 타인들에게 영향을 주려면 말수가 적은 것이 더 영향력이 큽니다.

3. 스트레스 지점인 1유형 화살을 통합하십시오

▶ 과제를 조기에 완성하십시오

1유형은 일을 마무리하는 데 집중하는 반면, 7유형은 주로 여러 개의 일을 동시에 하려 하고, 그들에게 흥미로운 일은 끝내지만 그렇지 않은 다른 것들은 마감이 임박하기 전까지는 끝내지 않습니다. 이럴 때 많은 과제를 수행하려고 함으로써 7유형에게 위기가 잇따라 일어납니다. 모든 것을 완수하기 위해서는 많은 방법들이 있습니다.

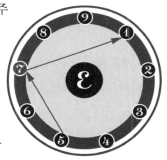

첫째, 어렵지만 효과적인 방법은 여러 가지 작업을 하는 것보다 한 가지 일을 한 번에 끝내는 것입니다. 둘째, 일을 적게 맡거나 어떠한 일을 끝마쳐야 할 때 (즐겁고 흥미롭더라도) 불필요한 활동들을 최소화하는 것입니다. 셋째, 그들이 보통 해오던 것보다 더 빨리 7유형은 일을 시작할 수 있습니다. 예를 들면 만약 당신이 생각하기에 어떤 일이 한 주 정도 걸린다고 생각한다면, 당신은 이 일을 마감시간 바로 이틀 전에 시작하는 경향이 있는데 그 일을 4일 전에 시작하십시오. 넷째, 가장 덜 흥미로운 일부터 시작하고 지속하는 것입니다. 7유형은 주로 흥미로운 일을 우선적으로 선택하고 가장 지루한 일을 늦게까지 미룹니다. 이것을 바꾸면 7유형이 흥미롭고 지루한 일 모두를 이루는 데 도움을 줄 수 있습니다.

마지막으로 타인에게 당신의 결과물을 보여주고 당신이 일한 것에 대한 평가를 요청하거나 그 사람에게 일의 완료 여부에 대해 피드백을 받는 것입니다. 때로 7유형은 자신들이 일을 완료했다고 인식하지만, 다른 사람들은 그 일에서 더 추가적인 작업이 필요한 분야를 제안할 수 있습니다.

▶ 일을 제대로 하기 위해 시간을 들이십시오

일을 제대로 하기 위해서 시간을 들이는 것은 이전의 많은 생각과 아이디어에 대한 고려들을 포함합니다. 1유형은 일을 수행할 때 계획적이고, 신중하고, 목표를 성취하기 위해서 최상의 품질과 최선의 방법을 고려합니다. 7유형은 보다 자발적이며 쉽게 실행에 옮기고 가끔 성급하게 행동하는 경향이 있습니다. 다음의 활동은 하기 쉬운 것입니다.

우선 당신이 책임져야 할 프로젝트를 선정합니다. 당신이 생각했을 때 효과가 있을 것 같은 계획을 적으십시오. 당신이 존경하며, 당신과는 다르고, 또 서로 다른 두 사람을 선택하십시오. 각 사람과 따로 만나서 당신의 프로젝트 목표를 말한 후 그들에게 어떻게 그 일에 접근할 것인지 물어보십시오. 잘 듣고 메모하십시오.

각 사람에게 당신의 계획을 보여준 후 긍정적인 것과 부정적인 피드백을 모두 받으십시오. 그런 후 각 사람들이 말한 것을 고려하여 당신의 계획을 수정하십시오. 추가된 일들도 이러한 작업을 반복하여 당신이 계획을 세울 때 자연스럽게 다른 방법을 고려하는 습관이 되게 하십시오.

▶ 규칙적으로 세부사항에 주의를 기울이십시오

많은 7유형이 세부사항에 주의를 기울인다고 하지만, 이들은 프로젝트의 진행과정에서 시종일관 세부사항보다는 마지막 혹은 최종의 결과에 신경을 씁니다. 1유형은 마지막 단계에서 몰아서 활동하지 않으며, 양질의 성과를 산출하기 위해 각 단계마다 세부사항에 주의를 둡니다. 7유형은 각각의 과제에 집중하고, 각 단계에서의 세부사항들을 조사하는 데 시간을 투자할 수 있습니다. 이것은 정확한 문법을 확인하고, 인쇄상의 오류를 확인하며, 미팅을 회상시키는 이메일들을 보내거나 대화를 요약하는 것 등을 포함합니다. 어떤 7유형은 일을 할 때, 이러한 세부사항이 저절로 처리될 것이며 그다지 중요하지 않거나, 이후에 처리될 수 있다는 가정에 기반을 두고 있습니다. 이러한 생각을 지닌 7유형에게는 세부사항에 대해 초기에 고심하는 것이 시간을 제대로 활용하지 못하는 것으로 보이겠지만, 사실상 최종 생산물의 품질을 보장합니다.

4. 안정 지점인 5유형 화살을 통합하십시오

▶ 혼자만의 시간을 보내십시오

5유형은 주로 혼자 시간을 보내며 타인이 있을 때라도 선택에 의해서 혼자라고 느낄 수 있습니다. 반면에 7유형은 그들의 에너지를 모두 소비했을 때 혼자 시간을 보내는 경우가 있는데 그러기까지 시간이 오래 걸립니다. 어떤 7유형은 "네, 저는 많은 시간을 혼자 보냅니다. 석 달에 이틀 정도입니다. 그러면 사람들이 저에게 무슨 일

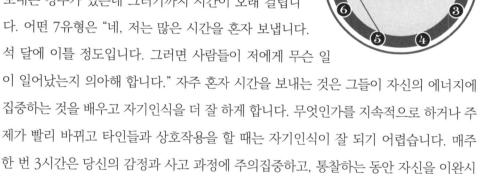

이 일어났는지 의아해 합니다." 자주 혼자 시간을 보내는 것은 그들이 자신의 에너지에 집중하는 것을 배우고 자기인식을 더 잘 하게 합니다. 무엇인가를 지속적으로 하거나 주제가 빨리 바뀌고 타인들과 상호작용을 할 때는 자기인식이 잘 되기 어렵습니다. 매주 한 번 3시간은 당신의 감정과 사고 과정에 주의집중하고, 통찰하는 동안 자신을 이완시킬 수 있는 무언가를 하면서 시간을 보내십시오. 이 활동훈련은 자신의 내면세계에 보다 깊이 접근할 수 있게 할 것입니다.

▶ 에너지를 보존하십시오

7유형은 원기왕성하고 활동적인 경향이 있으며 흥미를 쫓습니다. 어떤 의미에서 그들은 끊임없이 쏟아내는 강물과 같습니다. 반면에 5유형은 그들의 에너지를 보존하고 자신의 의지로 에너지를 분출하며 규칙적으로 에너지를 충전합니다. 이들은 호수와 같습니다.

에너지를 보존하는 것을 연습하기 위해서 7유형은 말하고, 생각하고, 무엇인가를 행하고, 타인들과 상호작용을 하며 자신의 에너지를 사용하는 그 순간에 주의를 집중할 필요가 있습니다.

이러한 때에 에너지를 사용하거나 외부로 내놓기보다 그 에너지를 자신의 내면으로 가져옵니다. 이때 숨을 깊게 쉬는 것은 산만하게 돌아다니는 것으로 부터 당신의 몸을 지키는 데 도움이 될 것입니다. 7유형은 적절히 그들의 에너지를 보존하거나 외부로 표출할지라도 때와 장소를 가려서 할 수 있는 방법을 배울 수 있습니다.

▶ 깊이 있는 지식을 획득하십시오

5유형과 7유형 모두 그들이 흥미로워하는 분야를 배우는 것을 즐거워하지만 5유형은 깊이 있는 지식을 추구하고 7유형은 폭넓은 정보를 추구합니다. 그러므로 5유형은 깊이 있는 지식을 축적할 수 있는 반면에 7유형은 주제의 핵심을 파악하고, 그것과 관련된 분야에서 그들이 할 수 있는 한 많은 것을 배울 것입니다. 지식을 추구하는 각각의 방법이 가치 있지만 7유형은 자신의 흥미로운 영역에 더욱 깊이 들어가는 것이 유익할 수 있습니다. 이렇게 하려면 단순히 당신이 흥미롭게 읽는 것이나 토론하는 것보다 2배 더 많은 시간을 가지십시오. 당신이 새로운 분야를 배우면서 당신이 느끼기에 충분히 알았으므로 배우는 것을 끝마쳐도 된다고 생각될 때, 당신이 지금까지 보낸 시간과 동일한 양의 시간을 들여, 보다 심층적인 수준에서 같은 주제를 탐구하십시오.

의사소통 계발 전략

   다른 사람과 의사소통을 할 때 세 종류의 의도하지 않은 왜곡, 즉 말하는 방식, 신체언어, 맹점이 발생할 수 있습니다. 말하는 방식이란 전반적인 말하는 패턴을 의미합니다. 신체언어에는 자세, 얼굴표정, 손짓, 몸의 움직임, 에너지 수준, 그 외 수백 가지의 비언어적 메시지가 포함됩니다. 맹점이란 자신은 인식하지 못하지만 다른 사람에게는 매우 잘 보이는 의사소통의 요소로서, 자신에 대한 정보를 포함하고 있습니다. 우리 모두는 말하는 방식과 신체언어, 그리고 다른 추론적 자료를 통하여 무의식적으로 정보를 전달합니다.

   메시지를 수신하는 사람도 자신의 왜곡 필터로 듣는 내용을 왜곡합니다. 왜곡 필터는 수신자의 에니어그램 유형을 토대로 다른 사람의 말을 바꾸어 듣게 하는 무의식적인 관심과 가정들입니다.

말하는 방식   신체언어   맹점   왜곡 필터

한 번에 한 가지씩 의사소통 방식을 변화시키십시오

가능하면 다음의 순서대로 한 번에 한 가지의 행동을 변화시키는 것이 가장 효과적입니다. 말하는 방식, 신체언어, 맹점, 경청시 왜곡필터의 순서로 변화시키는 것이 바람직합니다. 우리가 잘 인식하고 있는 행동을 변화시키는 것이 가장 쉽습니다. 가장 잘 인식하고 있는 것부터 가장 인식하기 어려운 것으로의 변화가 일반적인 순서입니다.

7유형의 말하는 방식

➤ 신속하고 즉흥적으로 속사포처럼 말을 쏟아냄
➤ 사람들의 관심을 끄는 이야기를 함
➤ 긴장을 완화시키기 위해서 농담을 함
➤ 한 주제에서 다른 주제로 즉각적으로 바꾸어 말함
➤ 유쾌하고 매력적임
➤ 자신에 대해 부정적인 이야기는 피함
➤ 부정적인 정보를 재구성하여 긍정적인 내용으로 제공함

7유형의 신체언어

➤ 잘 웃으며 눈빛이 반짝거림
➤ 화가 났을 때 목소리 톤이 날카로워짐
➤ 얼굴에 생기가 있으며 손과 팔을 많이 움직임
➤ 말을 하면서 걸어 다님
➤ 외부의 자극이나 내부의 생각에 의해 쉽게 방해받음

7유형의 경청시 왜곡 필터

➤ 그들의 능력을 의심하거나 품위가 손상된다는 느낌
➤ 타인들이 무엇을 말하려는지 알고 있다고 생각하기 때문에 안 듣거나 다른 말로 중단시킴
➤ 자신에게 한계가 있을 수 있다고 믿는 것
➤ 자신이 원하지 않는 일에 헌신을 강요당할 것 같은 기분

7유형의 맹점

➤ 자신이 모든 것을 마스터했다고 믿지만 실제로는 정보와 지식을 다 알지 못함
　* 자신의 가벼운 행동 때문에 타인이 자신을 진지하지 않은 사람으로 여기고 있다는 것을 모름
➤ 끊임없는 생각의 전환과 희극적인 몸짓으로 타인을 산만하게 함

※ 이러한 특징들은 긍정적일 수도 있고 몇몇은 부정적일 수도 있으며 중립이거나 혼합된 것일 수도 있습니다. 이 목록은 당신이 선택할 수 있는 것들에 대하여 전체적인 아이디어를 주기 위하여 만들어진 것입니다.

당신의 언어 표현을 확장하고 변화시키기 위하여 문자나 이메일을 사용하십시오

➤ 문자나 이메일을 보내기 전에 자신의 언어 선택과 어조를 검토하십시오.

➤ 긍정적인 정보뿐만 아니라 문제나 우려도 상세히 설명하십시오.

➤ 문자나 이메일을 보내기 전에 언어패턴을 재검토하고 보내십시오.

➤ 완성된 문장을 사용하십시오.

➤ 문장 부호에 주의를 기울이십시오.

➤ 문자나 이메일을 받는 사람에게 집중하고 그들이 무슨 일을 하는지, 자신 또한 무슨 일을 하는지에 집중하십시오.

피드백 계발 전략

정직하고 긍정적이며 건설적인 피드백은 다른 사람들의 행동에 대해 직접적이고 객관적이며 단순하고 정중한 관찰을 의미합니다. 이러한 피드백은 인간관계와 직무 수행 모두를 향상시킵니다. 피드백을 할 때, 에니어그램의 통찰이 결합된 피드백 공식을 사용하면 원하는 성과를 내는 데 도움이 됩니다. 상대방이 당신에게 피드백을 할 때, 상대가 말하고자 하는 내용을 당신이 수용적으로 받아들일수록 새로운 시각을 얻으며, 더 나은 해결 방법을 활용할 수 있습니다.

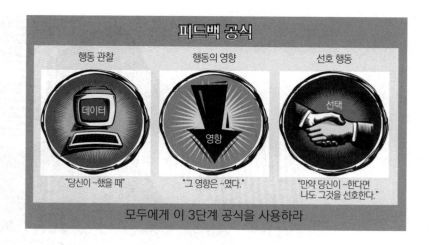

7유형의 피드백 전달 능력 향상 방법

다른 사람에게 피드백할 때에는 당신이 먼저 준비되어 있어야 하고, 피드백을 받는 사람도 가능한 수용적인 자세여야 바람직합니다. 피드백을 전달하는 방법과 시점이 실제로 말하는 내용만큼이나 중요하다는 점을 기억하십시오.

피드백을 계획하고 전달하려면 피드백 공식의 3가지 요소와 함께 다음의 제안을 활용하십시오.

➤ 낙천적인 태도를 유지하되, 그 때문에 상대방이 꼭 들어야 할 말까지 얼버무려 넘어가지 않도록 하십시오.
➤ 다양한 관점을 제시할 수 있는 능력을 사용하되, 그 때문에 핵심주제를 놓치는 일이 없도록 하십시오.
➤ 관련된 정보를 활용하되, 상대방의 주의가 핵심에서 벗어나지 않는 한도 내에서 사용하십시오.
➤ 당신은 생각을 빠르게 하고 여러 가지 일을 한 번에 할 수 있지만 피드백을 받는 사람은 한 주제에서 다른 주제로 넘어가기 전에 그 주제를 제대로 토론할 수 있을 때까지 집중이 필요하다는 것을 기억하십시오.

7유형이 피드백을 좀 더 수용적으로 받는 방법

➤ 누군가 당신에게 시간을 들여 피드백을 제공한다면 대화 중에 혼란을 줄 수 있는 요소를 최소화하십시오. 예를 들면 휴대전화를 꺼놓는다거나, 걸어 다니지 않는다거나, 관련 없는 일은 하지 마십시오.
➤ 물론 당신은 오로지 긍정적인 피드백을 원한다는 것을 타인들에게 나타내지만, 당신은 실제로 부정적인 피드백에 더 주의를 기울일 것입니다. 이 두 가지 모두에 동등하게 주의를 두고 긍정적인 피드백을 무시하지 말고 부정적인 피드백을 재구성하거나 설명하려 하지 마십시오. 그저 듣는 것은 당신에게 매우 중요하며 설명이 필요하다면 질문으로 하십시오.
➤ 배우고 성장하기 위하여 사람은 긍정적이고 부정적인 피드백 모두 필요하다는 것

을 기억하십시오. 이것은 특별히 가끔 자신의 생각에 사로잡혀 있어 타인들의 반응을 정확하게 읽는 것을 놓치는 7유형에게는 아주 중요합니다.

갈등관리 전략

직장과 가정에서 인간관계는 어느 정도의 갈등을 포함하고 있습니다. 갈등은 다양한 요인 때문에 발생하며, 일반적으로 다음과 같은 핀치(분노유발)-크런치(충돌 상황) 사이클을 따라갑니다.

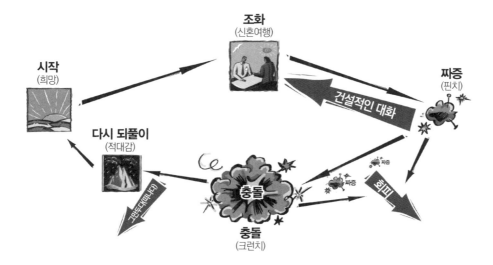

갈등의 근본 원인이 무엇이든지 간에 개입된 핵심 당사자의 에니어그램 유형은 갈등의 역동성 및 해결에 있어서 중요한 요소가 됩니다. 에니어그램을 사용하면 당사자 모두가 파괴적인 경험이 아니라 건설적으로 갈등을 해결할 수 있습니다. 자신에 대해 잘 알고, 갈등상황에서 자신의 책임에 대해 잘 이해하며, 건설적으로 자기관리를 할수록, 그리고 에니어그램 지식을 통해 타인에게 접근하는 최선의 방법을 잘 아는 만큼, 신속하고 효과적인 결과를 얻을 수 있는 기회가 커집니다.

모든 에니어그램 유형에는 독특한 핀치(분노 유발자)가 존재합니다. 즉 어떤 유형의 사람에게는 항상 분노를 유발하는 특정 상황이 다른 유형의 사람에게는 영향을 미치지 않을 수 있습니다. 7유형의 경우 다음과 같은 상황이 핀치가 됩니다.

나를 화나게 하는 것들

지루하거나 평범한 일을 할 때. 무시당하거나 진지하게 받아들여지지 않을 때. 부당한 비판을 받을 때. 잘 들어주지 않을 때. 자신의 아이디어에 대해서 반응이 없을 때.

분노를 성장의 기회로 변화시킬 수 있는 계발 전략

1. 업무 관계가 시작될 때 나를 화나게 하는 것이 무엇인지 공유하십시오

7유형은 자신이 어떤 경우에 핀치를 느끼는지 상세히 설명하는 것이 중요합니다. 갈등이 생기기 전에 상호간에 양해를 구한다는 것이 시간낭비로 여겨지기도 하지만 막상 이야기를 시작하면 시간도 그다지 많이 걸리지 않고 효과도 큽니다. 그리고 상대방에 대해 더 많이 알 수 있는 기회를 제공합다.

핀치에 대해 이야기할 때는 분명하게 설명하는 것이 중요합니다. 이들은 자신이 명백하다고 생각 하는 부분은 설명하지 않고 말을 빨리 끝맺는 경향이 있으므로 상대방을 배려하여 천천히 자세한 설명을 덧붙이는 것을 잊지 않도록 합니다. 아무것도 명백한 것은 없다는 가정이 가장 안전합니다. 새로운 업무 관계에서 명백한 것조차도 명확하게 하는 것이 중요합니다.

7유형을 위한 또 다른 상기할 점은 이러한 최초의 대화를 하는 동안 다른 사람의 이야기를 제대로 듣는 것과 그들이 말한 것을 명확하게 하기 위한 질문을 하라는 점입니다. 왜냐하면, 7유형은 머릿속에서 생각들이 빠르게 옮겨가는 능력이 있어서 자신은 상대의 말을 모두 이해했다고 생각하지만 실제로는 그렇지 못한 경우가 많습니다. 예를 들어 상대가 마감시간이 그들의 핀치 중 하나라고 말한다면, '당신이 말하는 마감기한의 구체적인 예를 주시겠어요?'라고 7유형은 질문할 수 있습니다.

2. 핀치를 느끼거나 화가 나는 것을 느끼는 즉시 말하십시오

7유형은 마음이 불편하거나 고통스러울 것 같은 상황은 되도록 회피하기 때문에 핀치에 대해서 아무 말도 하지 않으려는 경향이 있습니다. 7유형 중에서는 이런 마음이 무의식적으로 발동하여 핀치 상황이 오면 자동적으로 다른 생각으로 주의를 돌리고 핀치 자체를 의식하지 못합니다. 7유형을 위한 첫번째 단계는 자신들이 화난 감정을 알아차리는 것입니다. 따라서 이들은 핀치를 받고 있음을 인정하는 자체가 중요합니다. 일반적으로 7유형은 자신에게 좀 더 많은 주의를 기울이는 것을 통해 이렇게 할 수 있습니다. 7유형을 위한 또 다른 기술은, 마음속에서 한 주제에서 다른 주제로 옮겨갈 때 알아차리려고 노력하고 자신에게 다음과 같이 이야기하는 것입니다. 방금 내 생각이 바뀌었어. 무언가에 대해 불편한 감정을 느끼기 때문에 그런 것 같은데 그것이 무엇일까?

무엇인가가 마음을 언짢게 하고 있다는 사실을 깨달았다면 그것을 상대방에게 말해야 합니다. 가끔은 비록 그 대화가 불편할 수 있다하더라도, 그것을 깨달았을 때 말하는 것이 7유형에게 도움이 될 수 있습니다. 만약 7유형이 더 많은 핀치가 쌓일 때까지 기다린다면, 그 대화는 훨씬 더 어려워질 것입니다.

3. 핀치나 스트레스에 따른 행동이 시작되려고 하면 운동이나 산책 등 신체 활동을 하십시오

핀치를 받는다고 느낄 때 신체활동을 하면 스트레스에서 오는 불안감을 해방시키고 에너지를 쌓을 수 있습니다. 7유형은 스트레스를 받으면 정신 활동이 활발해지는데 이때 몸을 움직이면 생각의 속도가 느려져 마음을 정리하는 데에 도움이 됩니다. 신체활동을 하면서 이들은 멈추고, 가만히 오랜 시간 동안 자신의 감정과 반응에 집중하는 것이 좋습니다. 다음과 같은 질문을 자신에게 하는 것도 좋습니다. 지금 내가 느끼는 핀치에 대해서 그 사람은 어떤 원인 제공을 했을까? 내가 그 사람을 판단해서 내린 해석은 제외하고 그 사람이 실제로 어떤 행동을 했을까?

4. 부정적인 반응이나 핀치를 느낀다면 자신에게 질문하십시오

7유형으로서의 나에 대해 말하는 상대방의 행동은 무엇인가? 이 상황에 대한 나의 반응은 무엇인가? 그리고 여기서 내가 계발할 수 있는 영역은 무엇인가?에 대해 질문해 보십시오.

핀치와 크런치에 대해 심도 있게 탐구하는 것을 통해 어떻게 내 안에서 최상의 것을 끌어낼 수 있을까요?

7유형은 위의 질문을 묻고 또 묻는 것이 유익할 수 있습니다. 왜냐하면 이들은 다음 두 가지 중 하나의 이유로 질문에 답을 하기 때문입니다. 7유형은 첫 번째 반응 이후에 답을 찾는 것을 그만둡니다. 왜냐하면 그들의 첫 번째 대답이 통찰력이 있거나 그들에게 흥미롭기 때문입니다. 혹은, 7유형은 자신에 대해 생각하기 시작합니다. 하지만 곧 다른 사람이 무엇을 했는지 혹은 해야 했던 일에 대해서 그리고 그 사람에게 무엇이 잘못 되었는지에 대한 생각으로 옮겨갑니다. 때로는 첫 번째 대답이 최상의 대답일 수 있지만, 그렇지 않을 때가 더 많습니다.

그리고 양파 껍질을 벗기는 것 같은 지속적인 자기질문과 그 후에 이어지는 대답은 종종 깊은 개인적 통찰을 만들어냅니다. 7유형은 또한, 다른 사람의 행동에 주로 초점을 맞춤으로써 자기계발을 무의식적으로 벗어나는 것보다는 자신의 이슈에 초점을 맞출 필요가 있습니다.

집중하는 법을 배우는 것은 7유형이 성장하는 데 꼭 필요한 일입니다. 한 가지 생각, 임무, 사람, 감정에 집중하는 것이 어렵다면, 다음과 같은 질문을 자신에게 해 보는 것이 도움이 됩니다.

내가 지금 어떤 감정을 느끼고 있는가? 불안한가? 화가 났는가? 아니면 슬픈가? 그 감정의 원인은 무엇일까? 그 해답을 생각하는 것이 자신을 변화시키는 데 중대한 영향을 끼칩니다.

팀 계발 전략

집단과 팀 간에는 차이가 있습니다. 집단은 공통 관심사가 있는 개인들의 집합을 말합니다. 팀은 하나 이상의 목표를 공유하는 구성원으로 구성된 특정 유형의 그룹입니다.

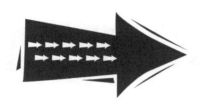 팀 구성원 간 상호의존성이 최적일 때에만 팀의 해당 목표를 달성할 수 있습니다. 또한 팀 구성원에게는 각각의 역할이 있습니다. 이 역할은 자신의 에니어그램 유형과 연관되어 예상 가능한 행동 패턴에 의한 경우가 많습니다.

과업 역할에는 과업 자체에 초점이 맞추어진 행동이 포함됩니다. 관계 역할에는 감정, 관계 및 의사결정과 갈등 해결 등의 팀 프로세스에 초점을 맞춘 행동이 포함됩니다. 그리고 팀은 형성기, 혼동기, 규범기, 성취기로 이루어진 4개의 연속 발달 단계를 거치기 때문에 독특하면서도 예측 가능한 역동이 존재합니다. 각 단계마다 다음 단계로 이동하기 전에 해결해야 하는 다음의 질문들이 있습니다.

팀 발달 단계	질 문
형성기	우리는 누구인가, 우리는 어디로 가는가, 우리 모두 함께 그곳으로 갈 것인가?
혼동기	건설적이고 생산적인 방식으로 서로의 의견을 달리할 수 있는가?
규범기	최상의 팀을 조직하고 함께 일을 잘할 수 있는 방법은 무엇인가?
성취기	소진되지 않고 높은 수준에서 지속적으로 성과를 창출할 수 있는 방법은 무엇인가?

7유형 팀원과 팀 리더들을 위한 계발 전략

1. 팀 목표

당신은 팀의 목표가 촉진적이고, 활력이 넘치며, 몽상적이고, 행동 중심이기를 선호합니다. 그러나 팀원들은 초점이 분명하고, 명확하며, 우선순위가 정해져 있고, 일이 실행되기 전에 신중한 분석으로 세워진 목표를 필요로 할 수 있습니다. 팀의 목표를 만들 때는 구체적이고 정확하도록 노력하며, 이행하기 전에 우선순위를 정하고 선택된 아이디어를 신중하게 논의하도록 합니다.

2. 팀 상호의존성

당신은 민주적이며, 촉진적이고 생산적인 팀 문화와 함께 유동적인 역할로써 일하는 것을 선호합니다. 하지만, 대부분의 팀들은 효과적으로 일하기 위해 팀원 간의 상호의존 수준에 대해 명

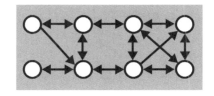

료함이 필요할 수 있습니다. 최적의 상호의존 수준은 개인의 높은 유동적인 역할을 허용하지 않을 수 있습니다. 또한 어떤 팀에는 스스로 모든 이슈들을 논의하는 것을 원하지 않거나 항상 촉진적이기를 원하지 않는 팀원이 있을 수 있습니다. 팀에 필요한 상호의존 수준을 지원하도록 일을 하며 당신이 선호하는 평등주의나 촉진적인 것보다는 효과적인 능력을 계발하는 일을 하십시오.

3. 팀 역할

과업과 관련된 당신의 전형적인 팀 역할은 새로운 아이디어를 제안하거나 이미 진행

중인 아이디어의 추가 정보를 제공함으로써 아이디어를 내거나 정교하게 만드는 것이 포함됩니다. 당신의 인간관계와 관련된 팀의 역할은 유머를 사용하거나 팀의 긴장을 줄이기 위해 고안된 다른 행동을 함으로써 긴장을 푸는 것입니다. 이러한 전형적인 역할을 넘어서 다음과 같은 추가적인 팀 과업 및 관계 역할로 스스로를 확장시켜보십시오.

▶ 새로운 과업 역할

일을 조직화하기, 팀 작업을 어떻게 구성하는지에 대해 제안

과업 역할

▶ 새로운 관계 역할

팀이 더 발전하기 위해 극복 혹은 고려되어야 할 장애물을 명료화하는 선의의 악역 맡기

관계 역할

4. 팀 역동

4개로 구성된 팀 발달 단계(형성기, 혼동기, 규범기, 성취기)에서 다음의 방법을 통하여 당신의 행동 목록을 계발하도록 시도하십시오.

형성기	팀의 비전을 명료하게 하는 것을 도와주며 팀원들과의 인간관계 계발에 신경을 많이 쓰십시오. 그들은 효과적으로 일하기 위해 당신보다 구조적인 면을 더 잘 볼 수 있음을 기억하십시오.
혼동기	팀 내 중요한 문제를 해결하는 데 장애가 되는 요인에 대해 심각한 상황을 완화시키려 유머나 방해하는 이야기를 하는 것이 도움이 되지 않음을 배우십시오. 팀 갈등에 대해 편안해지려고 노력하십시오.
규범기	팀의 창의력을 손상시키지 않고 팀원들의 합의를 이끌 수 있도록 돕는 당신의 장점을 유지하십시오. 그러나 효과적으로 일하기 위해 다른 팀원들에게 필요한 팀의 규율과 한계를 넘어서는 활동을 하는 것은 삼가십시오.
성취기	당신의 우선순위가 팀원들과 일치하도록 하십시오.

7유형 리더를 위한 추가적인 팀 계발 전략

1. 리더의 역할을 명확하게 하는 것이 자신의 임무라는 사실을 받아들이십시오

7유형은 평등한 팀 분위기를 선호할 수도 있지만, 팀원들은 당신이 명확한 리더의 역할을 해주는 가운데 평등하기를 바랄 수 있습니다. 처음부터 리더의 역할을 받아들이십시오. 7유형의 리더는 대개 처음에는 팀원처럼 행동하는 경우가 많습니다. 그러나 더 권위 있는 역할을 맡는 것은 피할 수 없을 뿐만 아니라 반드시 필요한 일임에도, 팀원처럼 행동하다 보면 이러한 역할로 변신하기가 더 어려워질 수 있습니다.

2. 자신이 필요로 하는 것보다 더 많이 팀의 구조와 업무 프로세스를 설계하십시오

자신이 최근에 제공한 것 외에도 추가적으로 팀원들이 얼마만큼 더 많은 체계를 필요로 하는지 말할 수 있도록 격려 하십시오. 그들의 요구를 존중함으로써 팀 내에 업무의 안정성을 기할 수 있고, 팀의 혁신과 생산성이 증가하는 것을 볼 수 있습니다.

3. 멈춰야 할 때를 아십시오

이 제안은 7유형 리더의 여러 계발영역에 적용됩니다. 자신의 아이디어에 대한 설명을 언제 멈추고 다른 사람의 이야기를 언제 들어주어야 하는지 알고 있습니까? 새로운 아이디어 내는 일을 언제 멈춰야하는지, 이미 실행 중인 가장 중요한 아이디어에 언제 초점을 맞추어야 하는지 알고 있습니까? 참석해야 할 중요한 회의나 처리해야 할 일감을 고려하여 언제 흥미로운 대화를 멈추어야 하는지 알고 있습니까?

일반적으로 자신이 개입하고 있는 모든 일을 현재 상태에서 3분의 1정도로 줄이겠다고 생각하는 것이 도움이 될 것입니다. 예를 들어 대화할 때는 전체 시간의 30% 만 말하고, 듣기를 3분의 2정도 하십시오. 아이디어의 30%가 떠올랐을 때 멈추고 그 중 어떤 것이 가장 실행할 만한 것인지 결정하도록 하십시오. 업무와 관련된 대화를 지금의 3분의 1 정도로 제한하십시오.

리더십 계발 전략

리더십 계발을 위한 치열한 도전들은 복잡하면서 힘들고 예측 불가능하지만 흥미진진하면서도 충분한 보상이 따르는 일입니다. 그 도전에는 유쾌한 상황이나 스트레스 상황에서도 수백 명의 사람들과 효과적으로 상호작용하고, 자신을 관리할 수 있는 능력이 요구됩니다.

이러한 이유로 리더들은 정직한 자기성찰의 시간을 반드시 가져야 합니다. 비범한 리더가 되는 사람은 미래를 예상할 수 없더라도 도전에 직면함으로써 진취적이고 혁명적인 방법으로 성장할 수 있습니다.

탁월한 리더십은 여러 가지 형태로 나타나며 특정한 에니어그램 유형의 전유물은 아닙니다. 당신의 에니어그램 유형은 리더로서의 강점이 있지만, 성공으로 가는 길에 장애물을 만들어내곤 합니다.

7유형의 리더는 보통 혁신과 유연성이라는 특별한 재능을 나타냅니다. 그러나 가장 뛰어난 장점은 또한 가장 취약한 약점이 될 수도 있습니다. 그들은 매우 창의적이며 다양한 옵션들을 추구하고, 많은 방향으로 빠르게 움직이기 때문에 그들의 팀원은 지치거나, 집중할 수 없거나 좌절할 수 있습니다.

리더십 향상을 위한 계발 전략

1. 속도를 늦추십시오

대화할 때는 말의 속도와 화젯거리를 50% 정도로 감소시키십시오. 대화할 때 내용을 천천히 말하고 호흡은 지금보다 두 배로 천천히 합니다.

2. 비판에서 진실을 찾으십시오

비판을 받으면 자신을 합리화하거나 상대를 비난하려고만 하지 말고 다음과 같이 자문하십시오. 비판에서 새겨들어야 할 진실은 무엇이고 나는 거기서 무엇을 배울 수 있을까?

3. 임무를 완수하십시오

시작한 일은 반드시 끝을 내고, 한 가지 일을 마치기 전에 다른 일을 시작하지 않도록 합니다.

성과창출 전략

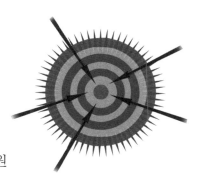

지속적으로 높은 품질의 성과를 보이고, 성과를 위해 매진하며, 자신의 잠재력에 도달함으로써 고객에게 신뢰를 얻는 것은 중요한 일입니다. 이를 통해 생산성이 증가되고, 신제품 개발 분야의 한계가 넓어지며, 자신의 분야에서 리더로서 조직을 지원하게 됩니다.

1. 집중을 유지하십시오

당신이 아이디어에서 아이디어로, 활동에서 활동으로 옮길 때, 그것이 또 다른 활동으로 이어지게 하는 자극이 된다는 것을 알게 된다면 주변 사람들은 분노할 수 있습니다. 현재 하는 것보다 세 배 길게 집중하는 것을 연습하고, 당신의 생각이 튀어나오려 하면 기존의 생각을 다시 상기함으로써 생각을 길들이는 법을 배우십시오.

2. 제대로 된 세부수준의 업무 계획을 세우십시오

7유형은 유능한 계획가이지만 그 계획은 큰 아이디어이고 실행수준에서는 단계가 불분명합니다. 협력적인 업무 계획을 할 때는 모든 업무, 단계를 세부사항을 넣어 충분하게 기술하고, 자신과 타인들이 따를 수 있도록 해야 합니다.

3. 미리 일을 해 놓으십시오

물론 대부분의 7유형이 제시간 또는 약간 늦게 일을 마치지만 이들은 책임을 다하기 위하여 막판에 긴 시간 동안 일해야 할 것입니다(동료도 마찬가지입니다). 당신이 흥미로운 일에 지나치게 얽매일 수 있음을 기억하십시오. 또한, 당신의 관심이 필요한 예기치 않은 요구사항들이 항상 발생 가능하며, 누구나 (당신을 포함하여) 최상의 결과물을 딱 맞게 끝내도록 할 수는 없다는 점을 기억하십시오. 당신에게 책임이 있는 일을 마감시간 3일 전에 끝마치기 위해 모든 작업에 헌신하십시오.

전략 계발

팀과 조직이 최상의 성취도와 효율성에 도달하려면, 리더들과 각 공헌자들은 조직의 진정한 비즈니스가 무엇인가를 이해하고 다방면으로 생각해서 전략적으로 행동해야 합니다.

'비즈니스 파악하기'와 '전략적으로 사고하고 행동하기'는 서로 밀접하게 연관되어 있습니다. 비즈니스를 이해하지 않고, 전략적으로 사고하고 행동하기란 있을 수 없습니다. 이 사실을 알고 있다면, 이것을 전략적인 방법으로 사용할 필요가 있습니다. 그 방법으로는 공통의 강력한 비전을 갖고 일하기, 고객에게 초점을 맞춘 미션, 훌륭한 전략, 그리고 그 전략과 일치되는 효과적인 목표와 전술이 있습니다.

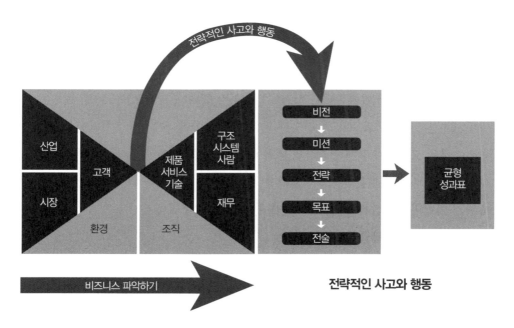

1. 깊은 곳으로 나아가십시오

지식을 빨리 습득하는 것도 중요하지만 깊이 있게 습득하는 것 또한 중요합니다. 글로 쓰인 정보를 훑어볼 때마다 그 내용의 앞뒤를 전체적으로 꼼꼼하게 살피십시오. 처음에는 힘들겠지만 각각의 정보를 완벽하게 살핀 다음 스스로에게 다음과 같이 질문하십시오. 처음에는 놓쳤지만 그 내용을 깊이 있게 살펴봄으로써 알게 된 것은 무엇인가?

이에 대해 긍정적인 답을 얻었다면 그것은 매우 바람직한 일입니다. 만약 자신이 무언가 새로운 것을 배우지 못했다고 생각된다면 그 내용을 다시 읽어 보십시오.

2. 정해진 과정을 유지하십시오

일단 비전을 세우고 그것을 직원들과 공유했다면 흔들려서는 안 됩니다. 그 내용을 종이에 기입해 책상 가까이에 붙여 두고 항상 되새기십시오. 만약 그 비전을 세우고 2년도 채 되기 전에 수정하고 싶은 충동을 느낀다면, 그것은 자신이 새로운 가능성에 대해 큰 흥미를 느끼기 때문일 뿐 조직에는 이득이 되지 않는다는 사실을 상기하십시오. 당신과 팀원이 견고한 방향을 유지하려면 비전이 일정해야 합니다.

비슷한 경우로 전략과 목표와 전술을 위한 새로운 아이디어가 떠올랐다면 목표나 전략의 수정을 고려하기 전에 전술상의 변화에 관심을 기울여야 합니다. 새로운 아이디어가 떠오른 경우 함께 토론하는 사람들에게 그것은 행동의 변화를 꾀하기 위한 것이 아니라 단지 아이디어에 불과하며 자신의 의도는 오로지 그것의 실행 가능성을 살피는 것이라는 사실을 분명히 알리십시오.

3. 속도를 늦추십시오

앞서 이야기한 두 가지의 선행 계발 전략은 속도를 늦추면 쉽게 실천에 옮길 수 있는 것입니다. 그러기 위해 말하는 속도를 늦추는 의식적인 노력을 해야 합니다. 아이디어를 타인과 토론하기에 앞서 의식적으로 다각도에서 생각해 보십시오. 또한 목적의 임무에 집중하고, 바깥의 소음이나 아름다운 나무의 모습 같은 외부적인 자극에 마음이 분산되는 일이 없도록 합니다. 속도를 늦추는 데 요구되는 가장 중요한 것은 자신의 관심을 내부로 돌리고 스스로에게 다음과 같은 질문을 던지는 것입니다.

내가 느끼는 것은(생각과 반대되는) 무엇인가? 나는 어떤 신체 감각을 느끼고 있는가? 나는 무언가를 생각하지 않고, 혹은 외부의 그 어떤 것에도 관심을 빼앗기지 않고 나 자신의 내면에만 집중할 수 있는가?

의사결정 계발 전략

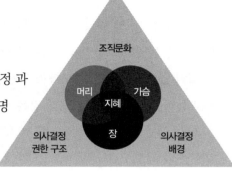

사람들은 매일매일 의사결정을 하지만 의사결정 과정에 대해서 생각하는 일은 드뭅니다. 가장 현명한 결정은 머리(논리적인 분석과 계획), 가슴(가치, 감정, 사람에게 미치는 영향), 장(행동을 취함)의 세 가지가 통합된 방식으로 사용되었을 때 이루어집니다. 직장에서의 의사결정은 다음과 같은 세 가지 요인, 즉 조직 문화, 조직의 의사결정 권한 구조, 결정 자체의 배경을 고려해야 합니다. 다음의 표는 7유형의 현명한 의사결정을 위한 지능의 중심(머리, 가슴, 장)을 계발시키는 방법을 나타냅니다.

7유형의 의사결정 계발활동			
지능의 중심	머리	객관적 분석	당신이 주요 데이터뿐 아니라 모든 데이터를 갖고 있는지 확인하십시오.
		예리한 통찰력	통찰을 얻으려면 충분한 시간과 숙고가 필요합니다. 문제에 대해 더 깊은 관점을 갖기 위해서 이 두 가지를 당신에게 허용하십시오.
		생산적 계획	결정을 내리고, 계획을 세우며, 한시도 그것들을 놓지 마십시오. 자신의 마음에 초점을 맞추십시오.
	가슴	공감	자신의 감정을 살피고 마음이 보내는 신호를 읽으십시오. 타인의 신체언어를 읽을 수 있도록 도와줄 것입니다.
		진정한 관계	사고뿐 아니라 가슴을 통해 타인과 관계를 맺는다면 더 나은 결정을 내릴 수 있을 것입니다.
		연민	자신이 고려하고 있는 모든 대안들이 타인들에게 미칠 잠재적인 영향을 생각해 보십시오.
	장	효과적인 행동 취하기	속도를 늦추는 것은 흥미롭거나 자극적인 결정이 아니라 지혜로운 결정을 내리는 데 도움이 될 것입니다.
		흔들리지 않는 견고함	자신의 지식의 깊이와 지각력에 자신감을 가질 수 있도록 하십시오. 이런 자신감은 최고의 결정을 내리고 그것을 지지하는 것을 가능하게 해줄 것입니다.
		본능적 이해	직관적인 이해력을 계발함으로써 지나치게 생각을 많이 하거나 계획을 많이 세우는 자신의 성향을 변화시킬 수 있습니다. 선택사항을 고려할 경우에는 자신에게 이렇게 물으십시오. 내 마음속 깊은 곳에서는 이들 중 어떤 선택사항이 최고의 결과를 가져올 것이라고 말하고 있는가?

조직변화 계발 전략

현대의 조직에서 변화는 하나의 생활방식이 되었습니다. 기업은 늘어나는 경쟁, 줄어
드는 자원, 부족한 마케팅 시간, 높아지는 고객의 기대 수준, 증가하는 법 규정, 수많은
과학 기술, 커지는 불확실성 등으로 이루어진 점점 더 복잡한 환경에 존재하고 있습니
다. 조직은 성공을 위해 유연하고, 헌신적이며, 비용에 민감하고, 빠르게 대응해야 합니
다. 그 결과 예측하지 못한 방향으로 전환해야만 하는 경우에, 모든 계층의 직원이 팀 내
에서 유연하고 효과적으로 변화를 수용하며 역할을 다할 수 있어야 합니다.

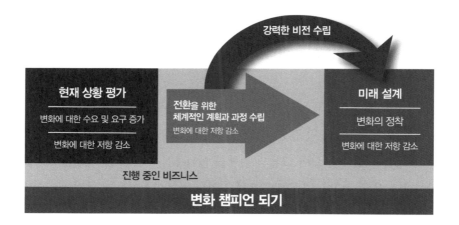

1. 모든 사람으로 하여금 가장 중요한 세 가지 일에 집중시키는 것을 자신의 임무로 여기십시오

7유형은 끊임없이 혁신적인 아이디어를 내는 것이 자신이 해야 할 일이고 타인들도
자신과 똑같이 하도록 격려해야 한다고 생각할 수 있습니다. 그러나 미래로 나아가는 방
향이 정해지고 난 후에 당신이 할 일은, 다른 사람들이 가장 기본적인 우선순위에 집중

하도록 도움으로써 변화의 노력을 이끌어내는 것입니다. 만약 당신이 가장 중요한 일 세 가지에 집중하도록 의도적으로 자신을 제한한다면, 집중력은 향상되고 주도적이 되는 데 훨씬 더 성공적이 될 것입니다.

2. 새로운 방식에 대해 '아니요'라고 말하는 법을 배우십시오

아무리 흥미롭고 잠재적으로 유용한 아이디어라 해도 끊임없이 아이디어를 축적하기만 한다면 변화를 위한 노력은 실패할 수 있습니다. 일단 계획과 과정이 합의되었다면 최소한의 조정만을 하십시오. '아니요'라고 말하는 법을 배우게 되면 현재의 방향대로 나아가는 것에 대해 '예'라고 말할 수 있을 것입니다.

3. 저항을 정확하게 이해하는 방법을 배우십시오

팀원들이 변화를 지지하고 있다고 확신할 수 없다면 더 많은 정보들을 수집하십시오. 그와 관련된 문제와 팀원들의 감정, 저항 및 지지의 정도를 확실히 파악하십시오. 자문을 구할 수 있는 사람들을 모아 그들의 견해를 물어보십시오. 그들이 당신과 다른 리더십 유형이라면 더 좋습니다. 자신이 주도하고 있는 변화 프로젝트의 과정에서 이러한 방법을 사용한다면 저항과 지지를 정확하게 읽어 내는 능력을 키울 수 있습니다. 또 당신은 저항이 항상 합리적으로 보이지 않지만 그 이면에 항상 몇 가지 근거가 있다는 것을 깨닫게 될 것입니다. 이것은 당신이 더 효과적인 방식으로 저항에 대처할 수 있도록 도와줍니다.

변형 전략

7유형은 새로운 아이디어, 사람들, 경험을 갈망하고, 고통을 회피하며, 모든 선택이 가능하도록 계획들을 구체화하는 것을 열망합니다. 여기에서 벗어나기 위해서는 완전한 자아감은 삶의 긍정적인 것과 부정적인 것을 수용하고 통합하는 것으로부터 나오며 이미 더 큰 계획이 존재하고 있다는 이해가 있어야 합니다. 이러한 이해를 바탕으로 7유형은 다음과 같은 변형을 향해 앞으로 한 발짝 나아갈 수 있게 됩니다.

1. 정신적 변형

계획(사고가 하나에서 다른 하나로 연속적으로 빠르게 마음이 움직이는 정신과정)이라는 정신적인 패턴을 집중(당면한 일에 주의초점을 집중하고 그 초점을 통제하고 유지하는 능력)이라는 더 높은 차원의 신념으로 변형하십시오.

▶ 정신적 활동

당신의 생각이나 아이디어가 하나에서 다른 하나로 빠르게 연속적으로 움직이기 시작할 때, 당신에게는 집중력이 있으며 그것을 의지로 바꿀 수 있다는 것을 기억하십시오. 그 순간이 당신의 생각으로 돌아올 수 있게 하십시오. 그리고 그 순간 당신 내면에서 일어나는 것을 알아차리십시오. 이러한 일을 몇 분 동안 기억하며 집중을 유지하십시오.

2. 감정적 변형

탐닉(사람, 대상, 경험, 아이디어 등 모든 종류의 새로운 자극에 대한 만족할 줄 모르는 갈망)이라는 감정적인 습관을 절제(기쁘고 자극적인 경험뿐만 아니라 고통스럽고 불편한 경험도 통합함으로써 온전한 사람이 되는 느낌)라는 더 높은 차원의 자각으로 변형하십시오.

▶ 감정적 활동

새로운 자극이 필요하다고 느낄 때, 당신 삶에서 중요한 사건의 즐거운 측면뿐만 아니라 어려운 측면도 받아들이고 통합했을 때 느꼈던 그 순간을 기억하십시오. 그때 어떻게 느끼고, 무엇을 경험했는지에 대한 상황을 기억하십시오. 그 순간의 경험이 완전히 다시 연결될 때까지 당신의 마음과 생각속에 그 순간을 반복해서 떠올려 보십시오.

EIGHT

에니어그램
8유형의　계발전략

에니어그램 8유형
통제와 정의를 추구하고 연약함을 회피

8유형은 적극적이고 용감하며 자신감이 넘치고 매우 독립적입니다. 이들은 진실, 정의 그리고 공정 혹은 공평함을 신뢰하며 주변에 있는 사람과 사건들을 통제하고 보호하려는 경향이 있습니다. 대부분의 8유형은 어떤 면에서는 지나칩니다. 특히 그들이 걱정이나 연약함의 감정을 느낄 때 그렇습니다. 이러한 감정을 연약함의 신호로 여기는 8유형은 타인에게 이러한 면을 보이지 않는 것을 강하게 원하기 때문에 그들의 부드러운 면을 다양한 형태의 과도함을 추구함으로써 가립니다. 야근, 과도하거나 과소한 운동, 불규칙적이거나 불건강한 식사 그리고 실제로 필요치도 않은, 끊임없는 쇼핑이나 종종 비싼 물건의 구입 같은 과도한 소비 등을 들 수 있습니다.

8유형은 그들의 필요와 바람이 얻어지고 맞춰지기를 원합니다. 또한 마치 산을 통째로 옮기는 것과 흡사하게, 큰일을 빨리 이루기를 원하고 대부분 작게 말할 때조차도 커다란 존재감을 갖습니다. 8유형은 다른 8유형과 어떤 면에서 차이점을 보일 수 있습니다.

어떤 8유형은 불만에 대한 문턱을 낮게 가지고 있으며 조용합니다. 그들은 생존에 대한 능력과 거의 모든 상황에서 통제력을 갖습니다. 다른 8유형은 사회적 반항아로 타인들의 보호에 있어 극단적입니다. 그리고 어떤 8유형은 매우 감정적이고 대단히 열정적이며 무대의 중심에 서는 것을 즐깁니다.

8유형의 대인관계 기술은 적극적이며, 효과적이고 인상 깊은 비언어적 행동과 어조를 사용합니다. 예를 들어, 그들은 자신의 주장을 확실히 하거나 책임을 맡기 위한 방법으로 단호한 목소리, 직접적인 눈 맞춤을 사용합니다. 혹은 관대함, 호의, 비위협적임을 표시하기 위해 미소, 부드러운 눈 맞춤, 한결 부드러운 어조를 사용합니다.

우리는 모두 진실을 말하는 것에 높은 가치를 두고 정의를 추구하고, 큰일을 이루기를 원하며, 약함을 드러내고 싶지 않은 문제들을 가지고 있습니다. 그러나 특히 8유형은 통제와 정의를 추구하고 연약함을 회피하는 것이 그들의 주요하고 강력한 내적동기입니다.

▶ 에니어그램 8유형을 위한 계발 전략

8유형에 속한 사람들은 진실을 추구하고, 상황을 통제하고 싶어 하며, 중요한 일을 이루길 원하지만 자신의 연약함은 숨기고 싶어 합니다.

▶ 목차

도전challenge

자기완성self-mastery을 위한 계발 전략

자기완성은 모든 개인적이고 직업적인 계발의 기초가 됩니다. 이것은 매일 마주하게 되는 새로운 도전이 성장을 위한 기회라고 인식하는 것을 바탕으로 자신의 생각과 느낌, 행동을 이해하고 수용하며 변형시킬 수 있는 능력을 말합니다. 자기완성은 자기인식으로부터 시작되고, 그림에서 보이는 요소들을 포함하면서 확장됩니다.

자기완성의 장은 다음과 같은 내용으로 구성되어 있습니다.

➤ 자기완성에 관련된 8유형의 세 가지 공통 이슈
➤ 8유형의 핵심 이슈를 다루기 위한 세 가지 계발 전략(각 전략별로 기본 활동과 심화 활동을 하나씩 포함)
➤ 8유형의 날개와 화살(스트레스 - 안정) 유형을 통합하는 세 가지 계발 전략

자기완성에 관련된 8유형의 공통 이슈

내면의 연약함을 드러내기	타인이 자율과 통제를 행사하도록 허용하기	즉각적이고 일방적인 행동보다는 타인의 주장을 수용하고 반응하기

8유형의 핵심 이슈를 다루기 위한 계발 전략

1. 자신의 신체를 보살피십시오

기초 활동 잠을 충분히 자고, 정시에 과하지 않은 적당량의 식사를 하며, 규칙적으로 운동을 하십시오. 완전히 탈진되는 시점까지 자신을 혹사하는 대신, 자기 자신을 잘 돌볼수록 부정적으로 반응하는 일이 줄어들 것입니다.

심화 활동 일반적으로 8유형은, 계속해서 쉬지 않고 움직이다가 마치 차에 기름이 떨어진 것처럼 될 수가 있습니다. 물론 누구나 이런 경험이 있겠지만, 이들은 특히 심하며 또자주 겪습니다. 완전히 방전되어 버리면 아무것도 못하는 상태가 되며 회복까지는 시간이 오래 걸립니다. 그렇지만 이들은 아파서 드러눕기 전까지는 자신이 얼마나 지쳐있는지 깨닫지 못할 때가 많습니다. 8유형은 한계를 넘어서 몸을 혹사하며, 몸이 보내는 경고 신호를 잘 알아차리지 못합니다.

우선 저녁에는 충분한 휴식을 취하고 매번 건강한 식사를 하십시오. 그리고 자신에게 내 몸 상태는 괜찮은가?라고 물어보십시오. 조금 이상하다고 생각하면 곧바로 쉬도록 합니다. 만약 괜찮다고 하더라도 몸이 멀쩡하다는 의미는 아닙니다.

매번 질문을 한 뒤에 모든 것을 멈추고, 한 시간 가량 쉬도록 해야 합니다. 몸의 한계로 인해 그만둘 수밖에 없는 상태에 이르도록 해서는 안 됩니다. 자신의 몸을 정기적으로 돌아보고 보살피면 마음도 차분해지고 인내심도 늘어나며, 쉽게 흥분하지 않을 것입니다. 그러면 자신을 보다 잘 통제할 수 있어 불쾌한 상황이 닥치더라도 생산적인 방식으로 대처할 수 있습니다.

운동을 하는 것도 도움이 됩니다. 하지만 8유형은 운동에 대해서도 극단적인 경향이 있어서, 한 달 동안 운동을 전혀 하지 않다가 1주일 내내 헬스클럽에서 두 시간씩 격렬하게 운동하기도 하고, 그 다음 한 달간은 전혀 하지 않기도 합니다. 운동을 할 때는 정기적으로, 그리고 적당한 수준으로 하도록 합시다. 그렇게 해야 신체적으로 좋아질 뿐 아니라 몸에 축적된 잉여 에너지가 소진됩니다.

2. 행동을 취하려는 충동을 늦추십시오

기초 활동 자신이 급하게 행동하려는 충동을 느낄 때마다, 특히 의견을 말하거나 어떤 일을 제안하거나 요구할 때 또는 사람을 이끌고 앞으로 나아갈 때 잠시 행동을 멈추고 스스로에게 이렇게 물어보십시오. 내가 이토록 빨리 행동하려는 이유는 무엇인가? 지금 즉시 행동하지 않는다면 어떤 일이 일어나는가?

심화 활동 8유형은 보통 직접적이고 신속하게 행동합니다. 여기에 8유형의 권위적인 자세가 더해져, 종종 다른 사람들은 이들을 통제적이고 지배적인 사람으로 여깁니다. 이런 모습을 바꾸고 싶다면, 식당을 선택하거나 위원회를 구성하려고 회의를 소집하는 등의 어떤 행동을 하려고 할 때마다 자신에게 주의신호를 보내고 제동을 거십시오. 8유형에게 어려우면서도 가장 필요한 것은 몇 분 동안 아무 말도 하지 않으면서 상황의 추이를 지켜보는 것입니다. 처음에는 다른 사람이 방향 설정을 위해 당신을 바라볼 수도 있겠지만, 당신이 아무 말도 하지 않으면 차츰 자신들의 의견을 내놓을 것입니다.

말하는 것을 참기 어렵다면, 각 사람이 참여할 수 있도록 '어떻게 생각해?'와 같은 질문을 던지십시오. 그리고 상대방의 제안에 대하여 왜 그렇게 생각하는지 이유를 묻거나 더 많은 정보를 요구하거나 그 대답을 바탕으로 당신의 의견을 제시해 보십시오. 이 방법을 실천해 보고 싶다면 다음과 같이 해보십시오.

회사에 출근하자마자 그날 하려고 하는 일을 종이에 적습니다. 최소 두 명에게 조언을 구하고 행동하기 전에 그들의 제안을 생각해보십시오.

날마다 새로운 행동을 종이에 적고 다른 사람의 의견을 들어보십시오. 타인의 의견을 참고하면 자신이 우유부단해지는 느낌이 들겠지만, 다른 사람은 당신이 상대의 의견을 존중하고, 중요한 결정을 내릴 때 여러 가지 대안을 신중하게 고려해보는 사람이라고 생각할 것입니다.

3. 자신의 연약함을 나눠보십시오

기초 활동 지난 해에 슬퍼하거나 울어본 적이 몇 번이나 있습니까? 몇 번이나 화를 냈습니까? 당신은 아마도 슬픔을 느낀 경우보다 화를 낸 적이 훨씬 더 많을 것입니다. 분노로 위장된 자신의 연약함을 구별해낼 수 있습니까? 당신이 만일 누군가가 형편없이 취급당하거나, 다른 누가 맡은 바 책임을 다하지 않는 것 때문에 화가 났다 하더라도, 실제로 이것이 자신의 약한 부분을 건드리기 때문이라는 것을 알아차릴 수 있습니까?

심화 활동 8유형은 자신의 취약함을 공유해야 한다고 생각하면 몹시 불안해 할 수 있습니다. 분노나 기쁨에 연관된 감정은 곧바로 느낄 수 있지만, 슬픔이나 두려움에 관련된 감정은 불확실하고 연약한 부분을 드러내기에 그런 감정을 느낀다고 인정하기 어렵습니다.

이들은 먼저 자신의 취약한 부분을 인정해야 하며, 그러기 위해서는 분노의 감정 이면에 숨어 있는 문제를 알아야 합니다. 분노가 올라오는 것을 느끼면 자신에게 다음과 같이 물어보십시오. 이렇게 분노하여 보호하거나 감추고 싶은 나의 취약한 부분은 무엇인가?

이들의 행동으로 옮기고 싶은 욕구는 오히려 약점, 불안, 마음의 상처와 같은 유약한 감정을 암시하는 것일 수 있습니다. 빨리 행동하고 싶을 때는 자신에게 다음과 같이 물어보십시오. 행동을 함으로 나는 지금 어떤 일이 일어나는 것을 막으려 하고 있는가? 내 마음에 드러내고 싶지 않은 감정이 있는가?

8유형의 날개 및 화살(스트레스 – 안정) 유형을 통합하는 계발 전략

날개는 자신의 핵심 에니어그램 유형의 양 옆에 있는 에니어그램 유형을 말합니다. 화살은 자신의 핵심 에니어그램 유형에서 뻗어 나온 화살표가 가리키는 에니어그램 유형과, 자신의 에니어그램 유형을 가리키는 화살표가 시작되는 곳의 에니어그램 유형을 의미합니다. 날개 및 화살 유형은 자신의 핵심 에니어그램 유형을 변화시키는 것이 아니라, 생각과 감정의 방식을 넓히고 풍부하게 하며 행동을 강화하는 정보를 제공합니다. 날개 및 화살 유형은 한 사람 한 사람을 보다 복합적이고 다양하게 만들며, 자기계발에 필요한 도구로써 개인의 성격에 더 많은 특성을 제공합니다.

1. 7유형 날개를 통합하십시오

▶ 밝게 행동하십시오

8유형은 주로 아이디어를 행동으로 바꾸고 일을 진행시키려고 노력하면서 자신의 일과 삶에 강렬하게 다가갑니다. 반면에 7유형은 자신의 유머와 어려운 상황에서도 긍정적인 부분들을 강조함으로써 재구성하는 능력을 사용해 긴장된 상황을 밝게 하는 경향이 있습니다. 8유형은 행동으로 옮길 때 가끔씩 멈춤으로써 이렇게 하는 것을 배울 수 있습니다. 멈춰 있을 때 자신에게 두 가지 질문을 해보십시오.

이 상황에서 긍정적인 부분은 무엇인가? 즐겁거나 재미를 끄는 것이 무엇인가?

▶ 스스로를 자유롭게 하십시오

일부 8유형은 자신이 원하는 대로 행동하기 때문에 스스로가 자유롭다고 인식하지만, 사실 대부분의 8유형은 강요와 목적, 강렬한 충동에 사로 잡혀 있습니다. 예를 들면 자신의 신체적인 건강을 희생하고서라도 힘든 업무를 완성하려 자신을 몰아칩니다. 이들은 일 중독이 될 수 있고, 자신과 가정 생활에 해를 끼칠 수 있습니다. 이와 반대로 7유형은 중요한 프로젝트 중에 있더라도 체육관, 미술관을 방문하거나 흥미로운 사람과 식사를 하는 시간을 가집니다. 이것은 그들이 새로운 관점을 가지고 다시 일로 돌아갈 수 있도록 도와줍니다.

이들은 자신의 지나친 업무과다를 돌아봄으로써 이러한 7유형의 행동을 배울 수 있습니다. 피로, 몸의 긴장, 불규칙하게 먹는 습관을 해결하기 위해 일에서 벗어날 수 있습니다. 위와 같은 상황에서 당신은 이렇게 자신을 타일러 보십시오. 일에서 벗어나서 진정한 휴식을 취하자. 즐거우면서도 제대로 쉬기 위해서는 무엇을 하면 좋을까? 8유형이 자신의 일에서 조금 거리를 둔다면 타인을 전보다 덜 가혹하게 대하는 것을 느낄 수 있을 것입니다.

▶ 당신의 창의성을 누리십시오

창의성은 통제에서 벗어나 새로운 방법을 찾는 것을 말합니다. 7유형은 효율성과 최선의 결과를 예측하지 않고 새롭고 흥미로운 방법을 시도합니다. 8유형의 경우 상황을 통제하려는 마음이 창의성을 방해합니다. 당신이 항상 하고 싶었던 것을 찾으십시오. 예를 들면 미술 수업 듣기, 악기 배우기, 노래 레슨 받기, 시나리오 작성법 배우기, 당신이 항상 가고 싶어 했던 곳 여행하기 등이 있습니다. 당신이 어떤 선택을 할 때, 또 다른 아이디어가 있는지 아니면 그것을 통해 무엇을 얻을 수 있는지 생각하지 말고 그냥 해보십시오. 너무 어렵게 생각하지 말고 그냥 시도해 보고 당신의 창의력이 자발적으로 나오도록 하십시오.

2. 9유형 날개를 통합하십시오

7 8 9
8유형의 날개

▶ 다양한 시각의 의견을 들으십시오

8유형은 내면에서 일어나는 신속한 사고 과정을 통해 빠르게 결론에 도달할 수 있습니다. 그들도 자신의 전문 영역이 아닌 분야에서는 그 분야의 전문가에게 의견을 구하기도 합니다. 하지만 어느 쪽의 경우이던, 자신의 동료나 부하에게 이와 관련해서 의견을 구하지 않거나 반대 의견에 대해 선뜻 들으려 하지 않을 수 있습니다.

반면에, 9유형은 다양한 시각의 의견을 구하고 고려한 뒤, 이 의견들을 자신의 의견과 통합하려고 노력합니다. 8유형도 결론을 내리기 전에 다음과 같이 질문함으로써 타인의 의견을 구할 수 있습니다. 지금 상황에서 가장 심각하게 다루어야 할 중요한 문제는 무엇이라고 생각하십니까? 당신이 제안하는 구체적 실행방안은 무엇인가요?

다른 사람이 말할 때 8유형에게 있어 가장 큰 도전은 온전한 경청입니다. 말이 끝나기도 전에 다른 사람이 말한 것에 대한 가치의 평가나 비평을 내리는 성향 때문에 이해를 위해 다른 사람의 말을 끝까지 듣는 것이 어렵기 때문입니다.

▶ 고요해지는 기술을 훈련하십시오

8유형은 매우 강렬하고, 에너지가 넘치며, 신속하게 반응하지만 9유형은 아이디어들을 숙고하며 들은 것을 반영하고, 대부분 고요하고 편안한 방식으로 처리합니다. 고요함은 내면에서 나오며, 이것을 가장 쉽게 접하는 방법은 눈을 감고 깊게 숨을 들이쉬는 것입니다. 이런 호흡법은 빠르게 안정감을 주며 수용성을 향상시킵니다. 또 다른 방법은 당신에게 평안함을 주는 것을 떠올리는 것입니다. 예를 들어 해변 또는 산에 있는 것을 상상하거나 큰 아이스크림이나 초콜릿 케이크를 먹는 것을 상상하는 것입니다. 이렇게 고요함을 느끼게 된다면 이것을 바로 무너뜨리지 말고 일할 때나 사람을 만날 때도 계속 유지하도록 해보십시오.

▶ 수용성을 배우십시오

9유형은 사람들, 경험들, 아이디어들에 대해 수용적이며 반응하기까지 시간이 걸리지만 8유형은 곧바로 평가하며 직접적으로 반응합니다. 수용성을 늘리기 위해서 당신의 내면을 살펴볼 필요가 있습니다. 이를 위해 스스로에게 다음과 같이 말하면 좋습니다.

내가 어떤 재능을 가지고 있다고 해서 모든 것을 아는 것은 아니지. 잠깐 내 의견은 옆으로 미뤄두고 다른 사람이 말하는 것을 차분히 들어보자.

3. 스트레스 지점인 5유형 화살을 통합하십시오

▶ 시간을 가지십시오

8유형은 상황 통제에 힘을 많이 쓰고 자신이 발전하기 위해서 개인적인 시간이나 휴식을 취하지 않기 때문에 5유형의 스트레스 지점으로 향합니다. 그렇기 때문에 8유형이 규칙적으로 휴식을 취하게 된다면 신체적, 정신적으로 과부하가 걸리지 않게 됩니다. 이것을 위해 도움이 되는 방법이 있습니다.

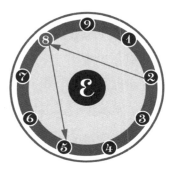

매주 한 번씩 당신을 위해 3시간을 비워두십시오. 스케줄 표에 이것을 집어넣고 긴급한 일이 있더라도 꼭 지키십시오. 그리고 그 시간 동안에는 아주 즐거운 것을 하십시오. 예를 들면 스크린 골프, 산책하기, 좋은 책 읽기 등입니다. 이런 시간을 보낼수록 당신은 자신이 회복되고 너무 무리하지 않는 걸 느낄 것입니다.

▶ 에너지를 보존하십시오

8유형은 에너지가 고갈될 때까지 소비하는 반면, 5유형은 자원을 축적하고 필요 이상 소비하지 않습니다. 이런 모습을 본받아 에너지를 자원으로 생각하고 보존한다면, 완전히 방전될 때까지 일하고 쓰러졌다가 회복되면 다시 일하는 순환을 끊을 수 있을 것입니다. 사람이 없는 방의 불을 끄는 것처럼 8유형도 필요 없을 때 사용하는 에너지 소모를 줄일 필요가 있습니다. 예를 들면 혼자 있거나 다른 사람에게 책임자 자리를 넘기는 것 등이 있습니다. 후자의 경우 말하고 싶은 의견이 있더라도 다른 사람이 나설 때까지 기다릴 줄 알아야 합니다.

물을 끓일 때 한 번에 한 주전자만 사용하고 여러 개의 가스레인지를 동시에 켜두지 않는 것처럼 동시에 여러 가지 일을 책임지지 마십시오. 동시에 여러 프로젝트를 맡지 말고 한 번에 한 가지 일을 하도록 노력하십시오.

▶ 당신의 지성을 존중하십시오

대부분의 8유형은 다른 사람들의 훌륭한 생각들은 존중하지만, 자신의 지성에 대해서는 과소평가 하는 경향이 있습니다. 그렇기에 높은 자리에 오르고 전략적 행보에 대해서 감탄을 받게 되더라도 대부분은 자신의 전략적인 사고가 아니라 끈기와 노력 때문이라고 말할 것입니다. 이런 생각에 놀라는 사람도 많습니다. 5유형은 그와 반대로 자신의 지성을 존중하고 타인이 지성적이라고 말해도 별 반응을 보이지 않습니다. 이러한 5유형의 모습은 다음의 질문을 통해 배울 수 있습니다. 다른 사람이 나를 지적이라고 생각한다면 그 이유는 무엇이고 나는 왜 그렇게 생각하지 않는가? 나의 지성을 큰 강점이라고 인정한다면 어떠한 일들이 벌어지는가? 어떻게 다를 수 있는가? 왜 타인이 보는 것을 내가 볼 수 없는가?

4. 안정 지점인 2유형 화살을 통합하십시오

▶ 타인의 장점을 인정하십시오

8유형은 종종 타인의 재능을 알아보지만, 그들이 관심 있는 사람들에 한하여 높은 재능과 능력을 알아봅니다. 반면에 2유형은 대부분의 사람들의 강점을 인정하며 지지와 격려를 통하여 타인들에게 동기를 부여하려고 노력합니다. 8유형은 재능 있는 사람이 자신의 잠재력을 다 발휘하지 못하면 처음에는 격려하면서 돕지만 계속 발현

을 하지 못한다면 무시하거나 적대적 감정으로 방치할 수 있습니다. 다음 활동을 통해 타인의 최고의 모습을 쉽게 볼 수 있을 것입니다. 누군가와 상호작용을 할 때마다 그 사

람이 지니고 있는 적어도 두 가지의 긍정적인 특성들을 생각하고, 그 사람을 대할 때마다 그 특성들을 머리에 떠올리십시오. 당신이 좋아하지 않거나 존경하지 않는 사람들에게는 당신 스스로 세 가지 긍정적인 특성들을 생각해보십시오. 이 활동을 2주간 하고 나서는 매일 적어도 2명에게 한 가지씩 진실한 마음으로 칭찬하는 연습을 해보십시오.

▶ 당신의 따뜻함을 보여주십시오

8유형은 타인에게 친절해질 수 있지만 다음과 같은 이유 때문에 지속적으로 표현하기 어렵습니다. 그 이유로는 피로, 과로, 타인들의 행동에 대한 스트레스, 일에서 오는 압박감 등이 있습니다. 반면에 2유형은 지속적으로 자신의 따뜻함을 보이려 하고 타인을 걱정합니다. 또한 이런 보살핌의 대부분은 진실된 미소와 신체언어로 나타납니다.

2유형의 이런 행동을 본받기 위해 거울을 똑바로 응시하고 당신과 일하는 누군가를 생각하며 웃음 짓는 연습을 하십시오. 자신과 눈 맞추고 그 시선을 받아들이도록 하십시오. 이러한 느낌을 잘 모르겠다면, 당신이 굉장히 좋아하는 사람에게 호감을 드러내고 있다고 상상하십시오. 이것이 당신의 따뜻함과 수용성을 담은 눈빛입니다. 일터에서 타인과 상호교류할 때 미소와 눈빛을 통해 당신이 수용적임을 보여주십시오.

▶ 관대함을 키우십시오

8유형의 본심은 관대하고 너그럽지만 이러한 자신의 모습이 상대에게 이용당하거나 약점이 될 수 있다는 걱정을 가지고 있습니다. 반면에 2유형은 타인에게 베푸는 것이 약점이 아니라 강점이라 인식합니다. 매일 다른 사람을 두 번 이상 도와주고 순수한 기쁨을 느껴보십시오. 당신의 대외적 이미지와 그에 대한 타인의 반응을 걱정하지 않고 자신에게 관대해진다면 가능한 일입니다.

의사소통 계발 전략

　다른 사람과 의사소통을 할 때 세 종류의 의도하지 않은 왜곡, 즉 말하는 방식, 신체언어, 맹점이 발생할 수 있습니다. 말하는 방식이란 전반적인 말하는 패턴을 의미합니다. 신체언어에는 자세, 얼굴표정, 손짓, 몸의 움직임, 에너지 수준, 그 외 수백 가지의 비언어적 메시지가 포함됩니다. 맹점이란 자신은 인식하지 못하지만 다른 사람에게는 매우 잘 보이는 의사소통의 요소로서, 자신에 대한 정보를 포함하고 있습니다. 우리 모두는 말하는 방식과 신체언어, 그리고 다른 추론적 자료를 통하여 무의식적으로 정보를 전달합니다.

　메시지를 수신하는 사람도 자신의 왜곡 필터로 듣는 내용을 왜곡합니다. 왜곡 필터는 수신자의 에니어그램 유형을 토대로 다른 사람의 말을 바꾸어 듣게 하는 무의식적인 관심과 가정들입니다.

말하는 방식　　　신체언어　　　맹점　　　　　　　왜곡 필터

한 번에 한 가지씩 의사소통 방식을 변화시키십시오

가능하면 다음의 순서대로 한 번에 한 가지의 행동을 변화시키는 것이 가장 효과적입니다. 말하는 방식, 신체언어, 맹점, 경청 시 왜곡필터의 순서로 변화시키는 것이 바람직합니다. 우리가 잘 인식하고 있는 행동을 변화시키는 것이 가장 쉽습니다. 가장 잘 인식하고 있는 것부터 가장 인식하기 어려운 것으로의 변화가 일반적인 순서입니다.

8유형의 말하는 방식

➤ 대담하고 권위적임
➤ 전체적인 그림과 전략을 제시함
➤ 상황을 체계화하거나 통제하려는 발언
➤ 세부사항은 신경 쓰지 않음
➤ 상대가 원하는 반응을 할 때까지 강한 표현을 사용함
➤ 분노를 직접적으로 표현함
➤ 모욕적이거나 저속한 유머를 말하기도 함
➤ 말수가 극히 적은 경우도 있음
➤ 비난 받는다고 생각하면 상대를 비난함

8유형의 신체언어

➤ 침묵을 지키고 있을 때도 강한 존재감이 느껴짐
➤ 효과를 최대한 이끌어내기 위해 어조를 변조할 수 있음
➤ 강하고 쉽게 드러나는 비언어적 단서를 보임
➤ 마치 땅에 박혀 있는 듯 단단해 보임
➤ 강렬하고 똑바로 눈을 마주침

8유형의 경청시 왜곡 필터

➤ 그들이 진정으로 보호해 주어야 한다고 믿는 사람들을 필사적으로 보호함
➤ 약하다고 인식되는 사람을 경멸하는 느낌
➤ 타인이 자신을 통제하려 하거나 대화가 더 이상 통제가 안 되는 느낌
➤ 타인들로부터의 신뢰가 부족하다고 인식됨
➤ 비난 받는다는 느낌

8유형의 맹점

➤ 심약한 사람뿐만 아니라 대부분의 사람들이 위협을 느낌
➤ 뒤로 물러설 때조차도 내뿜는 에너지는 본인의 느낌보다 강함
➤ 어떤 상황에서도 자신만큼 전체적인 구조를 잘 파악하는 사람은 없다고 생각
➤ 자신도 모르게 가끔씩 취약함을 내보임

※ 이러한 특징들은 긍정적일 수도 있고 몇몇은 부정적일 수도 있으며 중립이거나 혼합된 것일 수도 있습니다. 이 목록은 당신이 선택할 수 있는 것들에 대하여 전체적인 아이디어를 주기 위하여 만들어진 것입니다.

당신의 언어 표현을 확장하고 변화시키기 위하여 문자나 이메일을 사용하십시오

➤ 문자나 이메일을 보내기 전에 자신의 언어 선택과 어조를 검토하십시오.

➤ 조직적이고, 구조화하고, 통제하기 위한 의사소통 방식의 사고나 표현을 우회적이고 자유로운 표현으로 바꾸십시오.

➤ 타인들이 반응할 수 있도록 허용하십시오

➤ 당신의 문장 구조에 더 많은 변화를 포함시키십시오.

➤ 더욱 진심을 표하고 형식적인 모습을 줄이십시오.

피드백 계발 전략

정직하고 긍정적이며 건설적인 피드백은 다른 사람들의 행동에 대해 직접적이고 객관적이며 단순하고 정중한 관찰을 의미합니다. 이러한 피드백은 인간관계와 직무 수행 모두를 향상시킵니다. 피드백을 할 때, 에니어그램의 통찰이 결합된 피드백 공식을 사용하면 원하는 성과를 내는 데 도움이 됩니다. 상대방이 당신에게 피드백을 할 때, 상대가 말하고자 하는 내용을 당신이 수용적으로 받아들일수록 새로운 시각을 얻으며, 더 나은 해결 방법을 활용할 수 있습니다.

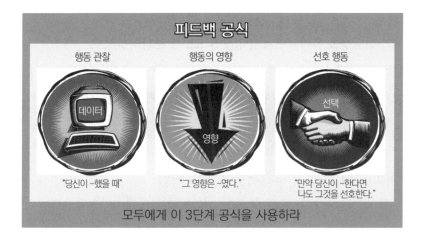

8유형의 피드백 전달 능력 향상 방법

다른 사람에게 피드백할 때에는 당신이 먼저 준비되어 있어야 하고, 피드백을 받는 사람도 가능한 수용적인 자세여야 바람직합니다. 피드백을 전달하는 방법과 시점이 실제로 말하는 내용만큼이나 중요하다는 점을 기억하십시오.

피드백을 계획하고 전달하려면 피드백 공식의 3가지 요소와 함께 다음의 제안을 활용하십시오.

➤ 무엇을 말하고 싶은지를 미리 고려하십시오.

➤ 중요 요소에 초점을 맞추는 당신의 능력을 유지하되 수용적인 방법으로 하십시오.

➤ 목표에 집중하는 능력은 유지하되 타인이 압박감을 느끼지 않도록 자신의 에너지 수준을 낮추도록 하십시오.

➤ 어떻게 진행할 것인지 아이디어는 가지되 피드백을 받는 사람이 첫 제안을 할 수 있도록 허용하십시오.

➤ 대답을 위해 참을성 있게 기다리십시오. 웃는 것과 농담을 하는 것 또한 도움이 됩니다.

➤ 당신의 신뢰성을 유지하면서 긍정적인 요소를 포함하십시오.

➤ 당신은 일이 생기면 즉시 해결 하고 싶겠지만 피드백을 받는 사람은 그들의 시간과 방법으로 일을 진행하기를 원할 수 있다는 것을 기억하십시오.

8유형이 피드백을 좀 더 수용적으로 받는 방법

➤ 누군가가 당신에게 부정적인 피드백을 주면, 당신이 연약함을 느끼도록 하거나 싫어하는 감정을 느끼도록 할 수 있습니다. 긍정적인 피드백도 비슷한 반응을 보일 수 있습니다. 피드백은 당신의 부드러운 면을 경험할 수 있도록 합니다.

➤ 피드백을 주는 사람은 피드백을 받는 사람보다 대화의 주도권을 가지고 있습니다. 왜냐하면 피드백 주는 사람은 자신이 무슨 말을 할지를 알고 어떻게 전달할 지를 준비했기 때문입니다. 만약 당신이 주도권을 잃는 것을 두려워하여 이 상황을 통제하려 한다면 당신에게 도움이 되는 정보를 놓칠 수 있습니다.

➤ 모든 사람들이 그들만의 관점이 있다는 것을 기억하십시오. 그리고 이러한 다양한 관점을 받아들이는 것은 중요합니다. 왜냐하면 당신이 모든 것을 수용하려고 할 때 더 큰 진실을 얻을 수 있기 때문입니다.

갈등관리 전략

직장과 가정에서 인간관계는 어느 정도의 갈등을 포함하고 있습니다. 갈등은 다양한 요인 때문에 발생하며, 일반적으로 다음과 같은 핀치(분노유발)-크런치(충돌 상황) 사이클을 따라갑니다.

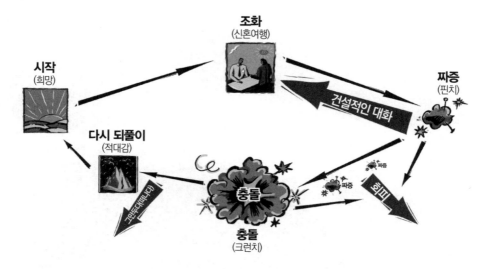

갈등의 근본 원인이 무엇이든지 간에 개입된 핵심 당사자의 에니어그램 유형은 갈등의 역동성 및 해결에 있어서 중요한 요소가 됩니다. 에니어그램을 사용하면 당사자 모두가 파괴적인 경험이 아니라 건설적으로 갈등을 해결할 수 있습니다. 자신에 대해 잘 알고, 갈등상황에서 자신의 책임에 대해 잘 이해하며, 건설적으로 자기관리를 할수록, 그리고 에니어그램 지식을 통해 타인에게 접근하는 최선의 방법을 잘 아는 만큼, 신속하고 효과적인 결과를 얻을 수 있는 기회가 커집니다.

모든 에니어그램 유형에는 독특한 핀치(분노 유발자)가 존재합니다. 즉 어떤 유형의 사람에게는 항상 분노를 유발하는 특정 상황이 다른 유형의 사람에게는 영향을 미치지 않을 수 있습니다. 8유형의 경우 다음과 같은 상황이 핀치가 됩니다.

나를 화나게 하는 것들

정의롭지 못할 때. 타인들이 문제를 바로 처리하지 않을 때. 타인과의 신뢰가 부족할 때. 타인이 자신의 행동에 책임을 지지 않을 때. 기습을 받을 때.

분노를 성장의 기회로 변화시킬 수 있는 계발 전략

1. 업무 관계가 시작될 때 나를 화나게 하는 것이 무엇인지 공유하십시오

8유형이 일을 시작하는 초기에 핀치 상황에 대해 이야기를 나누는 것의 가치를 알게 되면, 자연스럽고 직선적인 대화가 쉬워집니다.

"같이 일할 때 주의해야 하는 상황을 미리 이야기해 봅시다."라든가 "다른 사람이 뭔가를 하면 짜증나는 때가 있지? 나는 어떨 때 그런 기분이 드느냐 하면……."처럼 말을 꺼내면 됩니다.

주의할 점은 자신의 핀치를 설명하는 방법입니다. 8유형은 부당한 상황, 진실성 결여, 책임감이 없는 사람에게 스트레스를 받기 때문에, 새롭게 관계를 시작할 때 누구나 자신의 스트레스를 당연하게 여기고 공감할 것이라고 생각합니다. 하지만 그런 핀치를 이야기할 때 가치나 도덕적 이슈 자체보다는 구체적으로 예를 드는 것이 효과적입니다. 왜냐하면 사람들은 도덕적 가치를 인정하지만 무엇을 의미하는지 서로 다른 견해를 가지고 있기 때문입니다. 누구나 부당한 상황이나 책임감이 없는 사람을 못마땅하게 여기지만, 구체적으로 어떤 상황이나 사람을 말하는지는 8유형과 다른 생각을 가지고 있을 수 있습니다. 불의는 수많은 종류가 있고, 누군가의 정의는 다른 사람이 보았을 때 악일 수도 있습니다. 그렇기 때문에 8유형은 자신의 핀치와 타인의 핀치를 깊이 상의해 보는 것이 중요합니다.

2. 핀치를 느끼거나 화가 나는 것을 알아차리는 즉시 말하십시오

8유형이 핀치 상황에 대해 즉각적으로 말할 수 있기 위해서는 다음과 같은 것을 기억할 필요가 있습니다. 언급할 만한 가치가 없거나 나누기에 너무 작은 핀치는 없다는 점과 더 나아가 아무리 작은 핀치라도 공유하면, 양쪽 모두 생산적인 대화를 나눌 수 있도록 도와준다는 점입니다. 이런 초기의 경험들은 미래에 더 심각한 핀치가 발생하더라도 긍정적인 결과를 가져오는 데 기여합니다.

8유형은 불쾌한 감정들이 쌓이지 않도록 하는 것이 매우 중요합니다. 감정은 쌓일수록 강해지고 그러다가 갑작스럽게 폭발할 수 있습니다. 이렇게 축적된 분노나 좌절감이 8유형이 가지고 있는 힘이나 강렬함과 결합하면 다른 유형에 비해 더욱 압도적으로 변합니다.

3. 핀치나 스트레스에 따른 행동이 시작되려고 하면 운동이나 산책 등 신체 활동을 하십시오

신체 활동은 8유형의 억눌리거나 치밀어오르는 분노를 해소할 좋은 방법입니다. 특히 에어로빅이나 농구 같은 활발한 운동이나 골프처럼 정적이라 하더라도 릴렉스 하기 좋은 운동은 8유형의 과도한 에너지를 건설적으로 배출하도록 해줍니다. 또한 8유형은 깊은 분노나 좌절을 느끼면 비활동적이거나 무기력하게 될 수 있습니다. 이런 8유형은 운동을 통해 다시 활력을 가질 수 있게 됩니다.

4. 부정적인 반응이나 핀치를 느낀다면 자신에게 질문하십시오

8유형으로서의 나에 대해 말하는 상대방의 행동은 무엇인가? 이 상황에 대한 나의 반응은 무엇인가? 그리고 여기서 내가 계발할 수 있는 영역은 무엇인가?에 대해 질문해 보십시오.

핀치와 크런치에 대해 심도 있게 탐구하는 것을 통해 어떻게 내 안에서 최상의 것을 끌어낼 수 있을까요?

8유형은 자신을 더 이해하고 싶어 하기 때문에 이 질문을 계속 곱씹다 보면 좋은 정보를 얻을 수 있을 것입니다. 위의 질문에 대한 답들은, 이들이 가장 불편하게 여기는 문제들로, 내면 깊은 곳에 감추어두었던 연약함을 일깨우도록 합니다. 다음과 같은 것들은 그들의 숨겨져 있는 연약한 이슈들로 이끌어 줍니다. 통제하고자 하는 문제들이나 정의를 주장하고자 하는 욕구와 커다란 도전들에 맞서고 싶은 욕구 혹은 놀랍게 진보하고 싶어 하는 욕구들은 종종 의외로 그들의 깊은 곳에 감춰져 있는 연약함과 연결되어 있을 수 있습니다.

또한, 위협의 문제는 8유형이 생각해 봐야 할 중요한 문제입니다. 대부분의 8유형은 다른 사람들이 자신을 왜 무서워하는지 모르며, 자신이 다른 사람에게 위협을 느끼게 한다는 사실을 모릅니다. 친밀한 관계에 있는 사람에게 다른 사람이 왜 자신을 무서워하는지 물어보는 것도 좋은 방법입니다. 예를 들면 '너도 내가 무서울 때가 있어?' 같은 말을 물어보도록 합시다. 이 질문에 대한 답은 8유형에게 문제를 깨닫게 하는 놀라운 답이 될 것입니다.

그 후 스스로에게 다음의 질문을 해보십시오. 나는 일부러 겁주려고 한 적이 있는가?

예를 들면 주유소나 슈퍼마켓 같은 곳에서 낯선 사람과 대화하는 상황을 생각해 보십시오. 불쾌감을 느끼면 목소리를 높이거나, 한 걸음 앞으로 나서거나, 그 밖에 위협이 될 만한 행동을 하는가? 직장에서는 자신의 의견을 관철시키기 위해 타인의 말이 끝나기도 전에 가로막고 나선 적이 있는가? 이러한 질문에 최대한 솔직하게 답하다 보면 알 수 있을 것입니다.

팀 계발 전략

집단과 팀 간에는 차이가 있습니다. 집단은 공통 관심사가 있는 개인들의 집합을 말합니다. 팀은 하나 이상의 목표를 공유하는 구성원으로 구성된 특정 유형의 그룹입니다.

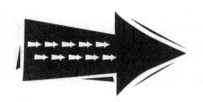

팀 구성원 간 상호의존성이 최적일 때에만 팀의 해당 목표를 달성할 수 있습니다. 또한 팀 구성원에게는 각각의 역할이 있습니다. 이 역할은 자신의 에니어그램 유형과 연관되어 예상 가능한 행동 패턴에 의한 경우가 많습니다.

과업 역할에는 과업 자체에 초점이 맞추어진 행동이 포함됩니다. 관계 역할에는 감정, 관계 및 의사결정과 갈등 해결 등의 팀 프로세스에 초점을 맞춘 행동이 포함됩니다. 그리고 팀은 형성기, 혼동기, 규범기, 성취기로 이루어진 4개의 연속 발달 단계를 거치기 때문에 독특하면서도 예측 가능한 역동이 존재합니다. 각 단계마다 다음 단계로 이동하기 전에 해결해야 하는 다음의 질문들이 있습니다.

팀 발달 단계	질 문
형성기	우리는 누구인가, 우리는 어디로 가는가, 우리 모두 함께 그곳으로 갈 것인가?
혼동기	건설적이고 생산적인 방식으로 서로의 의견을 달리할 수 있는가?
규범기	최상의 팀을 조직하고 함께 일을 잘할 수 있는 방법은 무엇인가?
성취기	소진되지 않고 높은 수준에서 지속적으로 성과를 창출할 수 있는 방법은 무엇인가?

8유형 팀원과 팀 리더들을 위한 계발 전략

1. 팀 목표

당신이 선호하는 팀 목표는 큰 그림을 반영하고 조직을 성장시키는 것입니다. 그러나 다른 팀원들은 더 작은 범위에 세부적이며 구체적인 방향을 가지고 있는 목표를 원할 수 있습니다. 팀 목표를 정할 때 목표 달성을 위한 대략적인 아이디어만 신경 쓸 것이 아니라 구체적인 방향성과 단계도 정해야 합니다. 당신과 다르게 팀원들은 구체적인 지시사항을 필요로 할 수 있습니다.

2. 팀 상호의존성

당신이 선호하는 팀은 자신의 영역을 확실하게 알 수 있도록 상호 의사소통이 원활한 팀입니다. 하지만, 어떤 팀원들은 일에 여유가 있고 즐거움을 느끼기를 원합니다. 팀에는 상호의존성

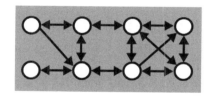

이 필요하기는 하지만, 그 수준이 당신이 원하는 수준이 아닐 수 있다는 사실을 기억하십시오. 팀원이 자신의 일에 도움을 주지 못하는 경우도 있는데, 이는 당신이 생각하는 '보통'의 수준이 높아서 다른 사람이 따라가기 어렵기 때문입니다. 팀에 필요한 수준의 상호의존을 지원하면서, 당신의 개인공간이 없거나 팀원들이 함께 일하는 것을 좋아하지 않더라도 잘 조율할 수 있는 능력을 키우십시오.

3. 팀 역할

8유형의 일반적인 업무관련 팀 역할은 팀의 궁극적 목표를 말하거나 팀의 목표를 확

실하게 해주는 것입니다. 관계관련 팀 역할은 직면, 질문, 직설적으로 물어보거나 팀의 방향이나 변화의 초점을 직접적으로 진술함으로써 타인의 의욕을 북돋는 것입니다. 이런 기본적인 역할에 익숙해진다면 거기서 벗어나 추가적인 팀 과업 역할 및 관계 역할을 맡아보십시오.

▶ 새로운 과업 역할

자원들을 관리하고, 팀의 자원(시간, 돈, 직원, 물질 등)을 모니터하며 관리하기

과업 역할

▶ 새로운 관계 역할

팀원들이 서로 잘 어울리고, 편안함을 느끼게 하며, 팀원들이 상호 연결되게 하며, 공감대를 형성하게 함으로써 팀 상호작용을 조화롭게 만들기

관계 역할

4. 팀 역동

4개로 구성된 팀 발달 단계(형성기, 혼동기, 규범기, 성취기)에서 다음의 방법을 통하여 당신의 행동 목록을 계발하도록 시도하십시오.

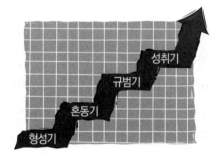

형성기	초기부터 지시하거나 뒤로 물러나 있지 말고 팀의 방향을 명확히 하기 위해서 팀원들과 협력하며 팀원 간에 상호 이해하도록 노력하십시오
혼동기	팀 내의 갈등을 솔직하고 정중하게 해결하십시오
규범기	팀원 간의 합의를 이루는 당신의 능력을 유지하십시오. 설명을 잘 하는 방법이나 권위에 대한 생각을 제안해보십시오
성취기	수익이나 성과가 일정치 않더라도 팀에 열중하십시오. 또한 팀원들이 높은 수준의 목표를 달성하도록 도와주십시오

8유형 리더를 위한 추가적인 팀 계발 전략

1. 자신의 팀을 위해 최적의 구조와 업무 프로세스를 설계하십시오

팀원들과 현재의 팀 구조 및 일 처리과정을 상의해 보십시오. 팀원들의 팀 구성 방식에 대한 생각을 묻고, 개선하기 위한 아이디어를 물어보십시오. 의견을 종합한 후 조직을 개편하십시오.

2. 세부 사항에 대해 지속적인 관심을 가지십시오

8유형 리더는 필요하지 않다면 세부 사항에 관심을 기울이지 않습니다. 이런 모습이 냉혹하게 느껴질 수 있습니다. 그러니 일에 있어 균형 잡히고 일관된 모습을 보이십시오. 일이 순조로운 경우 평소보다 더 참여하십시오. 반대로 통제 밖이라고 생각된다면 세세한 일에서 손을 떼십시오.

3. 당신의 문제들을 의존성과 자율성을 통해 살펴보십시오

이것은 당신에게 도전이 될 수 있습니다. 왜냐하면 당신이 높이 평가하는 사람에게 너무 많은 자율성을 부여하거나 또는 다른 사람으로 하여금 의존하도록 만들고 있는 스스로에 대해서는 보지 못할 수 있기 때문입니다. 그렇다면 먼저 다음과 같은 질문을 해보는 것으로 시작해 보십시오.

나는 어떻게 내 힘을 지나치게 의지하게 되었는가? 나는 어떻게 내 자율성을 지나치게 의지하게 되었는가?

당신을 잘 알고 있는 존경하는 사람과 당신의 답변에 대해 의견을 나누십시오. 또한 다음과 같은 질문을 통해 자신이 팀 내에서 어떤 식으로 리더십을 발휘하고 있는지 살펴

보십시오.

　나는 어떻게 팀원들이 내게 의지하도록 만들고 있는가? 몇 몇 팀원들의 힘에 지나치게 의존하도록 나는 어떻게 행동하는가? 몇몇 팀원들에게 지나치게 큰 자율권을 부여하는 것의 단점은 무엇인가?

리더십 계발 전략

리더십 계발을 위한 치열한 도전들은 복잡하면서 힘들고 예측 불가능하지만 흥미진진하면서도 충분한 보상이 따르는 일입니다. 그 도전에는 유쾌한 상황이나 스트레스 상황에서도 수백 명의 사람들과 효과적으로 상호작용하고, 자신을 관리할 수 있는 능력이 요구됩니다.

이러한 이유로 리더들은 정직한 자기성찰의 시간을 반드시 가져야 합니다. 비범한 리더가 되는 사람은 미래를 예상할 수 없더라도 도전에 직면함으로써 진취적이고 혁명적인 방법으로 성장할 수 있습니다.

탁월한 리더십은 여러 가지 형태로 나타나며 특정한 에니어그램 유형의 전유물은 아닙니다. 당신의 에니어그램 유형은 리더로서의 강점이 있지만, 성공으로 가는 길에 장애물을 만들어내곤 합니다.

8유형의 리더는 중요한 일의 싹을 틔우는 재능이 있습니다. 그러나 가장 뛰어난 장점은 또한 가장 취약한 약점이 될 수도 있습니다. 그들은 전략적인 능력, 권위 있는 리더십, 타인들의 장점을 알아차리고 지지할 수 있는 능력을 통해 훌륭한 조직을 만들어낼 수 있습니다. 그러나 자신을 쉽게 고갈 시키거나 과정 중에 위협적이고 성취도가 낮은 환경을 만들어 낼 수도 있습니다.

리더십 향상을 위한 계발 전략

1. 일하면서 절대 언성을 높이지 마십시오

아무리 화가 나더라도, 특정한 누구를 향해서가 아니라 그냥 소리를 지르는 것뿐이라 해도, 절대 언성을 높여서는 안 됩니다. 당신이 언성을 높이면 팀원들은 단지 두려워하기만 할 뿐 당신을 진심으로 존경하지 않게 되며, 이것은 당신의 리더십에 치명적인 영향을 주게 됩니다.

2. 타인을 비난하지 않도록 주의하십시오

당신이 책임졌던 일이 성공하지 못했을 때 주의하십시오. 말투, 질문하는 방식, 그 밖의 모든 면에서 상대방을 비난하고 있다는 인상을 주지 않도록 해야 합니다. 상대가 비난 받고 있다는 느낌이 들면 솔직한 대화를 나눌 수 없게 되고, 이렇게 되면 이후에 같은 결과를 반복하지 않기 위한 실제적이고 효과적인 해결책을 찾는 데에도 방해가 됩니다.

3. 반대되는 관점도 고려하십시오

매일 내가 누군가의 말을 듣지 않거나 듣지 않는 주제가 있는지 스스로 질문해 보십시오.

성과창출 전략

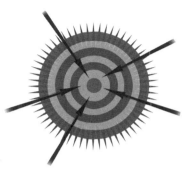

지속적으로 높은 품질의 성과를 보이고, 성과를 위해 매진하며, 자신의 잠재력에 도달함으로써 고객에게 신뢰를 얻는 것은 중요한 일입니다. 이를 통해 생산성이 증가되고, 신제품 개발 분야의 한계가 넓어지며, 자신의 분야에서 리더로서 조직을 지원하게 됩니다.

1. 다른 사람이 행동할 수 있도록 힘을 실어 주십시오

당신은 행동이 빠르기 때문에, 사람들은 당신이 팀의 리더이거나 아니거나 상관없이 당신을 따르는 데 익숙하게 됩니다. 하지만 그러면 그럴수록 다른 사람들은 자발적인 행동이 줄어들게 됩니다. 사람들이 자발적으로 행동하길 원한다면 당신은 조금 느리게, 그리고 덜 행동할 필요가 있습니다. 이런 일을 반복하면 다른 사람도 차차 행동할 기회를 찾게 됩니다. 예를 들어 어떤 문제에 대해 맨 처음으로 의견을 제시하거나 반론하지 마십시오. 이것을 통해 당신에 대한 타인의 의존을 줄일 수 있습니다. 누군가가 좋은 아이디어를 제안하면 그 사람을 지지하고 그에게 아이디어를 더 자세히 설명해 달라고 하십시오.

2. 모든 사람들과 일을 잘할 수 있도록 포용력을 늘리십시오

8유형은 어리석은 사람들을 인내하는 일에 익숙하지 않고, 무능하거나 자신의 행동에 책임을 지지 않는 사람들과 함께 있는 것을 좋아하지 않는다고 말합니다. 그러나 우리 모두는 때로 '바보'가 될 수 있으며 자신의 행동에 항상 책임을 지는 사람은 많지 않습니다. 좀 더 수용적이 되거나 적어도 사람들에게 같이 있는 것이 시간낭비라고 생각한다는 인상을 주지 않는 것이 중요합니다. 힘든 일을 잘 해내지 못하는 사람에게 무언가 좋은 점을 찾아보도록 노력하십시오. 이를 통해 당신은 다른 사람에게 좀 더 따뜻하게 대할 수 있을 것입니다.

3. 좀 더 즐겁게 지내십시오

8유형은 일에 대해서 굉장히 진지하고 또한 여유가 없기 때문에 이것은 모든 8유형에게 가장 큰 도전이 될 것입니다. 8유형은 요구가 많고 강하게 밀어붙이기 때문에 따르는 사람들이 여유를 갖고 즐거움을 누리도록 하는 것이 더 중요합니다. 이렇게 행동한다면 다들 당신을 존경하고 당신을 적으로 만들고 싶지 않을 것입니다. 만일 당신이 굉장히 진지해 지면 다른 사람들도 진지하게 되고, 당신이 좀
더 여유로울 수 있다면 그들도 더 여유로워지
므로 생산성이 증대될 것입니다.

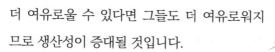

전략 계발

    팀과 조직이 최상의 성취도와 효율성에 도달하려면, 리더들과 각 공헌자들은 조직의 진정한 비즈니스가 무엇인가를 이해하고 다방면으로 생각해서 전략적으로 행동해야 합니다.

    '비즈니스 파악하기'와 '전략적으로 사고하고 행동하기'는 서로 밀접하게 연관되어 있습니다. 비즈니스를 이해하지 않고, 전략적으로 사고하고 행동하기란 있을 수 없습니다. 이 사실을 알고 있다면, 이것을 전략적인 방법으로 사용할 필요가 있습니다. 그 방법으로는 공통의 강력한 비전을 갖고 일하기, 고객에게 초점을 맞춘 미션, 훌륭한 전략, 그리고 그 전략과 일치되는 효과적인 목표와 전술이 있습니다.

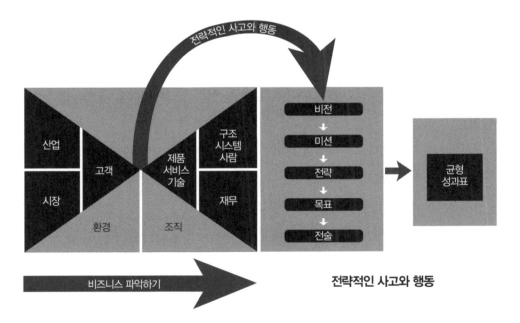

1. 유머감각을 기르십시오

당신은 유머감각이 뛰어난 사람이라 생각하기 쉽지만 다음과 같은 질문을 통해 생각해 봅시다. 나는 나의 유머감각을 직장에서 스스로 웃기 위하여 사용하는가?

만약 당신의 결점을 웃어넘길 수 있다면 당신은 여유를 가지고 일할 것이며, 직장에서 즐길 수 있게 될 것입니다.

2. 좀 더 유연해지십시오

당신의 강한 신념, 의견, 아이디어들을 목록으로 작성해 보십시오. 그 후 다음과 같이 질문해보십시오.

만약에 내가 이 목록에 대해서 약하게 반응하거나 좀 더 개방적으로 반응한다면 내 스스로 약해진다고 생각하는가? 당신의 대답이 '그렇지 않다'라면 다음 단락으로 넘어가십시오. 하지만 '그렇다'라고 대답했다면 다음의 글을 보십시오.

유연하다와 약하다는 동의어가 아니며 완고한 의견을 갖는 것이 강한 것은 아니다. 지나친 유연함이 약한 것처럼, 지나친 완고함도 약한 것이다. 이 문장이 스스로 믿어질 때까지 반복하십시오.

당신이 새로운 아이디어를 수용할 준비가 되었다면 목록을 다시 한 번 보고 다음과 같은 질문을 해보십시오. 이것에 대해서 내가 더 열린 마음이 되려면 나는 무엇을 해야 하는가?

마지막으로, 당신이 더욱 개방적일 수 있도록 도와주는 3가지 항목들을 선택하여 그것을 실행하십시오

3. 인내심을 기르십시오

당신은 아마도 스스로를 몰아붙이고 있을 것입니다. 하지만 당신에게는 휴식, 책을 읽거나 스트레칭을 하거나 걷는 것 등 휴식을 위한 시간이 필요합니다. 이를 통해 인내심을 기를 수 있을 뿐 아니라 병이나 탈진을 예방할 수 있습니다. 그 후에 다른 사람과 인내심을 가지고 일을 할 수 있게 됩니다. 당신이 좌절하게 되거나, 자신을 책임지지 못하는 사람을 만날 때마다 다음과 같이 생각해 보십시오.

이 상황에 대한 이 사람의 견해는 무엇인가? 이 사람에 대해 내가 이해하지 못하는 것은 무엇일까?

마지막으로 조직에서 인내심을 가지는 법을 배우십시오. 조직과 시스템들은 사람들과 닮았습니다. 압력은 행동의 동력이 되지만 지나친 압력은 반발을 낳습니다 당신의 인내심이 견디기 어렵다면 다음과 같이 생각해 보십시오.

나도 쉽게 변하지 않잖아, 그런데 왜 조직은 그래야 하지?

의사결정 계발 전략

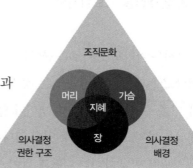

사람들은 매일매일 의사결정을 하지만 의사결정 과정에 대해서 생각하는 일은 드뭅니다. 가장 현명한 결정은 머리(논리적인 분석과 계획), 가슴(가치, 감정, 사람에게 미치는 영향), 장(행동을 취함)의 세 가지가 통합된 방식으로 사용되었을 때 이루어집니다. 직장에서의 의사결정은 다음과 같은 세 가지 요인, 즉 조직 문화, 조직의 의사결정 권한 구조, 결정 자체의 배경을 고려해야 합니다.

다음의 표는 8유형의 현명한 의사결정을 위한 지능의 중심(머리, 가슴, 장)을 계발시키는 방법을 나타냅니다.

8유형의 의사결정 계발활동			
지능의 중심	머리	객관적 분석	자신의 추측에 의문을 제기하십시오. 다른 사람의 의견을 묻고, 의사결정을 할 때는 다양한 관점을 취하십시오.
		예리한 통찰력	자신의 통찰력을 존중하십시오. 하지만 스스로의 결정을 바꾸어 놓을 수도 있는 통찰력들 중에서 자신이 놓친 것은 없는지 확인하십시오.
		생산적 계획	큰 그림을 바탕으로 한 계획을 세우는 자신의 능력을 유지하십시오. 하지만 계획의 실행 부분도 염두에 두고 있는지 확인하십시오.
	가슴	공감	존경하지 않는 사람이라도 타인들의 감정을 느끼는 시간을 가지십시오.
		진정한 관계	자기 스스로를 대담하고 자신 있는 사람으로 공개한다는 사실을 인식하고, 자신이 상처받기 쉬운 사람이라는 것을 더욱 인정한다면 사람들은 당신의 결정을 더욱 지지할 것입니다.
		연민	당신의 결정이 다른 사람들에게 어떤 영향을 끼칠지 고려하십시오. 사람들에게 어떤 영향을 끼칠지 고려하되 죄책감을 피하기 위해서 결정을 내리지는 않도록 하십시오.
	장	효과적인 행동 취하기	결정을 급하게 내리지 말고, 간단하게 해결할 수 있음에도 불구하고 지나치게 복잡한 결정을 하지 않도록 하십시오.
		흔들리지 않는 견고함	명백히 하되 그러나 너무 완고하거나 둔감해지지 않도록 주의하십시오.
		본능적 이해	당신의 직관을 믿으십시오. 하지만 당신의 반응이 너무 빠르거나 강하면 잠시 멈추고 당신의 결정을 다시 재검토하십시오.

조직변화 계발 전략

현대의 조직에서 변화는 하나의 생활방식이 되었습니다. 기업은 늘어나는 경쟁, 줄어드는 자원, 부족한 마케팅 시간, 높아지는 고객의 기대 수준, 증가하는 법 규정, 수많은 과학 기술, 커지는 불확실성 등으로 이루어진 점점 더 복잡한 환경에 존재하고 있습니다. 조직은 성공을 위해 유연하고, 헌신적이며, 비용에 민감하고, 빠르게 대응해야 합니다. 그 결과 예측하지 못한 방향으로 전환해야만 하는 경우에, 모든 계층의 직원이 팀 내에서 유연하고 효과적으로 변화를 수용하며 역할을 다할 수 있어야 합니다.

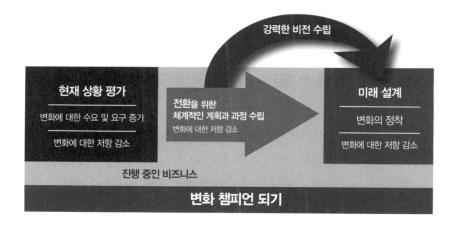

1. 비전을 공식화하고 명확하게 하십시오

당신이 무슨 생각을 하고, 무엇을 하고, 왜 그것을 해야 했는지를 다른 사람들이 알고 있다고 생각하지 마십시오. 세부적인 사항들과 함께 핵심적인 아이디어가 확실히 보이는 구체적인 비전을 세운 뒤 사람들과 폭넓게 공유하고 호응을 얻으십시오. 비전을 글로 써서 사람들에게 보여주고 반응을 확인해보면서, 널리 알리기 전에 미리 반응을 확인해

볼 수 있습니다. 또한 비전을 공표하기 전에 소규모 집단에게 그것을 말로 설명하고 의견을 수렴하여 조정할 수도 있습니다.

2. 타이밍의 기술을 배우십시오

모든 일에는 때가 있다는 사실을 기억하십시오. 계획을 세울 때 변화에 적응하고 수용할 시간을 두는 것은 매우 중요합니다. 또한 일을 빨리 끝내려 하는 것은 자신과 다른 사람을 괴롭게 하는 일입니다. 변화가 필요한 부분은 빨리 하려 할수록 제대로 적용이 되지 않습니다. 때에 따라서는 변화를 수용할 준비가 되어있다면 그렇게까지 따로 시간을 들이지 않더라도 곧바로 변화하는 경우도 있습니다. 인내심을 갖고 주의 깊게 관찰하면 언제가 가장 좋은 때인지를 알 수 있습니다.

3. 작은 변화가 큰 결과를 가져올 수 있다는 사실을 기억하십시오

작은 변화로 큰 변화를 이끄는 예시는 많습니다. 예를 들면 한 회사는 출근시간을 오전 8시에서 오전 9시로 변경함으로써 능력 있는 여성 직원들을 더 많이 고용할 수 있었습니다. 또한 어떤 제조 회사는 제품 결함을 일으키는 제조 분야에서 일하는 모든 관리자들과 핵심 엔지니어들을 불러 모아 1시간 동안 긴급회의를 함으로써 1천만 달러를 절약할 수 있었습니다. 큰 파급효과를 가져올 수 있는 자그마한 변화에 주의를 기울이십시오.

변형 전략

8유형에게는 진실을 추구하고, 상황을 통제하기를 바라며, 중요한 일을 이루길 원하면서도 그들의 연약함은 숨기고 싶어 하는 성향이 있습니다. 여기에서 벗어나기 위해서는, 각각의 모든 관점에서 전부를 이해하고 수용하는 것에서 발견되는 보편적 진리가 있다는 이해가 있어야 합니다. 이러한 이해를 바탕으로 8유형은 다음과 같은 변형을 향해 앞으로 한 발짝 나아갈 수 있게 됩니다.

1. 정신적 변형

복수(분노, 비난, 위협과 관련된 생각을 통해 잘못을 바로잡는 과정)의 정신적 패턴을 높은 차원의 신념인 진실(더 높고 더 큰 진실을 찾아 다양한 관점을 추구하고 통합하는 능력)로 변형하십시오.

▶ 정신적 활동

잘못한 상황이나 정의에 맞지 않는 상황이 발생하여 타인을 비난하거나 위협하고 싶거나 입장을 말하고 싶을 때면, 자신의 생각과 반대되는 관점도 수용했던 때를 기억해보십시오. 그 당시에 느꼈던 감정과 생각을 되살리십시오. 진실을 이해할 때까지 계속 회상해 보십시오.

2. 감정적 변형

욕망(자신의 감정과 연약함을 회피하고 부정하는 방식으로 일, 음식, 즐거움 등에 대한 다양한 형태의 과도한 열원)의 감정적 습관을 높은 차원의 자각인 순수(상황을 통제하고 자신이나 타인을 보호할 필요가 없도록 자신의 연약함을 인정하고 열린 마음이 있는 어린아이와 같은 감정)로 변화시키십시오.

▶ 감정적 활동

가혹하거나 과도한 방식으로 행동을 취하고 싶어진다면 어린아이처럼 순수하게 열린 마음으로, 상황을 통제하거나 자신이나 타인을 보호하고 싶다는 욕구가 없었던 때를 떠올려 보십시오. 그 당시 느꼈던 감정과 경험을 기억해보십시오. 그 순수한 순간의 경험에 온전히 다시 연결될 때까지 반복해서 떠올려 보십시오.

NINE

에니어그램 9유형
조화와 편안함의 추구, 그리고 갈등의 회피

9유형의 사람들은 편안하고 친해지기 쉬우며 수용적인 사람들입니다. 이들은 다양한 관점을 인지하고 존중하며, 다른 사람들의 의견을 끌어내고 모두의 생각을 공유하게 하는 훌륭한 조력자입니다. 그들은 조화를 추구하고 인간관계를 편안하게 맺는 방법을 찾습니다. 갈등관계에서 능숙한 중재자 역할을 하는 한편, 대부분의 9유형은 갈등이 직접적으로 본인을 향하고 있을 때 굉장히 불편함을 느끼고 본인이 상대방에게 화를 느끼면 그것보다 더 큰 불편함을 느낍니다. 결과적으로 9유형은 그 어떤 갈등 혹은 부조화도 일어나지 않게끔 하며 본인이 불쾌감을 느끼고 있는 것을 자각하지 못하게 합니다. 그리고 불화나 의견충돌을 야기할 수 있는 자신의 의견이나 선호하는 것에 대해 이야기하지 않으며, 자신의 욕구나 우선사항들에 대해 생각하기보다는 본인을 편안하게 해주는 활동을 통해 그 관심을 분산시킵니다.

예를 들어 9유형은 몇 시간 동안 텔레비전 보기, 주기적으로 텔레비전 채널 돌리기, 그들이 집 혹은 직장에서 해야 할 일이 있는데도 불구하고 잔디를 깎는다거나 정원을 가꾸기, 쇼핑하기, 강아지 산책시키기, 하고 싶지 않은 대화나 일을 하기보다는 설거지를 지나치게 열심히 하기 등의 활동을 할 수 있습니다.

9유형은 겉으론 부드러워 보이지만, 많은 이들이 내면에서 긴장을 느끼며, 겉으로 보이는 것처럼 판단을 하지 않는 것 또한 아닙니다. 덧붙여, 어떤 9유형은 편안함의 욕구를 신체적 욕구로 해소하는 경향이 있습니다. 예를 들어 먹기, 잠자기, 혹은 책 읽기. 또 다른 9유형은 집단의 욕구를 충족시키기 위해 아주 긴 시간동안 일에 열중하며 이것은 자신의 욕구를 잊게 해줍니다. 또 어떤 9유형은 그들에게 중요한 사람들과 완벽에 가깝게 녹아들어서 편안함을 찾지만, 그 과정에서 자기 자신을 잃기도 합니다.

9유형의 대인관계 유형은 쾌활하며, 상대적으로 덜 적극적이고, 파고들지 않으며, 느긋한 태도로 다른 사람들과 다양한 주제에 대해 이야기할 수 있습니다. 예를 들어, 이들은 상대방의 말에 긍정하며 고개를 끄덕이기도 하고, 상대방의 말에 '알았어'라는 대답을 하는데 이 대답은 동의한다는 의미가 아니라 상대방의 말을 이해했다는 의미입니다. 이들은 상냥하고 유머러스하며, 자신을 대담하거나 직접적으로 표현하지 않고 간접적으로 표현하며, 이것을 통해 다른 사람들과 일어날 수 있는 잠재적 불화를 줄이고 긍정적인 관계를 만들거나 유지합니다.

우리는 모두 친밀한 관계를 선호하고 불화를 해소하고자 합니다. 그러나 특히 9유형의 경우에는 조화와 편안함을 추구하고 갈등은 회피하는 것이 그들의 주요하고 강력한 내적동기입니다.

▶ 에니어그램 9유형을 위한 계발 전략

9유형은 갈등과 긴장, 적대감은 원하지 않으며 평화와 조화, 긍정적인 상호 존중을 추구합니다.

조화harmony

▶ 목차

자기완성self-mastery을 위한 계발 전략

    자기완성은 모든 개인적이고 직업적인 계발의 기초가 됩니다. 이것은 매일 마주하게 되는 새로운 도전이 성장을 위한 기회라고 인식하는 것을 바탕으로 자신의 생각과 느낌, 행동을 이해하고 수용하며 변형시킬 수 있는 능력을 말합니다. 자기완성은 자기인식으로부터 시작되고, 그림에서 보이는 요소들을 포함하면서 확장됩니다.

    자기완성의 장은 다음과 같은 내용으로 구성되어 있다.

> 자기완성에 관련된 9유형의 세 가지 공통 이슈
> 9유형의 핵심 이슈를 다루기 위한 세 가지 계발 전략(각 전략별로 기본 활동과 심화 활동을 하나씩 포함)
> 9유형의 날개와 화살(스트레스 - 안정) 유형을 통합하는 세 가지 계발 전략

자기완성에 관련된 9유형의 공통 이슈

자신의 생각, 필요, 선호가 타인의 기대와 다르거나 혹은 반대일지라도 표현하기	의사를 표현할 때 수동적이거나 무력하게 가만히 있기보다는 적극적으로 행동하고 주장하기	상호 간의 다름을 해결하는 것이야말로 사람을 화합시킨다는 사실을 이해하고 갈등을 받아들이고 직접 다루는 방법을 배우기

9유형의 핵심 이슈를 다루기 위한 계발 전략

1. 당신의 필요를 직접적으로 표현하십시오

기초 활동 매일 필요나 선호, 또 다른 사람에게 원하는 필요를 하나씩 표현하십시오. 점심을 어디서 먹을 것인가, 프로젝트를 어떻게 진행시킬 것인가, 또는 급여 인상을 요구해 보십시오, 다른 사람이 당신에게 무엇을 원하는지 물어보기 전에 이와 같은 필요를 먼저 표현하십시오. 주도적이 되십시오.

심화 활동 9유형 역시 다른 유형과 마찬가지로 필요를 가지고 있으며 가끔 그 필요들이 무엇인지를 그들은 잘 알고 있습니다. 동시에 자신의 필요를 직접적으로 표현하는 것을 주저합니다.

예를 들어 나는 이것을 하고 싶어라든가, 나에게는 생각할 시간이 필요해와 같은 식으로 말입니다. 그들은 자신의 필요는 중요하지 않다고 믿으며 요구를 표현하게 되면 갈등이 생기고 그들이 느끼는 다른 사람들과의 조화가 무너질 것이라 생각하는 경향이 있습니다. 필요를 직접적으로 표현하는 것을 배우십시오. 이것의 시작은 나의 필요도 다른 사람의 필요만큼이나 중요하다고 굳게 믿는 데 있습니다.

다음의 질문을 자신에게 하도록 하십시오. 나의 필요가 정말 중요한 문제인가?

만약 당신의 대답이 '아니요'라면 다시 질문하십시오. 왜 나의 필요는 중요치 않으면서 남들의 필요는 중요하다고 느끼는 것일까?

당신의 대답을 종이에 옮겨 적고 몇 번에 걸쳐 읽도록 하십시오. 그 후 당신의 요구가 중요하지 않다고 믿는 이유에 대해 추가적인 생각을 적도록 하십시오. 그런 다음 종이를 두 칸으로 나누고 다음의 질문에 대한 대답을 적어봅시다. 내가 나의 필요를 직접적으로 표현한다면 내가 얻게 되는 것은 무엇인가?(첫 번째 칸에 기입) 그리고 나는 무엇을 잃게 되는가?(두 번째 칸에 기입)

당신의 대답을 분석하십시오. 당신의 필요를 직접적으로 표현하는 경우, 당신이 잃게 될 것과 얻게 될 것을 비교했을 때 당신이 얻게 되는 것이 더 큰가? 만일 당신의 대답이 '아니요'일 때, 당신의 필요를 직접적으로 요구하는 위험을 감수하고 노력하는 일은 당신에게 어려운 일이 될 것입니다. 이 경우 득과 실의 균형이 긍정적인 방향으로 계발될 때까지 위에서 언급한 활동을 일주일에 한 번씩 할 필요가 있습니다. 일단 당신의 필요가 중요하고 그것을 직접적으로 언급하는 것이 자신에게 이익이 된다는 것을 확인하게 되면 일상에서 필요를 표현하도록 연습하십시오.

첫 주간에는 하루에 한 가지의 필요를 말로 표현하고, 두 번째 주에는 하루에 두 가지 필요를, 그리고 계속해서 늘려 나가도록 하십시오. 당신이 아는 사람이나 낯선 사람을 선택하여 훈련할 수 있습니다. 예를 들어 점원에게 "물건들을 들고 갈 수 있게 봉투에 담아주세요."라고 말하는 것입니다. 이 매일의 훈련을 당신이 편안하고 자연스럽게 느낄 수 있을 때까지 훈련하십시오.

2. 우선순위를 정하고 지키십시오

기초 활동 매일 두 가지의 업무나 집안일을 끝내십시오. 샛길로 새지 말고 일을 끝내보십시오.

심화 활동 9유형은 일의 우선순위를 정하고 그것을 실행하는 것을 어려워합니다. 이러한 성향은 9유형이 어떤 일을 시작하고 또 다른 과업을 하게 될 때 머뭇거리고 지연하도록 만듭니다.

이 두가지 일을 다른쪽에 밀어 넣고, 책상을 정리하거나 아니면 파일을 정리하는 것과 같은 행동을 하게 됩니다. 먼저 당신은 정직하게 당신의 우선순위를 바꾸는 경향성과 일을 미루는 성향을 인정해야 합니다. 그리고 언제 어떻게 이렇게 하고 있는지, 당신의 이러한 행동의 결과과 무엇인지를 분석할 필요가 있습니다. 당신의 자기평가는 다음 두가지 질문에 대하여 답해야 합니다.

첫 번째 질문은 우선순위를 정하지 않거나, 우선 순위에 충실하지 않을때 내가 얻는 것은 무엇인가?입니다. 이때 내가 얻는 것은 없다와 같은 단순한 대답은 도움이 되지 않는다는 점에 주의 하십시오. 왜냐하면 그렇게 하는 데에는 반드시 어떤 유익이 존재할 것이고 그렇지 않으면 그런 반복적인 행동은 일어나지 않을 것이기 때문입니다. 정말로 정직하게 이 질문에 답한 후에 자신에게 두 번째 질문을 해보십시오.

두 번째 질문은 우선순위를 정하지 않거나 우선 순위에 충실하지 않을 때 내가 잃는 것은 무엇인가?입니다. 만약 우선순위를 정하지 않음으로 생기는 손실이 이익보다 훨씬 크다면, 당신은 변화할 준비가 되었습니다. 매일 해야 할 핵심 항목들의 우선순위 목록을 작성하고 각 항목에 순위를 두십시오. 가장 중요한 항목을 앞으로, 그리고 중요하지 않은 것들을 마지막에 놓도록 하십시오. 작성한 목록을 보이는 곳에 두고 매 시간마다 확인하도록 하십시오. 만약 당신이 이 목록으로부터 벗어나거나, 우선순위 이외의 일을 할 때 다시 처음으로 돌아오십시오.

3. 입장을 정하십시오

기초 활동 매일 아침, 당신이 강하게 견지하고 있는 한가지의 주장을 생각해 보십시오. 그리고 하루 동안 그 생각을 두 사람과 더불어 공유하도록 하십시오. 매일 새로운 의견이나 생각을 다른 새로운 두 사람과 함께 논의하십시오. 이 활동을 2주간 지속한 후에 자신에게 다음과 같은 질문을 함으로써 반추하십시오.

내가 진정으로 생각하는 것을 말하는 것이 점점 쉬워지고 있는가? 특정주제가 다른 것보다 논의하기에 더 수월한가? 어떤 특정한 사람들이 대화하기에 더 수월하게 느끼는가?

이 질문에 대답을 한 후 이 활동을 한 달간 지속하십시오. 매일 새로운 주제와 새로운 사람을 선택하십시오.

심화 활동 당신은 감히 도발적일 수 있습니까? 9유형은 종종 긍정적인 관계를 방해하거나 갈등을 만들 것에 대한 두려움으로 인해 자기입장을 고수하거나 강하게 주장하지 않습니다. 당신에게 정말로 중요한 이슈에 대하여 생각하십시오, 특별히 자신속에 묻어 두었던 이슈에 대해 생각하십시오. 그 이슈는 '나는 저 집을 사고 싶지 않아'와 같은 매우 중요한 문제일 수도 있고, 아니면 '지금 라디오에서 나오는 저 음악이 싫어'와 같은 아주 단순한 문제일 수도 있습니다.

이슈에 대한 목록을 작성하고 매일 이 목록에 이슈를 추가하도록 하십시오. 하루에 한 번 다른 사람에게 이슈 가운데 하나를 실제로 이야기하는 위험을 시도해 보십시오. 이 활동이 편안해 지기 시작하면 하루에 두 번 자신의 입장에 대하여 소통 하도록 시도하십시오. 이 활동이 원활하게 잘 이루어지고 있다고 느껴지면 이 활동 횟수를 다루에 다섯 번으로 늘리도록 하십시오.

어쩌면 당신은 당신의 입장을 다른 사람들에게 알리는 것이 관계를 방해하기보다는 도리어 관계증진에 도움이 된다는 사실을 발견하게 될 것입니다.

9유형의 날개 및 화살(스트레스 – 안정) 유형을 통합하는 계발 전략

날개는 자신의 핵심 에니어그램 유형의 양 옆에 있는 에니어그램 유형을 말합니다. 화살은 자신의 핵심 에니어그램 유형에서 뻗어 나온 화살표가 가리키는 에니어그램 유형과, 자신의 에니어그램 유형을 가리키는 화살표가 시작되는 곳의 에니어그램 유형을 의미합니다. 날개 및 화살 유형은 자신의 핵심 에니어그램 유형을 변화시키는 것이 아니라, 생각과 감정의 방식을 넓히고 풍부하게 하며 행동을 강화하는 정보를 제공합니다. 날개 및 화살 유형은 한 사람 한 사람을 보다 복합적이고 다양하게 만들며, 자기계발에 필요한 도구로써 개인의 성격에 더 많은 특성을 제공합니다.

1. 8유형 날개를 통합하십시오

▶ 본인의 영향력을 늘려보십시오

영향력이란 타인들과 함께 있을 때 주어진 상황에 함께 존재하는 것과 타인에게 영향력을 미치고 참여하려는 의지, 그리고 뚜렷한 자신감을 포함한 특성들의 결합입니다. 8유형은 일반적으로 힘과 영향력의 중요성을 이해하고 자신의 존재감을 느끼며 모든 상황에서 영향력을 발휘하기 위해 행동합니다.

하지만 9유형은 눈에 띄는 역할을 피하며, 타인의 의견을 경청하고 집단이나 개인 사이를 중재합니다. 개인의 힘이란 자신이 하는 일에 능통하다는 사실을 알고 타인에게 영향력을 줄 권리가 있다는 사실을 믿는 것으로부터 시작되어집니다. 자신의 강한 긍정적인 장점들을 목록으로 만들어 보십시오. 그리고 끝났을 때 당신을 잘 아는 지인 다섯 사람에게 더 추가할 것이 있는지 물어보십시오.

추후에 다른 사람과 상호작용을 할 때는 두 가지 일을 하십시오.

첫째는 전적으로 당신 자신과 상대방, 또는 다른 사람에게 주의를 집중하십시오. 그리고 마음속에 위의 목록을 염두에 두고 자신과 상대, 그리고 다른 사람들이 논의하는 주제에 주의를 기울이십시오. 이를 통해 자신의 개인적인 힘이 더 크다는 것을 알 수 있습니다.

9유형은 자신들의 주의와 에너지를 흩어놓는 경향이 있습니다. 이것들은 개인적인 힘을 약화시키는 결과를 가져옵니다. 한 가지에 완전히 집중하는 것에 익숙해지게되면, 당신과 관계되어 있는 다른 사람의 삶의 영역 중에서 변화하고자 하는 부분을 선택하십시오. 당신이 배운 것에 초점을 맞추고 관련된 사람들에게 영향을 끼칠 수 있는 것들을 말함으로써 개인적인 힘을 늘리는 것을 연습하십시오.

▶ 분노와 친구가 되십시오

분노는 에너지의 근원이자 동반자가 될 수 있습니다. 8유형은 보통 분노가 종종 고민이나 불안한 상황을 해결할 수 있다 여기고, 행동을 추진하는 원동력이 된다고 여깁니다. 9유형의 분노에 대한 태도는 자기 자신을 분노에 둔감하게 만드는 것입니다. 이것을 '분노가 잠이 든 상태'라 부릅니다. 9유형이 자신들에게 분노를 느끼도록 허락할 때 그들은 일반적으로 그것을 직접적으로 표현하는 것을 허용하지 않습니다. 더 일반적으로 그들은 그들의 불쾌함을 수동적 공격 행동을 통해서 공격하는 경향이 있습니다. (예를 들어 대답은 '예'라고 하지만 실제로 '아니요')나 아니면 다른 간접적인 방법을 통하여 나타내는 경향이 있습니다. 9유형이 자신의 분노를 알아차리는 것은 감정이 더욱 풍부해지도록 할 뿐 아니라 그들 자신을 보다 명확히 표현하고, 즉각적인 행동을 취할 수 있게 합니다. 9유형이 분노를 인정하기 위해서 다음과 같은 방법을 사용할 수 있습니다.

➤ 당신의 분노와 필담을 나누십시오. 당신의 분노에게 질문해보십시오. 분노야, 너에 대해서 말해다오. 너의 생김새, 네가 그렇게 행동하는 이유, 그리고 나에게 무엇을 원하는지 말해다오. 마음에 떠오르는 모든 것들을 기록해보십시오. 이 대화가 마무리 되었다고 느껴질 때까지 계속하십시오. 명확하게 알 수 있을 때까지 대화를 몇 주간 지속하십시오.

➤ 당신이 화가 났을 때 2주간 당신 신체의 신호에 주의를 기울이십시오. 이러한 신체 반응이 나타날 때마다 기록하고 주의를 기울이십시오. 이를 통해 당신의 분노를 이해하는 데 도움을 줄 것입니다.

➤ 당신을 매우 잘 아는 지인 5명에게 당신의 분노에 대한 피드백을 물어보십시오. 다음의 질문을 해보십시오. 내가 화가 났을 때 하는 행동을 어떻게 감지하는가? 내가 화가 났다는 것을 어떻게 아는가? 내 분노를 다루는 데 있어 당신의 충고는 무엇인가?

▶ 즉각적인 행동을 취하십시오

9유형은 해결방안과 여러 대안적 관점을 생각하기 좋아합니다. 그리고 종종 즉각적인 행동을 취하는 것보다 차선적 행동을 시작합니다. 대조적으로 8유형은 확실하고 빨리 행동하면서 진행하는 것을 좋아합니다.

▶ 일을 완수하거나 행동을 방해하는 이차적인 행동들은 무엇인지 생각해 보십시오

일부 9유형에게는 정원 가꾸기가 될 수 있고, 그림 그리기나 목공과 같은 취미가 될 수 있으며, 설거지나 텔레비전 시청이 될 수도 있습니다. 당신이 좋아하는 이차적인 행동들이 무엇인지 알게 될 때 당신이 그러한 일들 중 하나를 시작할 때 당신은 행동을 멈출 수 있게 됩니다. 그리고 당신에게 이러한 질문을 해 보십시오.

내가 이 행동을 함으로써 피하려고 하는 과업이나 일은 무엇이 있는가?

그럴 때 당신의 우선순위로 돌아오도록 하십시오. 그리고 더 중요한 과업이나 업무를 끝마치기 위한 행동을 하십시오.

2. 1유형 날개를 통합하십시오

▶ 과제를 끝까지 완수하십시오

9유형은 업무를 미루는 경향이 있고 1유형은 최대한 빨리 업무를 마치려는 경향이 있습니다. 1유형은 생각이나 문서로 해야 할 일의 목록을 만들고 목록에 있는 것들을 이루어내면서 기쁨을 얻습니다.

9유형은 매일 해야할 일의 목록과 그것이 성취되었는지를 점검하는 이러한 행동을 통해서 배울 수 있습니다. 그리고 다음 이차적 제안은 9유형은 이런 행동들을 모방할 수 있습니다. 9유형은 또한 간단한 목표들을 먼저 실행하는 1유형의 행동을 모방하여 배울 수 있습니다. 왜냐하면 그것은 실천하기 쉽고 즉각적인 만족감을 주기 때문입니다.

▶ 당신의 장(본능)을 신뢰하십시오

9유형과 1유형 모두 장 센터일지라도, 1유형이 본능적인 장 반응을 사용하는 반면, 9유형은 자신의 장으로부터 나오는 정보에 주의를 기울이지 않을 때가 있습니다. 9유형이 장을 무시하는 이유는 분노를 느끼는 것이 불편하고 분노의 표출이 그들이 매우 중요시 여기는 다른 사람과의 조화를 단절시킬 수 있다고 믿기 때문입니다. 어찌되었든 이것은 9유형이 본능적인 앎으로 들어가는 것을 불가능하게 만드는 이차적 영향이 될 수 있습니다.

그래서 본능을 정확히 인식하기 위해 다음과 같은 질문이 필요합니다. 지금 상황에 대해 나의 본능은 무엇을 말하는가? 당신의 본능과 논쟁하거나 검열하려 들지 말고 정보로서 받아들이고 유용하게 사용하십시오. 하루에 한 번 본능에서 나오는 정보를 토대로 당신 자신을 표현하고 행동을 취하도록 실험하십시오. 당신은 그 정보가 정확하고 자신에게 큰 도움이 되리라는 것을 알게 될 것입니다.

▶ 사람과 아이디어와 사건에 당신의 반응을 표현하십시오

1유형은 많은 의견을 가지고 있으며 적어도 몇 가지 이상은 표현을 합니다. 9유형 또한 의견을 가지고 있으나 쉽사리 그것을 표현하지는 않습니다. 당신이 반응을 쉽게 표현하도록 하는 방법이 있습니다. 매일 당신이 정한 의견을 적어도 한 사람에게 이야기하십시오. 대신, 주제와 사람은 매일 바꾸어야 합니다. 2주 후에는 두 명에게 두 가지 이상의 새로운 주제를 이야기하십시오. 3주차에는 3명에게 3가지 이야기를 하십시오. 4주차에는 의견과 사람의 수를 넷으로 늘리도록 하십시오. 그때쯤이면 당신의 반응을 표현하는 것이 수월해 질 것입니다.

3. 스트레스 지점인 6유형 화살을 통합하십시오

▶ 당신의 통찰력을 신뢰하십시오

6유형은 통찰력이 있습니다. 9유형은 6유형의 통찰로부터 유익을 얻을 수 있습니다. 첫번째로, 9유형은 자신이 가진 직관에 주의를 기울여야 합니다. 이러한 직관은 항상 의식적인 것은 아니기 때문에 9유형은 자신에게 다음의 질문을 할 수 있습니다. 이것에 대한 나의 진짜 생각은 무엇인가? 9유형이 명확한 직관을 얻게 되면 여러 사람들과 그 지각력을 확인할 수 있습니다. 지각력 확인은 직관을 더욱 확증하거나 9유형이 그것을 재정의할 수 있도록 돕습니다. 이렇게 정제되고 실제적인 직관은 존중받을 수 있는 통찰이 될 것입니다.

▶ 계획을 수립하십시오

6유형은 머릿속으로 대안 계획들을 수립하는 경향이 있습니다. 그리고 이러한 사고과정들은 상황에 따른 다양한 이슈와 가능한 결과를 추측하는 것을 통해 이루어 지고 이것은 9유형에게 유용합니다. 9유형은 계획을 세울 수는 있지만 실행하지 않을 수 있습니다. 어떤 9유형은 너무 구체적이거나 또는 구체성이 떨어지는 계획을 세울 수 있습니다. 계획 능력을 높이기 위해서 아래와 같이 서술된 비슷한 형식을 사용하는 것이 도움이 될 수 있습니다.

당신의 목표가 무엇인지 구체적으로 정하십시오. 목표를 이루기 위한 순차적인 계획을 세우십시오. 당신의 목표를 이루기까지 필요한 모든 단계를 포함하십시오. 이 계획에 대해 평가하고 잘못될 수 있는 것과 또 어떤 것이 잘될 수 있는 것인지도 함께 평가하십시오. 실패를 최소화하고 성공을 최대화할 수 있도록 구체적인 실천 계획 방안으로 수정하십시오. 수립한 계획을 체계적인 사람에게 보여주고 피드백을 요청하십시오. 필요한 대로 계획을 수정하십시오.

▶ 용기를 가지고 자신을 주장하십시오

대부분의 6유형은 그들의 두려움을 인지하고 두려움에 맞설 수 있는 용기를 불러 일으킵니다. 그리고 필요하다고 느끼는 것들을 합니다. 대조적으로 9유형은 자신의 두려움을 예민하게 인지하지 못하고 그 두려움을 인식하게 되면 두려움에 맞서기 보다는 움츠리는 경향이 있습니다. 뒤로 물러서는 대신 9유형은 용기를 얻기 위하여 다음의 문장을 사용할 수 있습니다.

비록 두려움을 느낄지라도, 나는 무언가를 할 수 있는 용기를 가지고 있다.

이 문장을 당신의 용기를 북돋아 주고 행동을 취할 때의 짜릿함을 경험할 수 있도록 사용하십시오.

4. 안정 지점 3유형을 통합하십시오

▶ 결과에 초점을 맞추십시오

3유형과 9유형 모두 결과에 초점을 맞추기는 하지만 3유형이 하는 구체적인 몇 가지 방법들은 9유형에게 유용할 수 있습니다. 먼저, 3유형은 그들이 하는 거의 모든 영역에 목표를 정하는 반면 9유형은 특정한 활동을 위해 몇가지 목표만 선택합니다.

둘째, 3유형은 지속적으로 마음속에 목표를 유지하고 그 목표를 최대한 이루기 위해 행동합니다. 반면 9유형은 자신들의 목표를 항상 생각하고 행동하지는 않기 때문에, 쉽게 다른 우선순위가 나타났다 사라지는 등 일상적인 일들에 방해를 받습니다. 9유형은 다음과 같은 행동으로 3유형에게 배울 수 있습니다. 모든 업무와 프로젝트를 위해 명확한 목표를 세우도록 합니다. 종이에 목표를 적은 후 눈에 잘 띄는 곳에 둡니다. 예를 들어 컴퓨터나 거울 같은 곳이 좋습니다. 업무나 프로젝트와 관련된 활동을 할 때 목표들을 상기하도록 하고 다음의 질문을 하도록 합니다.

내가 지금 하려는 것이 내 목표를 향해 가까이 가도록 하는가?

▶ 언어적 자신감을 기르십시오

3유형은 자신감이 없어도 자신감에 차있는 것처럼 보이는 방법을 알고 있습니다. 9유형은 더 겸손한 인상을 주거나 심지어 자신을 감추기까지 하는 경향이 있습니다. 다른 사람에게도 분명하게 보여지는 자신감을 기르기 위해서는 다음과 같은 제안이 도움이 될 수 있습니다. 첫번째로, 3유형은 자기들이 앞서기 위해 중요한 포인트가 무엇인지를 생각하는 경향이 있습니다. 이렇게 행동하기 위해 많은 훈련을 하기 때문에 즉각적으로 생각할 수 있는 능력이 계발되었습니다. 9유형 또한 사전 준비만 있다면 충분히 가능합니다. 대화를 하거나 발표를 하게 될 때 매번 완벽한 문장을 만들려 하지 말고 글머리 기호를 사용하여 핵심 단어 3~5개를 적으십시오. 그후에 순차적으로 핵심을 정렬하고, 사람들의 이목을 끌 수 있는 개회사와 무언가 강렬한 인상을 남길만한 폐회사를 추가하십시오. 그 후 당신의 핵심 요점을 지지해 주는 몇가지 요점들을 추가하십시오. 그리고 다른 사람 앞이나 거울 앞에서 연습을 해보십시오. 자세를 곧추세우고 가슴으로 숨을 쉬십시오.

▶ 더 직선적이 되십시오

3유형은 자신을 믿고, 결과를 얻는 것을 중요하게 생각하기 때문에 주도권을 잡고 타인들을 조직화하는 데 불편해 하지 않습니다. 9유형은 일반적으로 지시적인 입장이 되는 것을 더 어려워합니다. 또한 타인에게 지시 받길 싫어하고, 다른 사람에게 공격적으로 보여지는 것을 원하지 않습니다. 9유형은 종종 아주 탁월한 아이디어를 갖고 있습니다. 그리고 다른 사람들이 제공한 명료하고 효율적인 제안들에 대해서 공격적인 태도로 비판하기 보다는 많은 사람들을 존중합니다. 당신은 다른 사람이나 팀이 택해야 할 방향에 대해 좋은 감각을 가지고 있을 수 있기 때문에 대화 초반에 제안을 하도록 하십시오 (9유형은 대화가 끝날 때까지 기다리는 경향이 있습니다). 당신이 제안한 것에 대해서 사과하지 않는 훈련을 하십시오. 당신이 제안한 것을 반드시 해야 할 필요가 없다고 설명하거나 당신의 아이디어가 최고가 아니라는 것을 설명하는 등이 여기에 포함됩니다. 제안을 할 때 가능한 간단한 말로 하십시오. 그리고 상대방이 반응할 때까지 기다리십시오.

의사소통 계발 전략

　다른 사람과 의사소통을 할 때 세 종류의 의도하지 않은 왜곡, 즉 말하는 방식, 신체언어, 맹점이 발생할 수 있습니다. 말하는 방식이란 전반적인 말하는 패턴을 의미합니다. 신체언어에는 자세, 얼굴표정, 손짓, 몸의 움직임, 에너지 수준, 그 외 수백 가지의 비언어적 메시지가 포함됩니다. 맹점이란 자신은 인식하지 못하지만 다른 사람에게는 매우 잘 보이는 의사소통의 요소로서, 자신에 대한 정보를 포함하고 있습니다. 우리 모두는 말하는 방식과 신체언어, 그리고 다른 추론적 자료를 통하여 무의식적으로 정보를 전달합니다.

　메시지를 수신하는 사람도 자신의 왜곡 필터로 듣는 내용을 왜곡합니다. 왜곡 필터는 수신자의 에니어그램 유형을 토대로 다른 사람의 말을 바꾸어 듣게 하는 무의식적인 관심과 가정들입니다.

말하는 방식　　　신체언어　　　맹점　　　　　　　　　　　왜곡
　　　　　　　　　　　　　　　　　　　　　　　　　　　　　　필터

한 번에 한 가지씩 의사소통 방식을 변화시키십시오

가능하면 다음의 순서대로 한 번에 한 가지의 행동을 변화시키는 것이 가장 효과적입니다. 말하는 방식, 신체언어, 맹점, 경청시 왜곡필터의 순서로 변화시키는 것이 바람직합니다. 우리가 잘 인식하고 있는 행동을 변화시키는 것이 가장 쉽습니다. 가장 잘 인식하고 있는 것부터 가장 인식하기 어려운 것으로의 변화가 일반적인 순서입니다.

9유형의 말하는 방식

➤ 굉장히 구체적인 정보를 순서대로 말함
➤ 부드럽고 일정한 톤의 목소리
➤ 공정하고 모든 관점을 제공하려는 노력
➤ '예'라고 말하지만 '아니요'라는 의미를 지닐 가능성
➤ '그래' 또는 '응'과 같은 동의적 언어 사용을 통해 '당신이 하는 말을 듣고 있다'는 것을 나타냄. 그렇지만 그것이 동의 한다는 뜻은 아님

9유형의 신체언어

➤ 여유롭고 편안함
➤ 미소를 자주 띔
➤ 강한 감정 표현(특히 부정적인 감정 표현)이 거의 없음
➤ 몸 보다는 얼굴에 활기가 있음

9유형의 경청시 왜곡 필터

➤ 변화하거나 무엇인가를 하도록 요구한다고 여김
➤ 비판 받거나, 무시당하고, 평가절하 당한다고 여김
➤ 나와 반대되는 다른 관점
➤ 타인으로 부터 나온 분노가 자신들에게 향할 수 있을 가능성

9유형의 맹점

➤ 장황한 설명은 청취자의 흥미를 잃게 하는 요인이 될 수 있음
➤ 다양한 관점의 제시는 듣는 사람으로 하여금 당신의 제안이 무엇인지 알지 못하도록 하기 때문에 말의 신뢰도를 떨어뜨리는 부정적 영향력을 끼치게 됨
➤ 원하는 것과 갈망이 무엇인지 타인이 알도록 하는 데 종종 실패함

※ 이러한 특징들은 긍정적일 수도 있고 몇몇은 부정적일 수도 있으며 중립이거나 혼합된 것일 수도 있습니다. 이 목록은 당신이 선택할 수 있는 것들에 대하여 전체적인 아이디어를 주기 위하여 만들어진 것입니다.

당신의 언어 표현을 확장하고 변화시키기 위하여 문자나 이메일을 사용하십시오

➤ 문자나 이메일을 보내기 전에 자신의 언어와 어조를 검토하십시오.

➤ 과도한 단정적 언어의 사용은 고치십시오.

➤ 분명한 입장과 메시지를 표현하는 언어를 사용하십시오.

➤ 당신이 화가 나거나 무엇인가를 표현하고자 할 때, 과도하게 형식적인 언어와 공격적인 언어를 사용하지 마십시오.

➤ 존중하는 말투로 염려에 대해 충분히 표현하십시오.

➤ 고민이 있을 때 문자나 이메일보다는 직접 대화하거나 통화하는 것을 고려하십시오.

피드백 계발 전략

정직하고 긍정적이며 건설적인 피드백은 다른 사람들의 행동에 대해 직접적이고 객관적이며 단순하고 정중한 관찰을 의미합니다. 이러한 피드백은 인간관계와 직무 수행 모두를 향상시킵니다. 피드백을 할 때, 에니어그램의 통찰이 결합된 피드백 공식을 사용하면 원하는 성과를 내는 데 도움이 됩니다. 상대방이 당신에게 피드백을 할 때, 상대가 말하고자 하는 내용을 당신이 수용적으로 받아들일수록 새로운 시각을 얻으며, 더 나은 해결 방법을 활용할 수 있습니다.

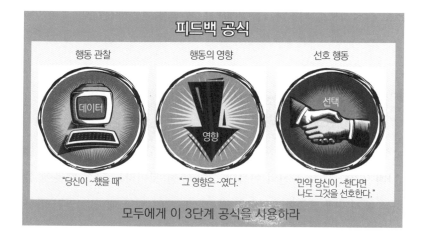

9유형의 피드백 전달 능력 향상 방법

다른 사람에게 피드백할 때에는 당신이 먼저 준비되어 있어야 하고, 피드백을 받는 사람도 가능한 수용적인 자세여야 바람직합니다. 피드백을 전달하는 방법과 시점이 실제로 말하는 내용만큼이나 중요하다는 점을 기억하십시오.

피드백을 계획하고 전달하려면 피드백 공식의 3가지 요소와 함께 다음의 제안을 활용하십시오.

➤ 지속적인 공감대를 형성하고 당신의 친절함을 유지하는 동시에 명확한 메시지를 전달하십시오.
➤ 많은 관점에서 상황을 이해하는 능력을 유지하되 당신의 주요 입장에 초점을 맞추십시오.
➤ 연관될 수 있는 다른 이슈들을 생각하고 미래의 토의를 위해 그것들을 가지고 있되, 한 번에 하나의 주제에 초점을 맞춘 피드백을 유지하도록 하십시오.
➤ 9유형이 조화와 위안을 만드는 시간 동안, 피드백을 받는 사람은 자신의 문제를 더 빠르고 직접적으로 해결하기를 원한다는 사실을 기억하십시오

9유형이 피드백을 좀 더 수용적으로 받는 방법

➤ 누군가 당신에게 부정적인 피드백을 제공할 때, 상대가 자신에게 화를 내거나 관계가 나빠지거나 또는 자신의 마음이 상하게 될 것이라는 걱정 때문에 상대방이 전달하는 메시지에 집중할 수 없게 됩니다. 당신이 원할 때마다 열린 마음으로 명확한 질문을 하도록 하십시오.
➤ 피드백이 긍정적이든 부정적이든 피드백 제공자가 말한 것에 대해 당신이 답변 하는 기회를 갖는다는 것이 중요합니다. 당신이 원하는 만큼 상대와 충분한 대화가 이뤄지지 않는다면, "당신이 말한 것을 제대로 이해할 수 있게, 제가 질문하거나 혹은 당신의 의견에 답변할 수 있을까요?"라고 말하여 그 부분을 언급할 수 있게 하십시오.
➤ 아주 소수의 사람들만 피드백 제공을 편하게 여긴다는 것을 기억하십시오. 그리고

피드백 제공자 또한 서로의 관계 대해 당신만큼 걱정한다는 것도 기억하십시오. 관계는 정직하고 진실한 대화를 통하여 깊어지기도 합니다.

갈등관리 전략

    직장과 가정에서 인간관계는 어느 정도의 갈등을 포함하고 있습니다. 갈등은 다양한 요인 때문에 발생하며, 일반적으로 다음과 같은 핀치(분노유발)-크런치(충돌 상황) 사이클을 따라갑니다.

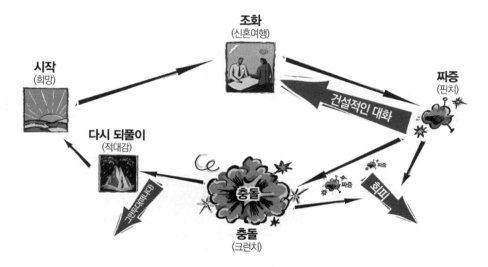

    갈등의 근본 원인이 무엇이든지 간에 개입된 핵심 당사자의 에니어그램 유형은 갈등의 역동성 및 해결에 있어서 중요한 요소가 됩니다. 에니어그램을 사용하면 당사자 모두가 파괴적인 경험이 아니라 건설적으로 갈등을 해결할 수 있습니다. 자신에 대해 잘 알고, 갈등상황에서 자신의 책임에 대해 잘 이해하며, 건설적으로 자기관리를 할수록, 그리고 에니어그램 지식을 통해 타인에게 접근하는 최선의 방법을 잘 아는 만큼, 신속하고 효과적인 결과를 얻을 수 있는 기회가 커집니다.

    모든 에니어그램 유형에는 독특한 핀치(분노 유발자)가 존재합니다. 즉 어떤 유형의 사람에게는 항상 분노를 유발하는 특정 상황이 다른 유형의 사람에게는 영향을 미치지 않을 수 있습니다. 9유형의 경우 다음과 같은 상황이 핀치가 됩니다.

분노를 성장의 기회로 변화시킬 수 있는 계발 전략

1. 업무 관계가 시작될 때 나를 화나게 하는 것이 무엇인지 공유하십시오

업무 관계 초반에 공감대를 형성하는 데 시간을 보내는 것은 9유형에게 쉽습니다. 하지만 그들은 다른 유형에 비해서 덜 형식적입니다. 예를 들어 다른 사람의 사무실에 들러서 수다를 떨거나, 다른 사람과 점심을 함께하며 업무 관련 이야기든, 그와 관련 없는 이야기든 자유롭게 하는 것 등입니다.

그러나 핀치에 대하여 이야기하는 것은 체계와 집중이 필요합니다.

새로운 동료에게 자유로운 권유를 하는 것은 9유형에게 적합합니다. 예를 들어 "우리 서로가 생산적이고 조화롭게 일하기 위해 서로에게 원하는 것을 이야기하는 시간을 가져보면 어떨까요? 그러면 끝까지 부드럽게 일을 지속하는 데 도움이 될 듯하네요."라고 말하는 것입니다. 핀치에 대해 말하기 위해서 9유형은 "나는 무시당하는 것은 원치 않습니다."라고 말하는 것보다 "나는 업무와 관련 되는 결정과 대화에 참여하고 싶고 다른 사람도 결정에 참여할 수 있기를 원합니다."라고 말할 수 있습니다. "나는 지시 받기를 원치 않습니다."라고 말하기보다는 "다른 사람이 내가 무언가 하기를 바랄 때, 명령이나 숨겨진 기대를 갖는 것보다는 정직한 요구를 하는 것을 매우 선호합니다. 사실, 그 일이 이루어지도록 내가 영향을 주거나 기여를 하는 것이 저에게 도움이 됩니다."라고 말할 수 있습니다.

주의를 주자면, 9유형이 핀치에 관련된 대화를 주도하였는지를 확실히 할 필요가 있습니다. 그들이 그렇게 의도를 한다고 해도, 대화가 편안해지고 주제가 흥미롭다면, 핀치(분노 유발자)가 대화를 하기 전에 사라져 버릴 수 있습니다. 이들은 보편적으로 지니고 있는 갈등에 대한 반감 때문에 핀치와 관련된 대화를 피할 수도 있습니다. 9유형은 핀치에 대한 대화가 갈등과는 다르다는 것을 기억할 필요가 있습니다. 사실은, 핀치에 대한 대화가 갈등을 방지할 수 있습니다.

2. 핀치를 느끼거나 화가 나는 것을 알아차리는 즉시 말하십시오

세 가지 이유로 9유형은 이 활동이 어려울 수 있습니다. 첫 번째로 언급하였듯이 핀치를 느낀 9유형은 자신의 불쾌함을 인식하지 못합니다. 그러나 자신과 자신의 반응에 깊은 주의를 기울이기 시작한다면, 이들은 자신이 동요하고 화가 났다는 것을 인식할 것입니다. 그럼에도 불구하고, 무엇이 진짜 핀치의 원인인지를 진지하게 살펴볼 필요가 있습니다. 또한 자신이 불쾌한 이유를 진짜 원인과는 상관없는 사소한 신체적 불편감이나 작은 짜증을 유발하는 외부적 상황들에 돌려서는 안 됩니다.

둘째, 자신이 핀치 되었다는 것을 인식할 때 갈등이 생길 수 있다는 두려움 때문에 아무 말도 못 할 수 있습니다. 핀치가 일어나는 즉시 논의하는 것은 갈등을 줄이고, 동료와의 신뢰관계를 증진시키며 공감대를 형성하는 데 도움이 됩니다. 여기에는 허심탄회하게 자신을 털어놓는 정직함이 있기 때문입니다.

마지막으로, 9유형은 타인에게 말하고자 하는 의욕은 있지만 대화의 시작이 늦어질 수 있습니다. 타이밍이 적절치 않다고 느끼거나, 급한 업무로 인해 필요한 이야기를 미루곤 합니다. 따라서 9유형은 핀치가 일어난 직후에 반드시 이야기한다는 원칙을 스스로에게 굳게 약속해야 합니다. 이렇게 하는 것이 9유형에게는 조금 어색할 수 있지만, 대화 없이 핀치가 쌓이도록 내버려두면 그 후에 대화를 갖기가 더 어려울 수 있습니다.

3. 핀치나 스트레스에 따른 행동이 시작되려고 하면 운동이나 산책 등 신체 활동을 하십시오

핀치가 일어났을 때 신체 활동을 하는 것은 다른 에니어그램 유형과 마찬 가지로 효과가 있습니다. 9유형이 분명히 해야 할 것은, 갈등을 피하기 위한 방법으로 걷기나 다른 형태의 운동을 사용해서는 안된다는 점입니다. 자연에 몸을 맡기고 신체 활동에 참여하는 것은 9유형을 진정시킵니다. 이것은 종종 멍해지게 하거나 문제가 되는 것들을 잊어버리는 단계로 이끌기 때문입니다. 9유형의 주의초점이 자신에게서 벗어나 그들이 참여하고 있는 활동을 향하게 될 때에는, 다시 자신에게 주의초점을 돌릴 필요가 있습니다. 다음의 구조화된 훈련은 자신에게 다시 주의를 돌릴 수 있도록 도와 줍니다. 신체 활동을 하는 동안 10분마다 자신에게 다음의 두가지를 물어보십시오.

나는 여전히 나에게 핀치를 일으킨 그 문제에 대해서 주의를 기울이고 있는가? 그것에 대한 지금 나의 생각과 감정은 무엇인가?

4. 부정적인 반응이나 핀치를 느낀다면 자신에게 질문하십시오

9유형으로서의 나에 대해 말하는 상대방의 행동은 무엇인가? 이 상황에 대한 나의 반응은 무엇인가? 그리고 여기서 내가 계발할 수 있는 영역은 무엇인가?에 대해 질문해 보십시오.

핀치와 크런치에 대해 심도 있게 탐구하는 것을 통해 어떻게 내 안에서 최상의 것을 끌어낼 수 있을까요?

어떤 9유형에게는 질문을 하는 것이 어려울 수 있습니다. 왜냐하면 이 질문들은 자신에게 진정으로 주의 집중하는 것이 요구되기 때문입니다. 9유형은 자기망각 유형으로 알려져 있습니다. 이는 자신의 사고와 감정, 필요, 또는 자신이 해야 할 일에 주의를 기울이지 않는 경향이 있다는 뜻입니다. 어떤 면에서 9유형은 게으르다 볼 수 있습니다. 다른 에니어그램 유형들 역시 자기망각을 하고 게으르기도 하지만 9유형 정도는 아닙니다. 위의 질문에 대답할 수 있을 정도로 9유형이 자신에게 초점을 맞춘다는 것은 쉽지 않습니다. 하지만 이것은 그들에게 매우 좋은 경험이 될 수 있습니다. 갈등 회피는 9유형의 성격 구조의 중심입니다. 9유형은 갈등을 해결하는 데 있어서, 종종 자신이 이용을 당하거나 상당 부분 무시를 당한다고 느낍니다. 왜냐하면 그들은 자기 자신의 진정한 감정을 표현하거나 자신의 입장을 주장하는 것 그리고 그들이 진정으로 믿는 것을 표현하는 데 어려움을 겪기 때문입니다. 9유형은 종종 자신의 잠재적인 갈등상황을 해결하는 방법으로, 묵인하거나 수동적 공격성을 갖거나 싫다고 말하고 싶은 상황에 '예'라고 대답하는 것을 사용하는 자신을 발견합니다.

팀 계발 전략

집단과 팀 간에는 차이가 있습니다. 집단은 공통 관심사가 있는 개인들의 집합을 말합니다. 팀은 하나 이상의 목표를 공유하는 구성원으로 구성된 특정 유형의 그룹입니다.

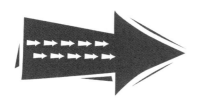

팀 구성원 간 상호의존성이 최적일 때에만 팀의 해당 목표를 달성할 수 있습니다. 또한 팀 구성원에게는 각각의 역할이 있습니다. 이 역할은 자신의 에니어그램 유형과 연관되어 예상 가능한 행동 패턴에 의한 경우가 많습니다.

과업 역할에는 과업 자체에 초점이 맞추어진 행동이 포함됩니다. 관계 역할에는 감정, 관계 및 의사결정과 갈등 해결 등의 팀 프로세스에 초점을 맞춘 행동이 포함됩니다. 그리고 팀은 형성기, 혼동기, 규범기, 성취기로 이루어진 4개의 연속 발달 단계를 거치기 때문에 독특하면서도 예측 가능한 역동이 존재합니다. 각 단계마다 다음 단계로 이동하기 전에 해결해야 하는 다음의 질문들이 있습니다.

팀 발달 단계	질 문
형성기	우리는 누구인가, 우리는 어디로 가는가, 우리 모두 함께 그곳으로 갈 것인가?
혼동기	건설적이고 생산적인 방식으로 서로의 의견을 달리할 수 있는가?
규범기	최상의 팀을 조직하고 함께 일을 잘할 수 있는 방법은 무엇인가?
성취기	소진되지 않고 높은 수준에서 지속적으로 성과를 창출할 수 있는 방법은 무엇인가?

9유형 팀원과 팀 리더들을 위한 계발 전략

1. 팀 목표

당신은 매우 구체적이고, 의미 있으며, 합의하에 도출된 팀 목표를 선호할 수 있습니다. 하지만 다른 팀원들은 보다 높고 이상적인 목표를 필요로 할 수 있습니다. 그리고 몇몇 목표는 합의 없이 리더 스스로 결정할 필요도 있습니다. 팀 목표를 계획할 때 더 큰 그림으로부터 그릴 수 있도록 하고 모든 목표가 공통적인 그룹의 합의를 통해 이루어질 필요는 없다는 생각을 지지해야 합니다.

2. 팀 상호의존성

당신은 안정적이고 조화로운 분위기에서 특정 과제를 위해 상호의존성을 갖는 팀으로 일하기를 선호할 수 있습니다. 하지만 어떤 팀들은 효율성을 위해 특정 업무를 넘어 독립적으로 일 하 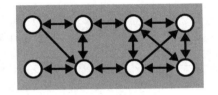 는 것이 필요할 수 있다는 점, 그리고 갈등과 차이점을 표면에 드러내서 해결해야 높은 수준의 성과를 낼 수 있다는 점을 명심하십시오. 팀에서 필요한 상호의존적 분위기를 지원하고 불협화음과 부조화가 있는 팀일지라도 효과적으로 능력을 발휘하도록 도우십시오.

3. 팀 역할

당신의 전형적인 과업관련 팀 역할은 업무와 관련하여 '무엇을, 언제, 어떻게, 왜, 누가'에 대한 정보를 제공하는 역할입니다. 당신의 관계관련 팀 역할은 팀 상호작용을 조화롭게 하고, 다른 사람들을 도와 갈등의 긍정적인 해결을 촉진합니다. 또한, 편안함을 느끼도록 타인과 연결하여 합의를 이끌어내고 갈등에 대한 다른 사람의 감정과 입장을 이끌어내어 건설적인 해결책을 조정하는 것입니다. 이러한 전형적인 역할을 뛰어넘어 더 나아가 추가적인 팀의 목표와 관계 역할을 맡아보십시오.

과업 역할

▶ 새로운 과업 역할

정보 평가, 다른 사람들로부터 나온 아이디어와 정보에 반응하고 평가하는 것

▶ 새로운 관계 역할

직면하여 맞서는 것을 통해 도전하기

관계 역할

4. 팀 역동

4개로 구성된 팀 발달 단계(형성기, 혼동기, 규범기, 성취기)에서 다음의 방법을 통하여 당신의 행동 목록을 계발하도록 시도하십시오.

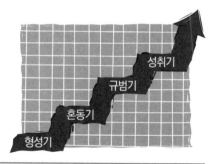

형성기	집중할 수 있도록 노력하십시오. 형성기의 과정이 비생산적이고 당신의 예상보다 오래 걸리더라도 인내하십시오
혼동기	중재를 위한 노력이 제대로 효과를 발휘하지 않더라도 갈등 가운데 머물면서 중재하는 데 애쓰고, 다른 사람도 그렇게 하도록 격려하십시오
규범기	당신의 장점을 유지하여 팀이 합의를 통해 일할 수 있도록 돕고, 그 아이디어가 당신에게는 제한적으로 보이더라도 팀의 최대 이득이 되는 아이디어에 대해 수용적이 되십시오.
성취기	자신을 즐기는 능력을 유지하고 자신을 소모시키지 않도록 주의하십시오

9유형 리더를 위한 추가적인 팀 계발 전략

1. 팀 프로세스뿐 아니라 팀의 구조까지 영향을 주는 방법을 배우십시오

팀 구조(예를 들어 조직도, 업무분담, 역할, 과업 구조)를 바꾸거나, 팀 프로세스를 재설계 하는 것이 이슈에 대처하고 높은 팀 성취를 이루는 데 가장 좋은 접근법인지 아닌지 결정하는 것은 도전적인 일입니다. 상황에 따라 두가지 다 효과가 있을 수도 있고 때로는 다른 하나가 더 나을 수 있습니다. 팀 프로세스를 바꾸려고 시도할 때마다, 다음의 질문을 하십시오. 구조적 변화를 만들 수 있는가?

팀 프로세스를 변경하기 전에 위의 질문에 대한 답이 없을 때, 다른 사람들로부터 아이디어를 구하고, 당신이 프로세스 변화에 대해 익숙해지고 편안할 때까지 구조적 변화를 실험하십시오.

2. 명확히 하도록 훈련하십시오

당신의 생각과 원하는 것을 다른 사람에게 분명하고 명확히 하는 것이 처음에는 어색할지라도, 한번 시작하고 나면 기분이 좋아지는 것을 느낄 수 있을 것입니다. 다른 사람과 이야기할 때, 자신에게 묻도록 하십시오. 내가 진짜 생각하는 것이 무엇인가? 내가 진짜로 그들이 행하길 원하는 것이 무엇인가? 그리고 그들에게 친절하고 상냥하지만 단호하게 말하십시오.

3. 세부적으로 파고들지 마십시오

팀원들은 당신으로부터 지도, 피드백, 지원, 그리고 자원을 바랄 수도 있습니다. 당신이 그들의 길에 놓인 방해물을 제거해 주기를 바라지만 너무 세부적으로 파고드는 것을 바라지는 않습니다. 비록 당신은 세부적인 것을 좋아할지도 모르지만 팀원들은 더 높은 수준의 업무를 하는 당신을 필요로 합니다. 그래서 당신이 좀 더 중요한 이슈를 다룰 수 있는 시간을 갖고 당신으로부터 해결점이 나오기를 바랍니다.

리더십 계발 전략

리더십 계발을 위한 치열한 도전들은 복잡하면서 힘들고 예측 불가능하지만 흥미진진하면서도 충분한 보상이 따르는 일입니다. 그 도전에는 유쾌한 상황이나 스트레스 상황에서도 수백 명의 사람들과 효과적으로 상호작용하고, 자신을 관리할 수 있는 능력이 요구됩니다.

이러한 이유로 리더들은 정직한 자기성찰의 시간을 반드시 가져야 합니다. 비범한 리더가 되는 사람은 미래를 예상할 수 없더라도 도전에 직면함으로써 진취적이고 혁명적인 방법으로 성장할 수 있습니다.

탁월한 리더십은 여러 가지 형태로 나타나며 특정한 에니어그램 유형의 전유물은 아닙니다. 당신의 에니어그램 유형은 리더로서의 강점이 있지만, 성공으로 가는 길에 장애물을 만들어내곤 합니다.

9유형의 리더는 보통 포용과 화합이라는 특별한 재능을 가지고 있습니다. 그러나 가장 뛰어난 장점은 또한 가장 취약한 약점이 될 수도 있습니다. 협력을 조성하고 명확한 구조를 제공하며 운영의 세부 사항을 완수하려는 노력을 하지만, 9유형 리더들은 갈등을 회피하고 빠르게 반응하지 않으며 업무위임이 제대로 되지 않는 조직을 만들 수 도 있습니다.

리더십 향상을 위한 계발 전략

1. 자신을 직접적으로 표현하십시오

처음부터 다른 사람이 무엇을 생각하는 지를 찾기보다는 자신의 생각과 감정을 표현하고 다른 사람들이 당신에게 반응하도록 하십시오.

2. 가장 중요한 것을 강조하십시오

지나친 세부사항과 장황한 이야기로 설명하기보다는 파워포인트로 프레젠테이션을 하는 것처럼 당신의 핵심 포인트를 강조하며 의사소통을 하도록 훈련하십시오.

3. 당신의 책상에서 불필요한 것을 치우십시오

더 많이 위임하고 행정업무들을 책상으로부터 사라지게 하며, 매일 서류 작업에 정해진 시간을 사용함으로써 리더 자신이 조직의 병목현상이 되지 않도록 하십시오.

성과창출 전략

지속적으로 높은 품질의 성과를 보이고, 성과를 위해 매진하며, 자신의 잠재력에 도달함으로써 고객에게 신뢰를 얻는 것은 중요한 일입니다. 이를 통해 생산성이 증가되고, 신제품 개발 분야의 한계가 넓어지며, 자신의 분야에서 리더로서 조직을 지원하게 됩니다.

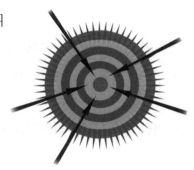

1. 업무순환을 지속 시키십시오. 특히 당신의 책상으로부터 벗어나도록 하십시오

당신은 당신이 편리한 정해진 시간 안에 업무를 처리하고 싶은 욕구를 가지고 있지만, 이는 타인에게는 중압감과 스트레스 그리고 병목현상이 될 수 있습니다. 이 현상은 특히 프로젝트가 크고 복잡하거나 다른 사람이 일을 시작하기 전에 당신으로부터 응답을 기다릴 때 더욱 사실이 됩니다. 당신이 스스로 정한 업무속도보다 더 빠른 속도로 업무를 순환시키는 것은 특히 중요합니다.

2. 큰 그림에 초점을 맞추십시오

일상의 업무 처리도 중요하지만 당신이 책임자라면, 큰 그림에 집중하는 것이 더 중요합니다. 다른 사람들에게 많은 것을 위임하고 그들에게 요구사항을 자세히 설명하십시오. 그들에게 지시하는 것을 두려워하지 마십시오. 이것은 리더의 업무 중 하나입니다.

3. 자신을 더 많이 피력하십시오

　당신을 위하고 당신과 함께 일하는 사람들은 당신의 의견에 동의하지는 않는다 하더라도, 당신의 입장을 알기를 진심으로 원합니다. 다른 사람이 당신과 반대되는 의견을 갖고 있다하더라도 그 문제에 대해 대화하는 것은 오히려 그 사람과 더 가까운 업무관계를 가질 수 있도록 합니다. 당신의 사고와 통찰력을 당신 안에 가두어 두지 마십시오. 논의 초기에 당신의 진짜 생각이 무엇인지를 분명히 밝히도록 하십시오. 그리고 원하는 것과 필요가 무엇인지를 상대에게 직접 물어보십시오.

전략 계발

　팀과 조직이 최상의 성취도와 효율성에 도달하려면, 리더들과 각 공헌자들은 조직의 진정한 비즈니스가 무엇인가를 이해하고 다방면으로 생각해서 전략적으로 행동해야 합니다.

　'비즈니스 파악하기'와 '전략적으로 사고하고 행동하기'는 서로 밀접하게 연관되어 있습니다. 비즈니스를 이해하지 않고, 전략적으로 사고하고 행동하기란 있을 수 없습니다. 이 사실을 알고 있다면, 이것을 전략적인 방법으로 사용할 필요가 있습니다. 그 방법으로는 공통의 강력한 비전을 갖고 일하기, 고객에게 초점을 맞춘 미션, 훌륭한 전략, 그리고 그 전략과 일치되는 효과적인 목표와 전술이 있습니다.

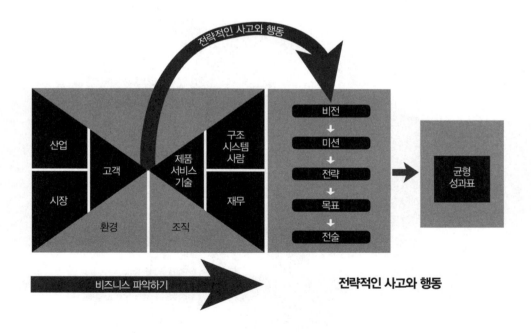

전략적인 사고와 행동

1. 전략적이 되십시오

비록 당신은 세부적인 것들을 다루는 것이 편안할지 몰라도, 이것이 타인들의 책임 분야 내에 있다면 그들이 처리하도록 놔두어야 합니다. 너무 많은 세부항목에 관여하게 될 때 자신에게 말하십시오.

나는 너무 사소한 것에까지 관여하고 있어. 전략적인 사람이 되어야 하는데 너무 전술적인 사람이 되고 있어. 내가 진정으로 주의를 기울여야 되는 것은 무엇인가?

2. 분명한 비전과 임무 그리고 전략을 기반으로 일하십시오

만약 당신이 리더라면 당신의 비전과 미션 그리고 전략에 대하여 종이 한 장에 써보십시오. 적어도 세 명에게 그것들을 설명하고 다음과 같은 질문을 해보십시오. 나의 설명이 실행가능하고 강렬하며, 고무적이고 간결했는가?

당신이 받은 피드백을 토대로 수정본을 만든 뒤에 다른 세 사람에게 수정된 비전과 미션 그리고 전략에 대해 이야기한 후 피드백을 받으십시오. 긍정적인 피드백만을 받을 때까지 이 과정을 반복하십시오. 마지막으로, 비전과 미션, 전략, 더불어 목표와 전술을 당신을 위해서 일하는 사람들과 함께 나누도록 하십시오.

만약 당신이 팀의 리더가 아니더라도, 여전히 비전과 미션 그리고 전략을 토대로 일을 해야 할 필요가 있습니다. 당신의 작업 단위를 위한 비전과 미션, 전략을 써보십시오. 당신이 맡은 모든 일을 할 때 스스로에게 질문해 보십시오. 내 업무가 팀의 전략과 미션, 비전과 어떤 관련이 있는가?

만약 답을 찾지 못했다면 당신이 그 일을 정말 해야 할 필요가 있는지 직장 상사와 논의한 후에 결정하십시오.

3. 조직적 우선순위를 정하고 따르도록 하십시오

앞으로 6개월 동안 중점적으로 다루어야 할 가장 중요한 3~5개 분야에 대한 목록을 작성하십시오. 네 장의 복사본을 만들어 눈에 잘 띄는 곳에 두고 매일 읽을 수 있도록 하십시오. 한 가지 업무에 30분 이상 사용하려 할 때, 자신에게 질문하십시오. 이 업무가 조직의 우선순위 목록과 일치하는가?

만약 대답이 '아니요'라면 이 업무를 반드시 해야 할 필요가 있는지 결정하고, 그렇다면 누가 그 일을 마무리해야 할 수 있을지 결정하십시오.

의사결정 계발 전략

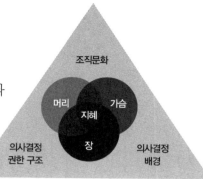

사람들은 매일매일 의사결정을 하지만 의사결정 과정에 대해서 생각하는 일은 드뭅니다. 가장 현명한 결정은 머리(논리적인 분석과 계획), 가슴(가치, 감정, 사람에게 미치는 영향), 장(행동을 취함)의 세 가지가 통합된 방식으로 사용되었을 때 이루어집니다. 직장에서의 의사결정은 다음과 같은 세 가지 요인, 즉 조직 문화, 조직의 의사결정 권한 구조, 결정 자체의 배경을 고려해야 합니다.

다음의 표는 9유형의 현명한 의사결정을 위한 지능의 중심(머리, 가슴, 장)을 계발시키는 방법을 나타냅니다.

9유형의 의사결정 계발활동			
지능의 중심	머리	객관적 분석	당신이 너무 많은 양의 데이터를 수집하고 상황을 과도하게 분석할 수 있다는 것을 명심하십시오. 이것은 어떤 정보가 가장 적절한 것인가에 대해 혼란을 초래합니다.
		예리한 통찰력	당신이 만드는 결정과 관련된 통찰력을 존중하고 말로 표현할 수 있도록 하십시오.
		생산적 계획	당신의 시간 일정을 신중하게 계획하고 따름으로써 기한을 맞추도록 하십시오.
	가슴	공감	당신이 부정적으로 생각하고 불만스러운 사람들과 함께 있더라도 당신의 공감을 유지하도록 하십시오.
		진정한 관계	의사결정과 의사결정 과정의 다른 견해들에 대해 당신의 진실된 감정을 대화 초기에 공유하도록 하십시오.
		연민	당신의 의사결정에 극렬히 반대하는 사람에게도 친절한 태도를 유지하십시오.
	장	효과적인 행동 취하기	당신이 꾸물거리는 이유를 알아 내십시오. 너무 느린 것보다 오히려 너무 빠른 행동을 하면 발생하는 문제와 이유를 찾아내십시오.
		흔들리지 않는 견고함	고집은 부리지 말고 반대와 갈등에 직면하더라도 당신이 최선책이라 믿는 결정에 대해 흔들리지 마십시오.
		본능적 이해	의사결정을 할 때마다 추가적인 정보를 위해 당신의 본능에 조언을 구하십시오.

조직변화 계발 전략

현대의 조직에서 변화는 하나의 생활방식이 되었습니다. 기업은 늘어나는 경쟁, 줄어드는 자원, 부족한 마케팅 시간, 높아지는 고객의 기대 수준, 증가하는 법 규정, 수많은 과학 기술, 커지는 불확실성 등으로 이루어진 점점 더 복잡한 환경에 존재하고 있습니다. 조직은 성공을 위해 유연하고, 헌신적이며, 비용에 민감하고, 빠르게 대응해야 합니다. 그 결과 예측하지 못한 방향으로 전환해야만 하는 경우에, 모든 계층의 직원이 팀 내에서 유연하고 효과적으로 변화를 수용하며 역할을 다할 수 있어야 합니다.

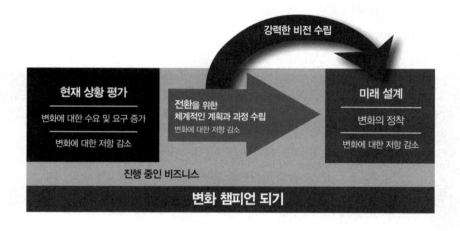

1. 자신과 생각과 필요들 그리고 감정을 타인에게 표현하는 것을 배우십시오

자신을 다른 사람들에게 표현하는 것을 많이 연습할수록 그렇게 하는 것이 점차 편안해질 것입니다. 이 훈련을 통해 다른 사람들은 당신이 진짜 어떤 사람인지를 알게 되므로 당신과 그들 사이의 공감대 형성에 진전이 있을 것입니다. 당신의 생각과 감정을 표현하는 것이 처음에는 어색할 수도 있습니다. 만약에 잘 아는 사람들과 이 연습을 하게 된다면, 그들도 이 행동이 당신에게 새로운 것이라는 사실을 알게 될 것입니다. 그렇게 할 때 당신이 기대한 것 이상으로 그들은 당신을 받아들일 것입니다. 변화의 초기 단계 에서 일어나는 일에 대해 당신이 목소리를 강하게 내는 것은 특히 중요합니다. 이러한 당신의 영향력이 다른 사람들에게 도움을 줄 수 있습니다.

2. 당신의 분노가 초기에 나올 수 있도록 하십시오

변화의 노력은 일반적으로 변화에 영향을 받은 사람에게서 강한 감정을 이끌어 냅니 다. 그리고 광범위한 분노의 감정은 일반적일 수 있습니다. 오히려 변화의 시간 동안 자 신의 깊은 감정을 표현하는 것이 중요합니다. 분노를 느끼는 것은 자연스러운 일이지만, 9유형은 자신과 상대를 화나게 하고 불화가 생길까 걱정되어서 화를 표현하지 않습니 다. 그러나 표출되지 않은 분노는 일반적으로 사라지지 않습니다. 마침내 그것이 폭발할 때까지, 분노는 표면 아래에 존재합니다. 당신이 화가 날 때 나타나는 초기 증세들을 알 아차리게 될 때 그 증세는 다음과 같습니다. 예를 들면, 당신의 배 안에서 일어나는 감각 들 또는 머릿속에서 일어나는 반복적인 특정한 생각들이 여기에 해당합니다. 그리고 타 인과 자신에게 문제가 있다는 것을 인지하게 될 때 당신의 분노에 대해 더 이성적이고 덜 감정적으로 논의할 수 있을 것입니다.

3. 다른 사람에게 도움을 요청할 때 구체적으로 하십시오

변화의 시간 동안 새로운 업무와 기존의 업무 두 가지 모두를 이루기 위해 동료들 사 이에서 두 배 정도의 업무와 상호의존성이 나타나게 됩니다. 만약 당신이 직접적으로 도 움을 요청한다면 실제로 많은 사람들에게 의지할 수 있습니다. 모든 사람이 긍정적인 반 응을 보이는 것은 아니지만 당신이 그들을 지지하기 때문에 많은 사람들이 당신을 돕는 것을 기쁘게 여길 것입니다. 직접적으로 도움을 청하고 업무를 위임하십시오. 간접적으로 도움을 청한다면(예를 들어 피곤하다고 말하거나 일을 하는 방법에 대하여 물어봄), 사람들은 당신이 그들에게 실제로 무엇인가를 해주길 바란다고 생각하지 않을 것입니다.

변형 전략

9유형은 갈등과 긴장, 적대감은 원하지 않으며 평화와 조화, 긍정적인 상호 존중을 추구합니다. 그러나 여기에서 벗어나기 위해서는, 감춰진 갈등과 적대감, 무조건적인 존중과 존경은 당신이 하려는 어떤 노력과도 별개로 모든 사람과 모든 것에 연결되어 있다는 이해가 있어야 합니다. 이러한 이해를 바탕으로 9유형은 다음과 같은 변형을 향해 앞으로 한 발짝 나아갈 수 있게 됩니다.

1. 정신적 변형

정신적 패턴의 나태(정신적으로 주의가 분산되어 당신에게 중요한 것을 망각하고 당신의 의견과 입장을 말하지 않음으로써 다른 사람과의 갈등을 최소화시키는 과정)을 사랑(세상에는 서로에 대한 무조건적인 존중과 감사를 바탕으로 한 근원적이고 보편적인 조화가 있다는 믿음)이라는 더 높은 차원의 신념으로 변형하십시오.

▶ 정신적 활동

당신의 주의가 분산되거나, 우선순위를 망각하기 시작하거나, 또는 갈등을 회피하기 위해 다른 행동을 하려고 할 때가 있습니다. 이 경우에 과거 당신이 집중을 유지했을 때나 서로에 대한 깊은 존중과 호의를 바탕으로 한 근본적인 조화를 인식했던 때를 떠올려 보십시오. 그 시간을 생각해보고 그 당시 일어났던 것들을 떠올려 보십시오. 초점을 유지하고 몇 분간 그 사건을 기억하십시오.

2. 감정적 변형

감정적 습관의 태만(자신의 감정과 욕구에 주의를 기울이지 않고 자신이 가장 바라는 행동을 취하지 못하는 상태)을 바른 행동(당신이 취해야 할 행동을 정확히 알기 위해 자신과 타인에 대해 충분히 자각하고 있는 감정상태)이라는 더 높은 차원의 자각으로 변형하십시오.

▶ 감정적 활동

당신이 자신과 깊은 감정, 필요에 주의를 기울이지 않는다는 것을 인지하게 되면, 당신의 삶에서 자신을 완전하게 나타내고 자신과 타인 모두를 인지하여 본능적으로 무엇을 해야만 하는지 알아차린 때를 한 번 이상 떠올려 보십시오. 그때의 환경과 그 당시에 어떤 느낌이었는지 그리고 그때 무엇을 경험했는지를 기억해보십시오. 그 순간의 경험에 온전히 다시 연결될 때까지 당신의 마음과 생각속에 그 순간을 반복해서 떠올려 보십시오.

자기계발 공통 전략

성장을 위한 강한 의지를 가진 사람과 자기계발을 위해 책임을 지는 사람을 위한 것으로서 다음의 내용을 담고 있습니다.

▶ 목차

자기완성self-mastery을 위한 계발 전략

자기완성은 모든 개인적이고 직업적인 계발의 기초가 됩니다. 이것은 매일 마주하게 되는 새로운 도전이 성장을 위한 기회라고 인식하는 것을 바탕으로 자신의 생각과 느낌, 행동을 이해하고 수용하며 변형시킬 수 있는 능력을 말합니다. 자기완성은 자기인식으로부터 시작되고, 그림에서 보이는 요소들을 포함하면서 확장됩니다.

자기완성의 장은 다음과 같은 내용으로 구성되어 있습니다.

➤ 자기완성에 관련된 모든 유형의 세 가지 공통의 이슈
➤ 자기완성의 세 가지 단계와 각 단계에 해당하는 개인의 행동양식을 보여주는 표
➤ 모든 유형을 위한 세 가지 계발전략

모든 유형을 위한 공통 계발 이슈

자신의 생각과 감정, 행동의 패턴을 알아차리고 자신의 상태에 대한 객관적인 감각을 갖고 당신의 존재 수용하기	자신의 책임을 받아들이고, 자신의 책임과 타인의 책임을 구분할 수 있는 사람 되기	중압감을 느낄 때 성장과 계발을 추구하는 것이 아니라 스스로 평생 학습을 지속하기

자기완성 단계

다음 표는 자기완성의 3단계(낮음, 보통, 높음)를 나타내고 자기완성 추구의 핵심 요소와 관련하여 각 단계에서 개인이 어떤 행동을 해야 하는지 묘사합니다. 자세한 설명을 위해 6가지 자신감을 키우는 요소는 다음의 범주로 다시 나눠집니다. 자기인식, 피드백에 대한 반응, 자기책임, 자기동기화, 자기관리, 감정적 성숙, 개인 비전, 통합, 성격 통합, 그리고 평생학습의 지속입니다.

	낮음	자기완성도	높음
	낮은 수준의 자기완성	중간 수준의 자기완성	높은 수준의 자기완성
자기완성의 구성요소 일반적 행동	대부분 반사적으로 행동하고, 비생산적인 행동을 보인다. 최소한의 전인통합을 보임.	자신의 내면 경험을 인식할 수 있지만, 종종 습관적으로 반응한다. 중간수준의 전인통합을 보임.	자신의 내면 경험에 대하여 매우 잘 인식하고 있으며 생산적이고 매우 유연한 방식으로 반응할 수 있다. 높은 수준의 전인통합을 보임.
자기 인식 (자기관찰을 할 수 있는 능력을 포함. 자신의 사고, 감정, 행동에 대한 자각)	자신의 사고, 감정, 행동에 대하여 인식하지 못하고 진짜 동기에 대하여 정직하지 못한다. 자기 관찰 능력이 없다.	지속적인 자기 인식은 할 수 없지만, 자기 인식 자체는 가능하다. 중압감을 느낄 시에는 자기 인식의 어려움을 겪는다. 간헐적인 자기 관찰을 보인다.	자신의 사고와 감정, 행동에 어려움 없이 접근하고 정직하게 반응한다. 사실적인 자아상을 가지고 있고 대부분의 시간 자기 관찰이 가능하다.
피드백에 대한 반응	피드백에 대해 적대적이고 부정하고 무시하며, 방어적이고, 비판받을 때 다른 사람을 비난한다.	가끔씩 피드백에 효과적인 반응을 하지만 과민반응이나 과소반응을 보일 수도 있다.	피드백을 환영하고 건설적으로 사용하며 정확한 피드백과 편견을 구분한다.
자기 책임	자신의 동기에 대해 왜곡된 지각을 갖는다. 행동의 원인을 타인에게 돌리고 자신의 생각과 감정을 타인에게 투사한다.	책임감을 갖고 행동하지만 중압감을 느낄 시에는 자신과 타인의 책임을 구분하는 데 어려움을 겪는다.	자신의 행동에 모든 책임을 진다.
자기 동기화	내면의 두려움이나 외부의 위협과 같은 부정적인 요인에 의해 동기화될 수 있거나 동기화가 전혀 되지 않을 수 있다.	부분적으로 자기 동기화가 가능하지만 자주 다른 것이 동기화의 요인이 되길 기대한다.	높은 수준의 자기 동기화가 가능하고 자기 결정이 가능하다.

	낮음	자기완성도	높음
	낮은 수준의 자기완성	중간 수준의 자기완성	높은 수준의 자기완성
자기 관리	과잉 통제 또는 통제가 전혀 안 되고 매우 반응적으로 행동한다.	가끔은 의식적인 선택을 하지만 종종 자동 조종 장치처럼 행동한다.	습관적으로 또는 반응적으로 행동하기보다는 자기 관리를 매우 잘한다. 통제 받지도 않고 통제하지도 않는다. 의식적이고 건설적인 선택을 한다.
감정적 성숙	자신을 피해자라고 여긴다.	개인적인 반응과 자신, 타인 및 사건에 대한 균형감을 지니는 능력 사이에서 오락가락한다.	거의 모든 상황에서 감정의 성숙함을 보인다. 개인적인 반응을 극복하고 상황에 영향을 주는 다양한 요소와 관점을 이해할 수 있다.
개인적 비전	개인적 비전이 없거나 부정 적인 비전을 가짐	불분명하거나 지극히 단순한 비전을 가짐	분명하고 긍정적이며 개인적인 비전을 가짐.
통합	가치와 일치하지 않는 행동과 행위를 하거나 파괴적인 가치를 가진다.	보통 긍정적인 가치를 가지지만 행동이 항상 가치와 일치되지는 않는다.	긍정적인 가치를 가지고 말한 것들을 실행한다.
성격 통합	행동은 매우 낮은 자신에 대한 이해도를 반영하고 사고, 감정, 그리고 행동 간에 부조화를 보인다.	행동은 간헐적인 자기 알아차림이나 사고, 감정, 행동을 지나치게 강조하는 것으로 나타난다. 행동이 감정 또는 언급된 의도와 항상 일치되지는 않는다.	행동은 매우 높은 자신에 대한 이해도를 나타내고 사고와 감정이 함께 일치되고 통합된다.
평생학습에의 지속	자기계발 혹은 평생 학습에 대한 헌신이 없음.	자기계발에 대해 미미하거나 중간 정도의 헌신을 갖고 있다. 중압감을 느낄 때 자기계발을 하려 한다.	자기계발을 계속 진행하기 위해 높은 헌신을 하고, 지속적인 활동을 통해 입증한다.

계발전략

1. 일지를 기록하십시오

사건들에 대한 당신의 개인적 반응과 자기완성에 대한 과정을 매일 기록하십시오. 일주일에 한 번, 반응과 진보의 패턴을 찾기 위하여 일지를 검토하고 발견한 패턴들을 기록하십시오.

2. 자신을 관찰하십시오

매일 자신의 업무적 개인적인 상호작용을 관찰하고 자기완성 기술을 연마하십시오. 자기계발에 관련된 기술과 대인관계에 대한 기술을 연마하고 다듬을수록 자기완성도를 높일 수 있을 것입니다.

3. 읽어 보십시오

다니엘 골먼Daniel Goleman이 저술한 「감성지능Emotional Intelligence」(New York: Bantam Books, 2005)을 읽어 보십시오.

의사소통 계발 전략

　다른 사람과 의사소통을 할 때 세 종류의 의도하지 않은 왜곡, 즉 말하는 방식, 신체언어, 맹점이 발생할 수 있습니다. 말하는 방식이란 전반적인 말하는 패턴을 의미합니다. 신체언어에는 자세, 얼굴표정, 손짓, 몸의 움직임, 에너지 수준, 그 외 수백 가지의 비언어적 메시지가 포함됩니다. 맹점이란 자신은 인식하지 못하지만 다른 사람에게는 매우 잘 보이는 의사소통의 요소로서, 자신에 대한 정보를 포함하고 있습니다. 우리 모두는 말하는 방식과 신체언어, 그리고 다른 추론적 자료를 통하여 무의식적으로 정보를 전달합니다.

　메시지를 수신하는 사람도 자신의 왜곡 필터로 듣는 내용을 왜곡합니다. 왜곡 필터는 수신자의 에니어그램 유형을 토대로 다른 사람의 말을 바꾸어 듣게 하는 무의식적인 관심과 가정들입니다.

말하는 방식　　　신체언어　　　맹점　　　　　　　　왜곡 필터

한 번에 한 가지씩 의사소통 방식을 변화시키십시오

가능하면 다음의 순서대로 한 번에 한 가지의 행동을 변화시키는 것이 가장 효과적입니다. 말하는 방식, 신체언어, 맹점, 경청시 왜곡필터의 순서로 변화시키는 것이 바람직합니다. 우리가 잘 인식하고 있는 행동을 변화시키는 것이 가장 쉽습니다. 가장 잘 인식하고 있는 것부터 가장 인식하기 어려운 것으로의 변화가 일반적인 순서입니다.

1. 당신의 인식을 향상시키십시오

1단계 당신이 메시지를 주고받을 때 일어나는 왜곡습관에 대한 인식을 향상시키십시오. 하루를 마무리하면서 15분정도 사용하여 그날 당신이 타인과 나누었던 의사소통에 대해 생각해 보십시오. 그리고 다음의 질문에 답하여 적어놓으십시오. 타인과의 의사소통은 얼마나 효과적이었는가? 나는 이것을 어떻게 알 수 있는가? 바꾸고 싶은 무엇이 있는가?

2단계 한 주간 1단계를 실행한 후 당신이 기록한 노트를 읽어보며 의사소통 패턴을 식별하도록 노력하십시오.

3단계 그 다음 한 주 동안 2단계에서 식별한 당신의 행동을 관찰하십시오.

4단계 3단계를 실행하는 주의 마지막에 당신이 변화시키고 싶은 행동을 한 가지 선택하십시오. 그리고 그 다음 한 주 동안 선택한 행동이 나타나는 때를 관찰하십시오. 가능하다면 그 행동을 하는 도중에 자신에게 알리십시오.

5단계 마침내 당신은 행동을 변화시킬 준비가 되었습니다. 한 주 동안 이 행동을 변화시켜보십시오. 당신은 행동을 하기 직전이나 하고 있는 도중에 변화시킬 수 있습니다. 두 가지 방법 모두 효과적입니다.

4단계의 과정을 지속적으로 하십시오. 변화시키고 싶은 행동을 선택하십시오. 필요한 만큼 그 과정을 반복하고 한 번에 한 가지 행동만 변화시키십시오.

2. 피드백을 구하십시오

동료를 포함한 타인들에게 당신의 의사소통 방식에 대해 피드백을 구하십시오. 당신이 잘 알고 있거나 당신이 존경하는 사람을 선택하도록 하십시오.

3. 자기 스스로 녹음하거나 녹화하도록 하십시오

다른 사람과의 전화 내용을 녹음하십시오. 여러 번에 걸쳐 검토하고 타인들에게 들어볼 것을 부탁하고 어떻게 느꼈는지 물어보십시오. 미팅할 때나 연설할 때 자신을 녹화하고 자신의 행동을 여러 번 검토하십시오.

4. 적극적으로 경청하십시오

당신이 왜곡해서 받아들이는 것을 줄이기 위해 능동적으로 청취하십시오. 다른 사람으로 부터 들은 내용과 감정 모두를 자신의 말로 설명해 보십시오. 그래서 상대방이 당신의 청취기량의 정확도를 사실적으로 확인해 줄 수 있도록
하십시오.

5. 코치를 활용하십시오

경험이 많은 코치를 활용하여 피드백을
구하십시오.

당신의 언어 표현을 확장하고 변화시키기 위하여 문자나 이메일을 사용하십시오

문자나 이메일을 보내기 전에 자신의 언어 선택과 어조를 검토하십시오.

▶ **수신자의 이름을 넣은 간단한 안부나 인사말을 포함시키십시오**

문자나 이메일을 좀 더 개인화함으로써 수신자의 응답률을 높일 수 있습니다.

▶ **적절한 마무리를 사용하십시오**

이를 통해 문자나 이메일 수신자는 당신이 무엇을 생각하는지 또는 수신자가 무엇을 해야 하는지 추측하지 않도록 도와줍니다.

▶ **가능하다면 완전한 문장을 사용하십시오**

완전한 문장은 수신자에게 당신이 말하고자 하는 바를 명확하게 전달합니다.

▶ **당신의 모든 의사소통의 수단이 문자나 이메일만 되어선 안 됩니다**

중요한 내용은 직접 대면으로 하거나 적어도 전화를 통해 하십시오. 당신이 보낸 이메일은 수백 명의 사람들에게 전달될 수 있음을 기억하십시오.

▶ **문자나 이메일을 보내기 전에 다시 읽어 보도록 하십시오**

다시 읽어 보는 것은 당신의 의사소통 방식을 더욱 잘 알 수 있도록 도와줍니다. 또한 당신이 의도하지 않은 단어 선택이나, 어조, 또는 문장을 확인할 수 있습니다.

피드백 계발 전략

　정직하고 긍정적이며 건설적인 피드백은 다른 사람들의 행동에 대해 직접적이고 객관적이며 단순하고 정중한 관찰을 의미합니다. 이러한 피드백은 인간관계와 직무 수행 모두를 향상시킵니다. 피드백을 할 때, 에니어그램의 통찰이 결합된 피드백 공식을 사용하면 원하는 성과를 내는 데 도움이 됩니다. 상대방이 당신에게 피드백을 할 때, 상대가 말하고자 하는 내용을 당신이 수용적으로 받아들일수록 새로운 시각을 얻으며, 더 나은 해결 방법을 활용할 수 있습니다.

자기계발 공통 전략 **403**

효과적인 피드백 전달 능력 향상 방법

다른 사람에게 피드백을 할 때는, 당신이 먼저 준비되어 있어야 하고 피드백을 받는 사람도 가능한 한 수용적 자세여야 바람직합니다. 피드백을 전달하는 방법과 시점이 실제로 말하는 내용만큼이나 중요하다는 점을 기억하십시오.

피드백을 계획하고 전달하려면 피드백 공식의 3가지 요소와 함께 다음의 제안을 활용하십시오.

➤ 말하기 전에 당신이 말하고 싶은 것을 생각하십시오.

➤ 그 사람이 바꿀 수 있는 부분에 대한 피드백을 제공하십시오.

➤ 당신의 의도가 상처를 주거나 변화를 강요하는 것이 아닌 돕기 위함임을 확실히 하십시오.

➤ 당신의 비언어적 의사소통에 주의를 기울이십시오.

➤ 개인적으로 피드백을 제공하십시오.

➤ 명확하면서도 동시에 정중하게 하십시오.

➤ 상대방이 당신의 피드백을 수긍할 수 있는 감정의 상태인가를 확인하십시오.

➤ 부정적인 피드백을 제공한 만큼 긍정적인 피드백을 제공하십시오.

➤ 상대의 행동을 판단하려 하지 마십시오.

➤ 대화는 쌍방향이 되도록 하십시오.

➤ 실천과 제안을 얻기 위하여 다른 사람과 역할극을 하며 예행연습을 해보십시오.

아무도 타인을 변화시키지 못한다는 것을 기억하십시오. 변화는 스스로 이룰 수 있습니다.

피드백을 더 수용적으로 받는 방법

➤ 피드백을 당신이 간직하거나 되돌려 줄 수 있는 선물로 생각하십시오. 피드백은 정
보가 정확한지 그리고 도움이 되는지를 분별할 수 있도록 해줍니다. 피드백 제공
자가 말하고자 하는 바를 잘 포장하지 못했다고 해도, 그 안의 내용물은 여전히 유
용하다는 것을 기억하십시오.

➤ 긍정적인 피드백과 부정적인 피드백 모두 동등하게 수용하십시오. 놀랍게도 많은
사람들이 부정적인 피드백 보다 긍정적인 피드백을 받을 때 더 불편함을 느낍니다.

➤ 피드백을 받을 때 확인을 위한 질문을 해보십시오. 하지만 당신의 말이 길어지면
우선 멈춰보십시오. 지금은 타인이 말하는 것을 온전히 경청해야 할 시간입니다.
오래도록 쌍방향의 대화를 이어가려면 피드백 제공자가 모든 피드백을 제공한 후
에 이야기해야 합니다.

갈등관리 전략

직장과 가정에서 인간관계는 어느 정도의 갈등을 포함하고 있습니다. 갈등은 다양한 요인 때문에 발생하며, 일반적으로 다음과 같은 핀치(분노유발)-크런치(충돌 상황) 사이클을 따라갑니다.

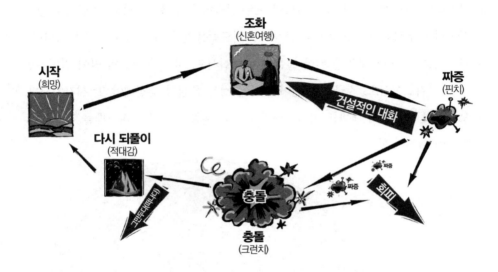

갈등의 근본 원인이 무엇이든지 간에 개입된 핵심 당사자의 에니어그램 유형은 갈등의 역동성 및 해결에 있어서 중요한 요소가 됩니다. 에니어그램을 사용하면 당사자 모두가 파괴적인 경험이 아니라 건설적으로 갈등을 해결할 수 있습니다. 자신에 대해 잘 알고, 갈등상황에서 자신의 책임에 대해 잘 이해하며, 건설적으로 자기관리를 할수록, 그리고 에니어그램 지식을 통해 타인에게 접근하는 최선의 방법을 잘 아는 만큼, 신속하고 효과적인 결과를 얻을 수 있는 기회가 커집니다.

분노를 성장의 기회로 변화시킬 수 있는 계발 전략

1. 업무 관계가 시작될 때 나를 화나게 하는 것이 무엇인지 공유하십시오

업무 관계 초기에 당신과 동료들의 업무 스타일에 대하여 동료들과 이야기를 나누십시오. 토의 중에 당신을 화나게 만드는 행동에 대해 이야기하십시오.

2. 핀치를 느끼거나 화가 나는 것을 느끼는 즉시 말하십시오

핀치를 느끼는 순간에 바로 상대와 공유하는 것은 핀치가 누적되었을 때 하는 대화보다 덜 감정적인 상태에서 이성적인 대화를 제공하는 기회를 만듭니다. 앞 페이지(P.324 피드백 공식)에 소개된 피드백 방법은 핀치의 원인, 핀치의 영향, 선호하는 행동에 대한 피드백을 주기 위한 구조의 공식을 제공합니다.

3. 핀치나 스트레스에 따른 행동이 시작되려고 하면 운동이나 산책 등 신체 활동을 하십시오

분노를 느낄 때 일반적으로 우리는 신체적으로 긴장하게 되며 근육은 자동적으로 경직되게 됩니다. 동시에 정신적 처리과정과 감정적 반응은 고조됩니다. 신체적 활동은 이러한 현상을 중단시키고 새롭고 건설적인 방법으로 상황을 지각하게 해줍니다.

4. 부정적인 반응이나 핀치를 느낀다면 자신에게 질문하십시오

에니어그램 유형에 따라 나에 대해 말하는 상대방의 행동은 무엇인가? 이 상황에 대한 나의 반응은 무엇인가? 그리고 여기서 내가 계발할 수 있는 영역은 무엇인가?에 대해 질문해 보십시오.

핀치와 크런치에 대해 심도 있게 탐구하는 것을 통해 어떻게 내 안에서 최상의 것을 끌어낼 수 있을까요?

당신의 핀치와 크런치를 이해하고 다루는 것이야 말로 의심할 여지없이 가장 건설적이고 유익한 방법입니다. 여기에는 스스로에게 다음과 같이 말할 수 있는 마음가짐만 있으면 됩니다.

나는 지금 이 일에 대해 강한 부정적 반응을 가지고 있다. 지금 이 반응이 나 자신에게 가르쳐 주는 바는 무엇인가? 이 일에 대한 내면의 해석, 특유의 감정적 반응, 그리고 지금 보이고 있는 행동 양식을 포함하여 매우 다른 반응을 시도해 보는데, 나는 이 경험을 어떻게 사용할 수 있는가?

팀 계발 전략

집단과 팀 간에는 차이가 있습니다. 집단은 공통 관심사가 있는 개인들의 집합을 말합니다. 팀은 하나 이상의 목표를 공유하는 구성원으로 구성된 특정 유형의 그룹입니다.

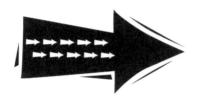

팀 구성원 간 상호의존성이 최적일 때에만 팀의 해당 목표를 달성할 수 있습니다. 또한 팀 구성원에게는 각각의 역할이 있습니다. 이 역할은 자신의 에니어그램 유형과 연관되어 예상 가능한 행동 패턴에 의한 경우가 많습니다.

과업 역할에는 과업 자체에 초점이 맞추어진 행동이 포함됩니다. 관계 역할에는 감정, 관계 및 의사결정과 갈등 해결 등의 팀 프로세스에 초점을 맞춘 행동이 포함됩니다. 그리고 팀은 형성기, 혼동기, 규범기, 성취기로 이루어진 4개의 연속 발달 단계를 거치기 때문에 독특하면서도 예측 가능한 역동이 존재합니다. 각 단계마다 다음 단계로 이동하기 전에 해결해야 하는 다음의 질문들이 있습니다.

팀 발달 단계	질 문
형성기	우리는 누구인가, 우리는 어디로 가는가, 우리 모두 함께 그곳으로 갈 것인가?
혼동기	건설적이고 생산적인 방식으로 서로의 의견을 달리할 수 있는가?
규범기	최상의 팀을 조직하고 함께 일을 잘할 수 있는 방법은 무엇인가?
성취기	소진되지 않고 높은 수준에서 지속적으로 성과를 창출할 수 있는 방법은 무엇인가?

팀원과 팀 리더들을 위한 계발 범위

1. 팀원들을 위한 제안

➤ 팀 리더나 팀 전체에 팀의 목표와 상호의존성의 중요성에 관한 제안을 하십시오.

➤ 팀이 목표를 분명히 하도록 돕기 위해 당신은 다음과 같이 말할 수 있습니다. "모두가 같은 마음인지 확실히 알아보기 위해 시간을 내어 팀 목표에 대해 토론할 수 있다면, 제가 일하는 데 도움이 될 것 같습니다."

➤ 만약 팀의 상호의존성에 대한 견해가 다르다면 다음을 제안할 수 있습니다. "서로의 업무에 도움을 주고받는 방식을 알아보기 위해 조금 시간을 내보는 것은 어떨까요? 그것을 통해 결과물을 만들어낼 수 있는 필요한 정보를 서로 나누고 있는지 여부를 확인할 수 있습니다."

➤ 팀 리더에게 팀이 새로운 업무와 관계 역할을 실험해 보도록 권고할 것을 제안해 보십시오.

팀 발달 단계의 처음 세 단계를 통하여 팀이 진보할 수 있도록 다음의 제안을 하도록 하십시오.

형성기	팀원 서로가 알아 갈 수 있는 기회를 제안하라. 예를 들어 "우리 서로에 대해 알아볼 수 있는 시간을 갖도록 하면 어떨까요? 서로에 대한 이해를 높임으로써 인적자원으로써 서로의 능력을 더 잘 활용할 수 있도록 말입니다." 만약 팀이 불분명한 방향을 잡고 있다면 이렇게 말할 수 있다. "팀의 목적이나 직무 명세서를 함께 검토하여 공통된 방향으로 나아갈 수 있도록 하는 것은 어떨까요?"
혼동기	팀원들이 그들의 솔직한 감정을 공유하고 의견을 제안하도록 장려한다. "나는 이 이슈에 대해 좀 더 상세히 토론하면 좋겠다고 생각합니다. 왜냐하면 최근의 결정에 모든 이가 동의했는지 불분명하기 때문입니다."
규범기	팀이 보다 더 많이 함께 일할 수 있는 방식에 대하여 제안하라. 예를 들어, "한 달에 한 번의 미팅보다는 두 번의 미팅을 갖도록 하면 최신의 조직 변화에 대한 정보를 업데이트할 수 있을 것입니다. 나머지 분들은 어떻게 생각하십니까?"

2. 팀 리더들을 위한 제안

각 팀원들을 위해 위에 제안된 모든 행동을 취하는 것뿐만 아니라 팀의 리더로서 당신은 다음의 방법으로 리더십 역할에 영향을 줄 수 있습니다.

➤ 당신의 팀이 명확한 목표를 가지고 있는지 그리고 상호의존성에 대해 현실적인 이해를 가지고 있는지를 확실히 하십시오.

➤ 당신의 팀과 팀 미팅을 설계하여 팀이 효과적으로 형성기, 혼동기, 규범기 단계로 발달할 수 있도록 하십시오

➤ 팀에 대하여 팀원들을 교육하여 모든 팀원들이 팀 안에서 건설적으로 행동할 수 있도록 하십시오.

➤ 팀원들에게 팀 안에서의 그들의 전형적인 역할을 조사하게 하고 새로운 역할을 최소한 한 번 이상, 팀 미팅에서 시도해 보도록 제안하십시오.

➤ 팀원들에게 팀 발달 단계에 대해 교육하십시오. 개인의 행동과 팀의 성취도 간의 연결을 분석하기 위해 팀 발달 단계의 구조를 활용하십시오.

리더십 계발 전략

리더십 계발을 위한 치열한 도전들은 복잡하면서 힘들고 예측 불가능하지만 흥미진진하면서도 충분한 보상이 따르는 일입니다. 그 도전에는 유쾌한 상황이나 스트레스 상황에서도 수백 명의 사람들과 효과적으로 상호작용하고, 자신을 관리할 수 있는 능력이 요구됩니다.

이러한 이유로 리더들은 정직한 자기성찰의 시간을 반드시 가져야 합니다. 비범한 리더가 되는 사람은 미래를 예상할 수 없더라도 도전에 직면함으로써 진취적이고 혁명적인 방법으로 성장할 수 있습니다.

1. 당신의 리더십 재능을 인지하고 감사하십시오

선천적으로 당신에게 주어진 것에 대하여 감사하는 법을 배우는 것은 어려울 수 있습니다. 모든 리더들은 반드시 따르는 사람이 있습니다. 리더십 재능은 사람들이 당신에게 매력을 느끼도록 합니다. 당신이 누구인지 그리고 당신이 리더가 되도록 만들어 준 재능에 감사하십시오.

2. 당신의 리더십 패러다임을 확장하십시오

당신의 리더십 패러다임과 세계관은 당신이 중요하다고 생각하는 것을 결정하고, 당신의 행동에 영향을 줍니다. 패러다임은 옳거나 틀린 것이 아니라 유용한 것입니다. 반면에 그 패러다임은 당신의 행동을 제한합니다. 당신의 리더십 패러다임을 확장하면 리더십 영향력 역시 확장될 것입니다.

3. 리더십의 강점에 힘을 주되 적절하게 하십시오

강점들은 과하게 사용하면 반드시 약점이 됩니다. 당신의 강점을 알고 그것들을 사용하되 과하지 않도록 하십시오. 강점들을 적절히 사용하면 새로운 분야들로 당신의 기술을 확장시키고 새롭고 생산적인 방식으로 타인의 강점들을 신뢰할 수 있도록 자신을 격려할 수 있게 됩니다.

4. 리더십의 탈선요소를 진지하게 받아들이십시오

탈선요소는 최고의 리더라도 걸려 넘어지게 할 수 있습니다. 가장 좋은 방법은 탈선요소들이 심각한 곤경을 야기하기 전에 그 분야에 대하여 알고 예방책을 마련하도록 하는 것입니다.

> **탈선요소**
> 팀을 이끄는 데 있어 분명한 리더십의 방향에서 벗어나도록 만드는 예상치 못한 복병과 같은 잠재적 방해요소

5. 피드백을 구하십시오

직장에서 당신에 대해 잘 알고 있는 사람들과 당신의 강점과 잠재적 탈선요소에 대해 토의해 보십시오. 그리고 당신의 리더십 행동과 이것들이 어떻게 비교되는지에 대해 그들에게 정직한 피드백을 구하십시오.

6. 코치와 함께 작업을 하십시오

당신의 계발 목표를 이룰 수 있도록 도움을 줄 수 있는 숙련된 코치에게 지도받는 것이 도움이 될 수 있습니다.

성과창출 전략

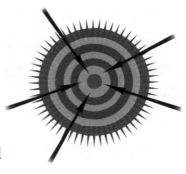

　지속적으로 높은 품질의 성과를 보이고, 성과를 위해 매진하며, 자신의 잠재력에 도달함으로써 고객에게 신뢰를 얻는 것은 중요한 일입니다. 이를 통해 생산성이 증가되고, 신제품 개발 분야의 한계가 넓어지며, 자신의 분야에서 리더로서 조직을 지원하게 됩니다.

1. 혼합 구성팀이나 프로젝트를 공동으로 이끄십시오

　두 개 이상의 팀이나 비즈니스 조직의 시스템, 과정, 절차의 통합이나 새로운 사무 공간의 건축, 개조, 주요 이동, 또는 수요가 많고 우선순위가 높은 프로젝트 하나를 관리해 보십시오. 업무 초반이나 주요 이정표, 그리고 완료 시점에서 당신의 계획과 과정을 검토해 줄 뛰어난 경영 기술을 지닌 멘토나 동료, 또는 공동 리더를 활용하십시오.

2. 코치를 활용하십시오

　당신이 구체적인 계발계획을 고안할 수 있도록 도움을 주고 지속적인 피드백과 충고를 제공할 성과창출에 전문성이 입증된 멘토나 코치를 활용하십시오.

전략 계발

　팀과 조직이 최상의 성취도와 효율성에 도달하려면, 리더들과 각 공헌자들은 조직의 진정한 비즈니스가 무엇인가를 이해하고 다방면으로 생각해서 전략적으로 행동해야 합니다.

　'비즈니스 파악하기'와 '전략적으로 사고하고 행동하기'는 서로 밀접하게 연관되어 있습니다. 비즈니스를 이해하지 않고, 전략적으로 사고하고 행동하기란 있을 수 없습니다. 이 사실을 알고 있다면, 이것을 전략적인 방법으로 사용할 필요가 있습니다. 그 방법으로는 공통의 강력한 비전을 갖고 일하기, 고객에게 초점을 맞춘 미션, 훌륭한 전략, 그리고 그 전략과 일치되는 효과적인 목표와 전술이 있습니다.

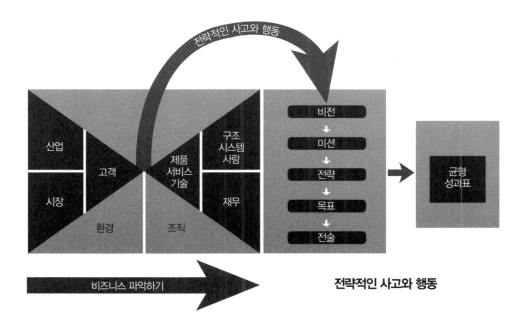

전략적인 사고와 행동

다음은 5개의 전략 요소의 정의를 내린 것입니다.

전략요소	정의
비전	바람직한 미래에 대한 설득력 있고 지속적이며 공유된 이미지나 이해 비전은 수년간(3~5년 또는 이상) 지속되며 우선적으로 계발되어야 할 전략 요소이다.
미션	당신이 몸 담고 있는 구체적인 비즈니스 당신의 비전을 성취 가능하도록 고객을 위한 가치를 더하라. 미션은 비전을 지지하고 그 비전에 대한 세부적인 기여를 나타낸다. 미션은 확고하지만 환경이 극적으로 바뀌게 되면 함께 변화한다.
전략	당신의 미션과 비전을 이루기 위해 취해야 할 접근 방법 전략은 자원의 할당과 다른 중요한 결단들을 결정한다. 전략은 행동 방침을 포함하지만 구체적인 활동을 나타내는 것은 아니다. 전략은 변경된 전술과 목표가 효과적이지 않거나 환경이 크게 바뀌면 함께 변화한다.
목표	전략을 위한 핵심 이정표를 나타내는 측정 가능한 성과 몇몇 목표가 한 가지 이상의 전략을 위해 사용되고 영향을 줄 수 있지만, 한 가지 전략에는 3~5가지의 목표가 있다. 목표는 대안 전술이 효과적이지 않을 때에만 변화한다.
전술	각 목표를 이루기 위한 구체적 행동 몇몇 전술이 한 가지 이상의 목표를 위해 사용되고 영향을 줄 수 있지만, 한 가지 목표에는 3~5가지의 전술이 있다. 전술은 목표와 전략 그리고 미션을 성취하지 못할 경우 즉시 바뀐다.

계발 전략

1. 균형 잡힌 성과표를 만드십시오

당신의 책임 분야에 대한 두 장의 문서를 작성해 보십시오. 첫 번째 페이지에는 작업 환경의 핵심 요소를 요약하기 위해 여러 단어와 그림을 그려보십시오. 다음과 같은 것들이 예시가 될 수 있습니다. 해당 산업과 시장의 핵심 경향, 현재와 미래의 고객 및 그들의 가장 결정적인 필요 사항들, 조직의 핵심 생산품과 서비스, 기술, 조직의 구조, 시스템, 사람들에 대한 간결한 서술, 마지막으로 재정적 상황에 대한 정보.

두 번째 페이지에는, 당신이 종사하고 있는 분야의 비전, 미션(일을 제공해주는 사람이나 가치증대를 위한 제안을 포함), 전략, 목표, 그리고 전술을 구분 해 보십시오. 이 페이지의 마지막 부분에 조직과 비즈니스 구성단위, 또는 팀을 위한 당신의 균형 잡힌 성과표를 반영한 문장을 넣도록 하십시오. 성과표는 성공의 재무 지표, 지적 자산과 나머지 무형 자산, 귀중한 고객들에게 중요한 고품질의 상품과 서비스, 현재와 미래의 비즈니스 요구를 충족하는 동기가 부여된 유능한 노동력, 만족하고 충성스러운 고객층들을 포함합니다.

마지막으로 비즈니스의 이해와 전략적으로 사고하고 행동하기에 능숙한 사람에게 피드백을 구하고 필요에 따라 조정하십시오. 그 후 당신의 직장 상사와 당신을 위해 일하는 사람들, 그리고 상호의존 하는 동료들과 그 문서를 공유하십시오. 그리고 개개인으로부터 피드백을 구하고 필요에 따라 변경하십시오.

2. 다른 리더들의 전략을 이해하십시오

조직의 중대한 변화를 이끌어내기 위해 과거, 사람과 자원을 동원했던 지도자의 사고방식과 행동들을 보여주는 전기나 DVD를 보도록 하십시오(예를 들어 마하트마 간디, 넬슨 만델라, 프랭클린 루즈벨트, 오프라 윈프리 등). 그들의 비전과 미션, 전략, 목표, 그리고 전술이 무엇인지를 기록하십시오.

의사결정 계발 전략

사람들은 매일매일 의사결정을 하지만 의사결정 과정에 대해서 생각하는 일은 드뭅니다. 가장 현명한 결정은 머리(논리적인 분석과 계획), 가슴(가치, 감정, 사람에게 미치는 영향), 장(행동을 취함)의 세 가지가 통합된 방식으로 사용되었을 때 이루어집니다. 직장에서의 의사결정은 다음과 같은 세 가지 요인, 즉 조직 문화, 조직의 의사결정 권한 구조, 결정 자체의 배경을 고려해야 합니다.

다음의 표는 현명한 의사결정을 위한 지능의 중심(머리, 가슴, 장)을 계발시키는 방법을 나타냅니다.

의사결정 계발활동			
지능의 중심	머리	객관적 분석	편견 없는 자료의 이해
		예리한 통찰력	자료의 의미와 내포된 뜻의 이해
		생산적 계획	일련의 활동들을 효과적으로 구축
	가슴	공감	다른 사람의 감정을 느끼고 이해
		진정한 관계	거짓이 없는 관계
		연민	타인을 향한 마음속에서 우러나온 친절
	장	효과적인 행동 취하기	알맞은 시기와 제대로 된 선택
		흔들리지 않는 견고함	확고한 결단
		본능적 이해	분명하고 신뢰할 만한 본능적인 반응

계발 전략

1. 과거에 활용한 지능의 중심을 평가해 보십시오

사적, 공적 상관없이 예전에 있었던 3가지 일을 생각해 보십시오. 각각 다른 종이에 그 내용을 적어보십시오. 각 결정을 3개로 나눈 표로 그리고 각 칸을 머리, 가슴, 그리고 장(본능)으로 분류해 보십시오. 그다음에는 3개의 모든 결정을 살펴보고, 머리, 가슴, 그리고 장(본능)을 어떻게 사용했는지와 연관된 패턴을 찾아보십시오. 다음에 결정할 때는 어떤 센터를 사용해야 최적의 결정을 내릴 수 있을지 생각해보십시오.

2.당신의 머리, 가슴, 그리고 장 센터를 통합하십시오

당신이 이미 관련 정보를 모았고 결정을 내려야 할 때가 오면 스스로에게 질문해 보십시오.

내 머리는 어떤 결정을 내리라 하는가? 내 가슴은 무엇을 원하는가? 장(본능)은?

조직의 문화와 조직의 의사결정 권한의 구조, 그리고 의사결정의 맥락까지 모두 고려하여도, 이 질문에서 똑같은 대답이 나왔다면 최적의 결정으로 간주하도록 합니다. 만약 2가지 이상 다른 답변이 나온다면 스스로에게 이유를 물어보십시오. 이 질문은 당신이 무엇을 해야 할지에 대한 훌륭한 안내를 제공할 것입니다.

조직변화 계발 전략

현대의 조직에서 변화는 하나의 생활방식이 되었습니다. 기업은 늘어나는 경쟁, 줄어드는 자원, 부족한 마케팅 시간, 높아지는 고객의 기대 수준, 증가하는 법 규정, 수많은 과학 기술, 커지는 불확실성 등으로 이루어진 점점 더 복잡한 환경에 존재하고 있습니다. 조직은 성공을 위해 유연하고, 헌신적이며, 비용에 민감하고, 빠르게 대응해야 합니다. 그 결과 예측하지 못한 방향으로 전환해야만 하는 경우에, 모든 계층의 직원이 팀 내에서 유연하고 효과적으로 변화를 수용하며 역할을 다할 수 있어야 합니다.

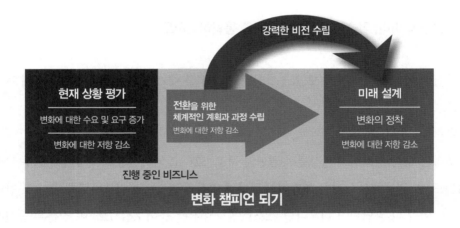

1. 변화의 전문가가 되십시오

다음의 질문을 통해 당신의 직장 상사, 동료, 부하들에게 당신이 얼마나 변화에 순응하고 능동적인지 확인할 수 있습니다. 1이 가장 낮고 5가 가장 높을 때 당신이 보는 나는 얼마나 변화에 순응적입니까? 각 사람들의 답을 얻은 후, 모든 답변을 기록하고, 다음의 두 가지 질문을 이어서 하십시오. 그렇게 답을 한 요인은 무엇입니까?

변화에 능동적인 사람이 되기 위해 내가 해야 할 것이나 자제해야 할 것들은 무엇이 있습니까? 변화의 전문가로 당신의 능력을 증가시키는 데 도움이 될 것들을 결정하기 위해 모든 반응들을 분석해 보십시오.

2. 변화 전략 공식을 활용하십시오

종이 상단에 지난 5년간 당신과 관련된 조직의 변화를 써보십시오. 각 변화에 아래의 변화 전략 공식 $D \times V \times P > R = C$를 적도록 하십시오.

> D = 변화를 위한 요구, 불만족, 욕구Demand, dissatisfaction, desire for change
> V = 변화를 위한 비전 혹은 모델Vision or model for the change
> P = 변화를 위한 계획과 과정Plan and process for the change
> R = 변화에 대한 저항Resistance to the change
> C = 변화의 결과Results of the Change

각 변화에 대한 노력을 평가하십시오. 처음 네 개의 알파벳에 0부터 5까지(0 = 낮음, 5 = 높음)의 숫자를 쓰십시오. $D \times V \times P$에 부여된 숫자들을 곱하여 값이 R보다 큰지 작은지 평가해 보십시오. 공식의 각 부분을 검토하여 변화에 대한 노력이 왜 성공적이었는지, 또 어떻게 더 효과적으로 변화시킬 수 있었는지에 대한 통찰력을 얻도록 하십시오.

변형 전략

사고, 감정, 그리고 행동의 습관적이고 반응적인 패턴의 작용에서 벗어나 자기인식, 자기 완성, 그리고 선택을 향상시키는 작용으로 나아가기 위해 당신은 이러한 변형을 향해 작업해 나아갈 수 있습니다.

1. 정신적 변형

적어도 하루에 한 번, 5분 정도 가만히 앉아서 당신의 사고와 사고패턴을 관찰하십시오. 이때, 당신의 사고와 사고 패턴을 판단하지 않고 관찰하십시오. 의미를 해석하거나 지나치게 확인하려 들지 마십시오. 당신 머릿속에 떠돌아다니는 생각을 단순히 지켜보기만 하고 주의를 기울이지는 마십시오. 생각이 떠오르고 마음속을 돌아다니다가 사라지도록 내버려 두십시오.

생각에 고착되지 않고 관찰하는 시간을 갖는 것은 당신의 생각 패턴을 객관화시켜 줄 뿐만 아니라 일상 활동을 할 때 그 사고로부터 벗어나도록 해줄 것입니다. 이 활동을 통해 당신은 계속 같은 생각을 할지, 그만둘지, 아니면 다른 사고방식으로 바꿀 것인지 선택의 기회를 가질 것입니다.

2. 감정적 변형

당신이 강한 감정을 느낀다면 그 감정이 부정적이건 긍정적이건 일단 온 몸으로 느껴보도록 하십시오. 그 후 그 감정들 주위에 추가적인 공간을 시각화하고 감지하여 감정들 주위의 보다 넓은 공간에 대하여 상상하십시오. 이것을 통해 그 감정은 다른 어떤 것으로 옮겨 갈 것입니다. 이런 현상이 일어날 때, 감정들 주위에 더 큰 공간을 상상하십시오. 감정들이 완벽히 변형될 때까지 지속적으로 보다 넓은 공간을 만들어내도록 하십시오.

이 활동은 중압감을 일으키는 감정들을 다룰 때 특히 도움이 되고, 또한 즐거운 감정으로 바꾸는 것에도 도움이 됩니다. 당신의 강한 감정에 대한 반응을 이러한 방법으로 훈련시킨다면, 당신은 강한 감정이 일어날 때마다 변형시킬 수 있을 것입니다.

3. 행동적 변형

당신이 습관적이고 반응적으로 행동하려고 한다면 자신에게 말하십시오. 나는 지금 바로 선택을 할 수 있다. 나는 습관적인 방식으로 행동하기를 선택할 수 있고, 아니면 다른 방식으로 행동하기를 선택할 수도 있다. 지금 나는 어떤 선택을 할 것인가? 그런 다음 선택하십시오. 만약 당신이 습관적인 패턴으로 반응하기를 선택하였다면, 선택과 그에 대한 결과에 책임을 지도록 하십시오. 만약 당신이 새롭고 다른 방법으로 반응하는 것을 선택하였다면, 그 선택에 책임을 지도록 하고 또한 자신과 타인에 대한 당신 행동의 영향력에 대해 깊이 주의를 기울이도록 하십시오. 이 방법이 효과적이었다면 다음번에 비슷한 상황을 겪게 되었을 때, 당신은 이 새로운 행동을 선택할 수 있고 또 다른 대안을 선택할 수도 있습니다.

저자

진저 라피드 보그다(Ginger Lapid-Bogda)
진저 박사는 30년 이상 포춘지 선정 500대 기업과 서비스 기관, 그리고 법률 사무소와 함께 일해 온 조직 개발 컨설턴트이다. 강연자, 저자로서 수상 경험이 있으며, 국제 에니어그램 협회(IEA)의 전 회장이자 National Training Laboratories(NTL)와 Organization Development Network(ODN)의 멤버이기도 하다. 저서로 『Bringing Out the Best in Yourself at Work』(McGraw-Hill, 2004)와 『What Type of leader Are You?』(McGraw-Hill, 2007)가 있다.

역자

송재흥
한국에니어그램협회 상임이사이며, 국제에니어그램협회 인증전문가(IEA AP)이자 NLP 코치이다. 번역과 통역·강의 등의 활동을 통해 여러 분야에 훌륭한 리더십을 보급하는 데 앞장서고 있다.
- Russ Hudson의 Enneagram Institute Part I, Part II, Part III & Inner Critic 수료 및 통역
- Mario Sikora 박사의 Awareness to Action & Coaching leadership Seminar 통역

김경희
한국에니어그램협회 상임이사이며, 국제에니어그램협회 인증전문가(IEA AP)이자 한국에니어그램협회 인증전문가이다. 부모교육 전문 강사로서 강의와 학생집단상담, 심성수련 등의 활동을 통해 행복한 가정을 세우는 일에 열정을 다하고 있다. 명지대학교에서 에니어그램 상담심리를 전공하였으며, 현재 단국대학교 박사과정 중이다.

김세경
한국외국어대학교에서 일본어와 영어를 전공하였으며, 한국에니어그램협회 1급 강사로 활동하고 있다. (사)좋은교사 에니어그램 코칭 연구회 회원으로 에니어그램을 사랑하는 사람들과 함께 에니어그램 연구, 토론, 강의 등을 하고 있다. '에니어그램과 꽃'이라는 주제로 에니어그램과 원예치료를 접목한 수업을 운영하며 에니어그램의 새로운 장을 열어가고 있다.

에니어그램 계발가이드

발행일 2019년 4월 26일
지은이 진저 라피드 보그다(Ginger Lapid-Bogda)
옮긴이 송재흥 · 김경희 · 김세경
발행인 이안숙
펴낸곳 한국에니어그램협회(IEA KOREA)
등록 307-2016-60호
주소 서울시 성북구 동소문로 7길 5 백웅빌딩 2층
대표전화 02-831-5454
팩시밀리 02-831-6464
이메일 ieakorea@hanmail.net
홈페이지 www.ieakorea.com
값 20,000원
ISBN 979-11-959107-3-1 (03180)

이 도서의 국립중앙도서관 출판예정도서목록(CIP)은 서지정보유통지원시스템 홈페이지(http://seoji.nl.go.kr)와 국가자료종합목록시스템(http://www.nl.go.kr/kolisnet)에서 이용하실 수 있습니다. (CIP제어번호 : CIP2019014764)